# 中国国情调研丛书
## 乡镇卷
China's national conditions survey Series
### Vol. towns

中国国情调研丛书·乡镇卷
China's national conditions survey Series · Vol towns

主 编 刘树成
吴太昌

# 煤炭资源乡镇的发展与转型

## ——山西省阳城县西河乡调研报告

Coal Town's Development and Transformation: A Case Study
of Xihe Town in Yangcheng County of Shanxi Province

中国社会科学院经济研究所课题组

中国社会科学出版社

**图书在版编目（CIP）数据**

煤炭资源乡镇的发展与转型：山西省阳城县西河乡调研
报告／中国社会科学院经济研究所课题组编 . —北京：
中国社会科学出版社，2010. 12
（国情调研丛书）
ISBN 978 - 7 - 5004 - 8967 - 2

Ⅰ.①煤… Ⅱ.①中… Ⅲ.①乡镇 - 地区经济 - 经济
发展 - 研究 - 阳城县 Ⅳ.①F127. 255

中国版本图书馆 CIP 数据核字（2010）第 142707 号

责任编辑　陈　伟　　冯春凤
责任校对　高　婷
封面设计　杨丰瑜
技术编辑　王炳图

出版发行　中国社会科学出版社
社　　址　北京鼓楼西大街甲 158 号　　　邮　编　100720
电　　话　010—84029450（邮购）
网　　址　http：// www. csspw. cn
经　　销　新华书店
印　　刷　北京君升印刷有限公司　　　装　订　广增装订厂
版　　次　2010 年 12 月第 1 版　　　印　次　2010 年 12 月第 1 次印刷
开　　本　710×1000　1/16
印　　张　17. 25　　　　　　　　　　　插　页　2
字　　数　286 千字
定　　价　36. 00 元

中国国情调研丛书·企业卷·乡镇卷·村庄卷

# 总 序

陈 佳 贵

为了贯彻党中央的指示，充分发挥中国社会科学院思想库和智囊团作用，进一步推进理论创新，提高哲学社会科学研究水平，2006 年中国社会科学院开始实施"国情调研"项目。

改革开放以来，尤其是经历了近 30 年的改革开放进程，我国已经进入了一个新的历史时期，我国的国情发生了很大变化。从经济国情角度看，伴随着市场化改革的深入和工业化进程的推进，我国经济实现了连续近 30 年的高速增长。我国已经具有庞大的经济总量，整体经济实力显著增强，到 2006 年，我国国内生产总值达到了 209407 亿元，约合 2.67 万亿美元，列世界第四位；我国经济结构也得到优化，产业结构不断升级，第一产业产值的比重从 1978 年的 27.9% 下降到 2006 年的 11.8%，第三产业产值的比重从 1978 年的 24.2% 上升到 2006 年的 39.5%；2006 年，我国实际利用外资为 630.21 亿美元，列世界第四位，进出口总额达 1.76 亿美元，列世界第三位；我国人民生活水平不断改善，城市化水平不断提升。2006 年，我国城镇居民家庭人均可支配收入从 1978 年的 343.4 元上升到 11759 元，恩格尔系数从 57.5% 下降到 35.8%，农村居民家庭人均纯收入从 1978 年的 133.6 元上升到 2006 年的 3587 元，恩格尔系数从 67.7% 下降到 43%，人口城市化率从 1978 年的 17.92% 上升到 2006 年的 43.9% 以上。经济的高速发展，必然引起国情的变化。我们的研究表明，我国的经济国情已经逐渐从一个农业经济大国转变为一个工业经济大国。但是，这只是从总体上对我国经济国情的分析判断，还缺少对我国经济国情变化分析的微观基础。这需要对我国基层单位进行详细的分析研究。实际上，深入基层进行调查研究，坚持理论与实际相结合，由此制定和执行正确的路线方针政策，是我们党领导革命、建设与改革的基本经验和基本工作方法。进行国情调研，也必须深入基层，只有深入基层，才能真正了解我国国情。

为此，中国社会科学院经济学部组织了针对我国企业、乡镇和村庄三类基层单位的国情调研活动。据国家统计局的最近一次普查，到 2005 年底，我国有国营农场 0.19 万家，国有以及规模以上非国有工业企业 27.18 万家，建筑业企业 5.88 万家；乡政府 1.66 万个，镇政府 1.89 万个，村民委员会 64.01 万个。这些基层单位是我国社会经济的细胞，是我国经济运行和社会进步的基础。要真正了解我国国情，必须对这些基层单位的构成要素、体制结构、运行机制以及生存发展状况进行深入的调查研究。

在国情调研的具体组织方面，中国社会科学院经济学部组织的调研由我牵头，第一期安排了三个大的长期的调研项目，分别是"中国企业调研"、"中国乡镇调研"和"中国村庄调研"。"中国乡镇调研"由刘树成同志和吴太昌同志具体负责，"中国村庄调研"由张晓山同志和蔡昉同志具体负责，"中国企业调研"由我和黄群慧同志具体负责。第一期项目时间为三年（2006—2008），每个项目至少选择 30 个调研对象。经过一年多的调查研究，这些调研活动已经取得了初步成果，分别形成了《中国国情调研丛书·企业卷》、《中国国情调研丛书·乡镇卷》和《中国国情调研丛书·村庄卷》。今后这三个国情调研项目的调研成果，还会陆续收录到这三卷书中。我们期望，通过《中国国情调研丛书·企业卷》、《中国国情调研丛书·乡镇卷》和《中国国情调研丛书·村庄卷》这三卷书，能够在一定程度上反映和描述在 21 世纪初期工业化、市场化、国际化和信息化的背景下，我国企业、乡镇和村庄的发展变化。

国情调研是一个需要不断进行的过程，以后我们还会在第一期国情调研项目基础上将这三个国情调研项目滚动开展下去，全面持续地反映我国基层单位的发展变化，为国家的科学决策服务，为提高科研水平服务，为社会科学理论创新服务。《中国国情调研丛书·企业卷》、《中国国情调研丛书·乡镇卷》和《中国国情调研丛书·村庄卷》这三卷书也会在此基础上不断丰富和完善。

2007 年 9 月

中国国情调研丛书·乡镇卷

# 序 言

  中国社会科学院在 2006 年正式启动了中国国情调研项目。该项目为期 3 年，将于 2008 年结束。经济学部负责该项目的调研分为企业、乡镇和村庄 3 个部分，经济研究所负责具体组织其中乡镇调研的任务，经济学部中的各个研究所都有参与。乡镇调研计划在全国范围内选择 30 个乡镇进行，每年 10 个，在 3 年内全部完成。

  乡镇作为我国最基层的政府机构和行政区划，在我国社会经济发展中，特别是在城镇化和社会主义新农村建设中起着非常重要的作用，担负着艰巨的任务。通过个案调查，解剖麻雀，管窥蠡测，能够真正掌握乡镇层次的真实情况。乡镇调研可为党和政府在新的历史阶段贯彻城乡统筹发展，实施工业反哺农业、城市支持乡村，建设社会主义新农村提供详细具体的情况和建设性意见，同时达到培养人才，锻炼队伍，推进理论创新和对国情的认识，提高科研人员理论联系实际能力和实事求是学风之目的。我们组织科研力量，经过反复讨论，制定了乡镇调研提纲。在调研提纲中，规定了必须调查的内容和自选调查的内容。必须调查的内容主要有乡镇基本经济发展情况、政府职能变化情况、社会和治安情况三大部分。自选调查内容主要是指根据课题研究需要和客观条件可能进行的各类专题调查。同时，调研提纲还附录了基本统计表。每个调研课题可以参照各自调研对象的具体情况，尽可能多地完成和满足统计表所规定的要求。

  每个调研的乡镇为一个课题组。对于乡镇调研对象的选择，我们没有特别指定地点。最终确定的调研对象完全是由课题组自己决定的。现在看来，由课题组自行选取调研对象好处很多。第一，所调研的乡镇大都是自己工作或生活过的地方，有的还是自己的家乡。这样无形之中节约了人力和财力，降低了调研成本。同时又能够在规定的期限之内，用最经济的支出，完成所担负的任务。第二，在自己熟悉的地方调研，能够很快地深入下去，同当地的父老乡亲打成一片、融为一体。通过相互间无拘束和无顾忌的交流，能够较快地获得真实的第一手材料，为最终调研成果的形成打下良好的基础。第三，便于同当地的有关部门、有关机构和有关人员加强联系，建立互惠共赢的合作关系。还可以在他们的支持和协助下，利用双方各自的优势，共同开展对当地社会经济发展状况的研究。

第一批的乡镇调研活动已经结束，第二批和第三批的调研将如期进行。在第一批乡镇调研成果即将付梓之际，我们要感谢经济学部和院科研局的具体安排落实。同时感谢调研当地的干部和群众，没有他们的鼎力支持和坦诚相助，要想在较短时间内又好又快地完成调研任务几乎没有可能。最后要感谢中国社会科学出版社的领导和编辑人员，没有他们高效和辛勤的劳动，我们所完成的乡镇调研成果就很难用最快的速度以飨读者。

## 西河乡调研课题组

顾问：刘兰兮　中国社会科学院经济所副所长，研究员
　　　刘爱军　中共阳城县委书记
　　　冯志亮　阳城县人民政府县长
组长：赵学军　中国社会科学经济所研究室副主任，研究员
成员：曲　韵　中国社会科学院经济所副研究员
　　　隋福民　中国社会科学院经济所副研究员
　　　石建国　中国社会科学院经济所副研究员
　　　姜长青　中国社会科学院经济所助理研究员
　　　吴俊丽　北京农业职业学院副教授

## 调研报告撰写分工

第一章　赵学军
第二章第一、二节　赵学军
第二章第三节　赵学军、姜长青
第三章　隋福民
第四章　石建国
第五章　曲　韵
第六章　隋福民、石建国
第七章　吴俊丽
第八章第一、二节　赵学军
第八章第三、四节　曲　韵

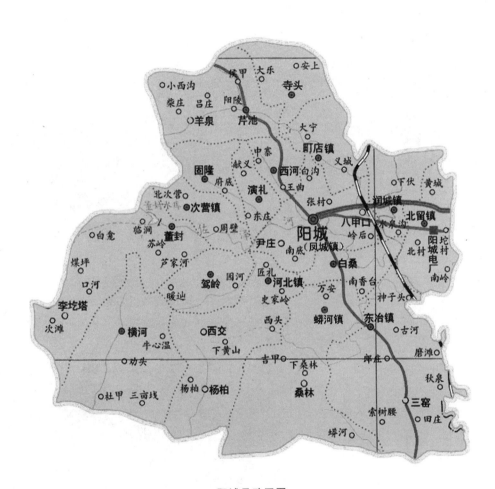

阳城县政区图

西河乡政区图

# 目　　录

# 第一章

# 西河乡概况

西河乡是山西省阳城县比较富裕的乡镇。土壤肥沃，气候温暖湿润，农业生产条件较好。西河乡地下煤炭、铝土矿、瓷土矿等矿藏丰富，是阳城县主要的煤炭生产基地。西河乡距离县城很近，居民较多。虽然西河乡行政建制形成较晚，但其经济与社会的发展水平在全县位于中上等水平。西河乡各村由于资源禀赋、人力资源、管理水平等方面的差异，在经济与社会发展方面出现了较大的差距。

## 第一节　地理方位与气候

西河乡位于阳城县中部略微偏北，地形以丘陵为主。乡政府所在地离县城仅 5 公里，省道陵（川）沁（水）公路穿乡而过，联结了晋（城）阳（城）高速、郑（州）焦（作）晋（城）高速等高速公路网，交通十分方便。全乡处于温带季风气候区域，有较好的农业生产条件，自古以来就是阳城县重要的粮食、棉花产地。

### 一　地理方位

阳城县古称濩泽，位于山西省东南部，地处太岳山南麓、中条山东麓、太行山西南、沁河中游，是山西与河南两省交界县之一。阳城全县介于东经 112°01′02″至 112°37′28″，北纬 35°12′30″至 35°41′12″之间，东西宽约 53 公里，南北长约 54 公里，总面积约 1968 平方公里，呈"凸"字形版图。阳城县东沿樊山、华阳山、沁河与泽州县接界；南以大岭头、原山鳌背山与河南省济源市毗邻；西以云蒙山与垣曲县相连；北经东岩根、地棚岭、后韩山、大安头等地与沁水县搭界。山区、丘陵、河谷遍布阳城县境。山势由西南向东北倾斜，地势南北高中部低，西北高东南低。南部地区深沟幽谷，层峦迭嶂。李圪塔乡与沁水交界处的鳔山海拔 2000 米，为阳城"屋脊"。三窑乡沁河出境处海拔约 300 米，为县境最低处。县政府所在地为凤城镇。

阳城县下辖 1 个办事处、10 个镇和 7 个乡。西河乡是阳城县中部略偏北的富裕乡，位于县城西面，距县城约 5 公里。她东临凤城镇，西接固隆镇，南靠演礼乡，北临芹池镇，陵（川）沁（水）公路穿乡而过，是县城通往西北部地区的重要通道，区位优越。乡村公路纵横交错，交通方便。全乡总面积为 38.4 平方公里，下辖庄头、陕庄、西沟、郭河、崔凹、中寨、阳邑、王曲、孙沟、北任、峪则、西丰、宋王、上李 14 个行政村，33 个自然村。乡政府驻地是郭河村。

尽管阳城地属山区，经过近 30 年的发展，昔日交通不便的状况已彻底改变。目前，晋（城）阳（城）高速公路将阳城纳入高速公路网，郑（州）焦（作）晋（城）高速公路、晋（城）长（治）高速公路、晋（城）侯（马）高速公路将阳城与长治、太原、侯马、石家庄、焦作、新乡、郑州等周边的大中城市连为一体，阳城到新郑机场、长治机场、太原机场、洛阳机场的最远车程不超过 4 小时，最近的车程仅 1 小时。而从西河乡沿陵沁公路向东，到县城的车程不足 10 分钟。

（附阳城县政区图、西河乡政区图）附后

## 二　气候

阳城县属于温带大陆性气候区域，一年四季分明。4 月 6 日到 5 月 31 日为阳城县的春季，共 56 天；6 月 1 日到 8 月 31 日为夏季，计 92 天；9 月 1 日至 10 月 25 日为秋季，有 55 天；10 月 26 日到次年 4 月 5 日为冬季，达 162 天。

阳城年平均气温 12°C 左右。夏季 7 月最为炎热，平均气温 24°C 左右，历史上日气温最高极值为 40.2°C。冬季 1 月最冷，平均气温为 -3°C 左右，历史上日气温最低极值为 -19.7°C。一般年份夏季与冬季平均温度相差 27°C 左右。年平均气温变化为 0.1°C—1.3°C。气温在春秋时节变化较大，冬夏时节变化较小。一般在每年立春前后，气温渐升，大暑后期到立冬前后，气温渐降。立冬到小雪期间，日平均气温可降至 0°C 上下；次年惊蛰到春分期间，日平均气温逐渐上升到 0°C 之上。年平均无霜期为 170—195 天。

从年降雨量看，1950 年以来全县年平均约为 600 毫米。降水量最多的 1958 年达到 852.2 毫米，降水量最少的 1965 年仅有 335.2 毫米。全县区域内雨雪分布表现为西南地区较东北地区多，山区比丘陵、河谷多的特点。年内各月降水以 7 月、8 月最多，12 月最少。

阳城地区的风主要为东南风和西北风。4 月到 10 月的夏半年，主导风为东南风；11 月到次年 3 月的冬半年，主导风为西北风。年平均风速为 2 米/秒。

由于多样的地势分布，阳城全县又分出了三种气候小区。一是丘陵温暖半湿润气候区，约占全县总面积的 2/3。二是低中山温和半湿润气候区。三是高中山凉温湿润气候区。西河乡等乡镇处于丘陵温暖半湿润气候区。

## 第二节　自然资源与人口

大自然赐予了西河乡丰富的自然资源，地下蕴藏着储量巨大的煤炭。此外，该乡还有铝土矿、瓷土矿等矿产资源。西河乡的土地肥沃，适宜种植粮食、棉花。西河乡的人口约占全县总人口的 3.5%，汉族居民占绝对多数。全乡非农业人口比重较低，城镇化水平亟待提高。近几年来，由于大力推行计划生育奖励政策和农村养老保险制度，人口自然增长率出现了负增长的新情况。

### 一　自然资源

阳城县资源丰富，物华天宝。1968 平方公里的土地上，耕地面积为 38770 公顷，荒地面积为 11270 公顷，林业用地面积为 72360 公顷，草地面积为 550 公顷，森林面积为 51330 公顷。森林覆盖率达到 26.72%。全县土地中山地占 58.8%，为 1158 平方公里；丘陵占 41.2%，为 810 平方公里。全部土地按主要生产用途分作四类区域，一是林牧生产区，主要分布于南部土石山区，占总面积的 38%；二是棉麦生产区，主要分布于东北部丘陵区，占总面积的 26%；三是粮油生产区，主要分布于西北部丘陵区，占总面积的 14%；四是农林牧生产区，主要分布于中南部半山区，占总面积的 22%。西河乡属于东北部丘陵区，为阳城县主要的棉麦生产区，1949 年有耕地 1451 公顷。1956 年耕地面积达到 1630 公顷的历史最高值，此后，耕地面积出现下降。20 世纪六七十年代，西河耕地面积大约为 1500 公顷，80 年代到 2000 年，下降到 1340 公顷左右。近几年，耕地面积又有所下降，2007 年全乡耕地面积为 1064 公顷。

全县天然水资源总量为 4.699 亿立方米，加上沁河等上游流经阳城的径流量，可利用的水资源达到 15.8 亿立方米。天然水资源中，河川境内径流量为 3.21 亿立方米，地下水储量为 1.489 亿立方米。境内水能资源理论蕴藏量为 80450 千瓦，可开发量为 26542 千瓦，已开发水能资源不足 20%。发源于西河乡境内的西小河是阳城母亲河濩泽河的重要支流，全长 17 公里，是一条季节河。

煤炭是阳城县的主要矿藏，除南部几个乡外，全县绝大多数乡镇都有煤炭资源。阳城全县煤炭储量估计约为 58.45 亿吨，煤层面积约为 566 平方公里，距地表约在 30—200 米之间，易于开采。阳城县煤炭资源可开采的是 3 号、9 号、15 号煤。阳城煤田属于沁水煤田的一部分，所出优质"兰花炭"驰名中外。西河乡是阳城县煤炭资源主要蕴藏地之一，孔坪、中寨、陕庄、西沟、郭河、上李等村都有丰富的煤炭。

硫黄矿是阳城县另一种重要的矿藏。西河乡的峪则村、西沟村等村庄曾出产硫黄矿产。另外，阳城县铝土矿、瓷土矿等矿藏，在西河乡镇都有蕴藏。

## 二　人力资源

阳城县属于山西省人口大县之一。新中国成立后，人口剧增。1949 年全县人口总数为 208564 人。1953 年 7 月 1 日第一次全国人口普查时，增长到 236292 人；1964 年 7 月 1 日第二次全国人口普查时上升到 285158 人；1967 年全县总人口突破了 30 万人。1982 年 7 月 1 日第三次人口普查，总人口达到 359514 人；1990 年 7 月 1 日第四次全国人口普查，增长到 372152 人；2000 年总人口突破 40 万人，11 月 1 日第五次全国人口普查时，总人口为 406708 人。见表 1－1。阳城县居民主要居住于县城及润城镇、西河乡等几个较大的乡镇，这些地方人口密度较高。1985 年县城人口密度为每平方公里 849 人，润城镇为 401 人，西河乡为 401 人；2000 年，县城城关镇人口密度为 1199 人，润城镇为 450 人，西河乡为 385 人。西河总人口基本占阳城县人口总数的 3.5%。见表 1－2。

从统计资料看，1952 年国民经济恢复时，全县人口自然增长率为 3.5‰。1953—1958 年人口高速增长，人口自然增长率除 1956 年为 16.8‰

外，其他年份均在20‰以上。西河的人口自然增长率也呈现这一态势。1960年到1962年全县人口增长率下降，1962年出现人口自然增长率为 -1.7‰现象。但从1963年起人口自然增长率再次升高。除1967年、1968年全县人口自然增长率为18.8‰和18‰外，1963年、1964年、1965年、1966年、1969年、1970年人口自然增长率都在20‰以上。1963—1970年，西河人口自然增长率除1967年为15.4‰外，其他各年都超过了20‰。20世纪70年代国

表 1 - 1　　　　　　山西省阳城县五次人口普查数据　　　　　　单位：户，人

| | 第一次人口普查 1953.7.1 | 第二次人口普查 1964.7.1 | 第三次人口普查 1982.7.1 | 第四次人口普查 1990.7.1 | 第五次人口普查 2000.11.1 |
|---|---|---|---|---|---|
| 1. 总户数 | 59440 | 72518 | 92669 | 104295 | 118683 |
| 2. 总人口 | 236292 | 285158 | 359514 | 372152 | 406708 |
| **3. 按性别分人口** | | | | | |
| 男性 | 120311 | 144274 | 181987 | 190027 | 209124 |
| 女性 | 115981 | 140884 | 177527 | 182125 | 197584 |
| 4. 性别比（女 = 100） | 103.73 | 102.42 | 102.51 | 104.34 | 105.84 |
| **5. 按民族分人口** | | | | | |
| 汉族 | | 284530 | 358904 | 371552 | 405961 |
| 各少数民族 | 627 | 610 | 600 | 1017 | — |
| 民族不祥 | — | 1 | — | — | — |
| **6. 按文化程度分** | | | | | |
| 大学（含本专科） | 202 | 571 | 1441 | 6441 | — |
| 高中（含中专） | 1568 | 23471 | 25572 | 41673 | — |
| 初中 | — | 13801 | 91718 | 126584 | 175904 |
| 小学 | — | 72554 | 142460 | 140589 | 124505 |
| 文盲和半文盲 | 95146 | 66869 | 40628 | 20696 | — |

资料来源：《阳城50年》，三秦出版社2001年版，第35页。

表1-2　　　　　　　　　　西河地区人口状况

| 年份 | 乡村户数（户） | 乡总人口（人） | 乡人口自然增长率（‰） | 乡从业人数（人） | 县总人口（人） | 乡总人口占县总人口（%） |
|---|---|---|---|---|---|---|
| 1949 | 1646 | 7628 | — | 3338 | 208564 | 3.7 |
| 1952 | 1847 | 8034 | — | 4271 | 231289 | 3.5 |
| 1956 | 2001 | 8959 | — | 3687 | 254067 | 3.5 |
| 1960 | 2248 | 8391 | — | 3168 | 277472 | 3.4 |
| 1964 | 2536 | 10037 | 21.5 | 4735 | 285787 | 3.5 |
| 1969 | 2792 | 11182 | 22.3 | 4300 | 315367 | 3.5 |
| 1975 | 2985 | 12340 | 7.1 | 5473 | 347801 | 3.5 |
| 1978 | 3107 | 12567 | 4.3 | 5590 | 353931 | 3.6 |
| 1984 | 3455 | 12627 | 2.8 | 5252 | 362124 | 3.5 |
| 1989 | 3685 | 12715 | 15 | 5580 | 367024 | 3.5 |
| 1990 | 3795 | 12944 | 15.5 | 5451 | 369695 | 3.5 |
| 1991 | 3890 | 13057 | 10.2 | 6152 | 373885 | 3.5 |
| 1994 | 3951 | 13203 | 9.2 | 5795 | 387653 | 3.4 |
| 1998 | 3915 | 13243 | −0.3 | 5557 | 396451 | 3.6 |
| 2000 | 3939 | 13329 | 4.8 | 5735 | 395101 | 3.4 |
| 2001 | 3932 | 13325 | 0.67 | 5911 | 391836 | 3.4 |
| 2002 | 3938 | 13173 | −1.06 | 6062 | 391009 | 3.4 |
| 2003 | 4028 | 13123 | −3.51 | 5785 | 390098 | 3.4 |
| 2004 | 4122 | 13044 | −2.8 | 6061 | 388681 | 3.4 |
| 2005 | 4217 | 13120 | −1.9 | 7003 | 386965 | 3.4 |
| 2006 | 4633 | 14880 | −1.6 | 7154 | 387276 | 3.8 |
| 2007 | 4352 | 13284 | −2.12 | 7353 | 385450 | 3.4 |

资料来源：《阳城50年》，三秦出版社2001年版。《阳城统计年鉴》（2008）。

家开始提倡晚婚晚育、计划生育，阳城县人口自然增长率开始下降，1976年首次降到8.2‰，此后，13年一直保持较低的水平。西河人口自然增长率在1977年降到10‰以下，为7.1‰。1989年起，阳城县人口自然增长率又一次超过10‰，到1995年再度下降到10‰以下，西河则在1994年下降到

9.2‰，并在 1998 年出现了 - 0.3‰的负增长。目前，阳城县人口自然增长率处于较低的水平。西河乡从 2002 年开始连续出现人口自然增长率为负数的新情况。

从性别比例看，阳城县历来都是男性多于女性。1912 年男女性别比曾高达 125∶100。新中国成立后，性别比例处于 101—108 之间，多数年份为 102—104，其中 1965 年男女性别比例最低，为 101.9；1957 年最高，为 107.3。

阳城县居民汉族占绝对多数。此外，全县还有回族、满族、蒙古族、朝鲜族等少数民族居民，但以回族居民为主。第二次全国人口普查时，全县少数民族居民为 627 人，其中回族居民有 615 人；第三次全国人口普查时，少数民族居民有 610 人，其中回族为 573 人；第四次全国人口普查时，少数民族居民为 600 人，其中回族居民有 575 人；第五次全国人口普查时，少数民族居民为 1017 人，仍以回族居民为主。回族居民主要居住在县城及润城镇、町店镇、董封乡等地。西河乡少数民族居民很少。

由于阳城属于传统农业区，工业方面又过多地倚重于煤炭采掘，农业人口转移比较缓慢，农业人口所占比重一直很大。1949 年，非农业人口与农业人口之比为 3.6∶96.4。1952 年二者之比为 4.4∶95.6。计划经济时期，非农业人口与农业人口之比大体保持在 4∶96 左右。1978 年二者之比是 6.5∶93.5，1984 年改变为 8.1∶91.9。1993 年二者之比演化为 10.3∶89.7。2000 年非农业人口与农业人口之比发展到 14.5∶85.5。

阳城在文化教育方面有良好的传统，明代走出了吏部尚书王国光，清代涌出了文渊阁大学士兼吏部尚书陈廷敬、文华殿大学士兼吏部尚书田从典等历史人物。但是，新中国成立时，普通民众的文化教育水平仍然很低，文盲、半文盲人数众多。文盲和半文盲人数占总人口的比例，到 1964 年第二次人口普查时还高达 33.4%；第三次人口普查时降到 18.7%；第四次人口普查时进一步下降到 10.9%；第五次人口普查时又降到了 5.1%。

西河是阳城县主要的棉麦产区，改革开放前，农村劳动力主要从事农业劳动，在国家政策允许的情况下，也有部分劳动力外出"搞副业"，进入第二产业、第三产业。但总体而言，第一产业劳动力占从业人员的绝对比重，例如，1970 年占 69.4%；1972 年占 73.1%；1975 年占 82%；1978 年占 75.3%。1984 年推行家庭联产承包责任制，发展乡镇企业后，第一产业劳动力占从业人员的比重出现明显下降，1985 年为 43.3%。20 世纪 90 年代，第一产业劳动力所占比重在 40% 左右。进入新世纪后，乡镇企业发展遇到一些困难，第一产业从业人员转移停滞，其所占从业人员的比重在 42% 左右。改革开放前，西河从事第三产业的劳动力多于从事第二产业的劳动力。1984 年乡镇企业崛起后，第二产业从事人员开始超过第三产业从业人员。见表 1-3。

表 1-3　　　　　　　　1970—2007 年西河劳动力从业结构　　　　　　单位：人

| 年份 | 第一产业 | | 第二产业 | 第三产业 | 合计 |
|------|------|------|------|------|------|
| | 人数 | 占从业人员% | | | |
| 1970 | 3030 | 69.4 | 437 | 897 | 4364 |
| 1971 | 3132 | 69.1 | 459 | 939 | 4530 |
| 1972 | 3101 | 73.1 | 98 | 1042 | 4241 |
| 1973 | 3362 | 73.3 | 124 | 1100 | 4586 |
| 1974 | 3395 | 72.4 | 145 | 1151 | 4691 |
| 1975 | 3826 | 82.0 | 177 | 707 | 4710 |
| 1976 | 3284 | 60.0 | 356 | 1833 | 5473 |
| 1977 | 3344 | 60.0 | 412 | 1817 | 5573 |
| 1978 | 4212 | 75.3 | 741 | 637 | 5590 |
| 1979 | 3913 | 70.0 | 671 | 1006 | 5590 |
| 1980 | 5053 | 89.3 | 360 | 269 | 5659 |
| 1981 | 3922 | 70.0 | 672 | 1009 | 5603 |
| 1982 | 4566 | 81.0 | 642 | 432 | 5640 |
| 1983 | 3778 | 73.1 | 582 | 808 | 5168 |
| 1984 | 3154 | 60.1 | 1094 | 1003 | 5251 |
| 1985 | 2400 | 43.6 | 2090 | 1019 | 5509 |
| 1986 | 2235 | 42.1 | 2175 | 937 | 5347 |
| 1987 | 2187 | 40.8 | 2270 | 905 | 5362 |
| 1988 | 2096 | 39.1 | 2299 | 964 | 5359 |
| 1989 | 2290 | 41.4 | 2310 | 980 | 5580 |

续表

| 年份 | 第一产业 | | 第二产业 | 第三产业 | 合计 |
| --- | --- | --- | --- | --- | --- |
| | 人数 | 占从业人员% | | | |
| 1990 | 2110 | 38.7 | 2268 | 1073 | 5451 |
| 1991 | 2561 | 41.6 | 2444 | 1147 | 6152 |
| 1992 | 2115 | 36.4 | 2581 | 1120 | 5816 |
| 1993 | 2297 | 38.2 | 2767 | 876 | 5940 |
| 1994 | 2261 | 39.0 | 2563 | 971 | 5795 |
| 1995 | 2199 | 38.0 | 2590 | 1004 | 5793 |
| 1996 | 2016 | 36.5 | 2565 | 945 | 5526 |
| 1997 | 2533 | 42.1 | 2363 | 1125 | 6021 |
| 1998 | 2596 | 46.7 | 2073 | 888 | 5557 |
| 1999 | 2422 | 42.6 | 2270 | 998 | 5690 |
| 2000 | 2930 | 51.1 | 1849 | 956 | 5735 |
| 2001 | 2549 | 43.1 | 2386 | 976 | 5911 |
| 2002 | 2598 | 42.9 | 2509 | 955 | 6062 |
| 2003 | 2481 | 42.9 | 2377 | 927 | 5785 |
| 2004 | 2546 | 42.0 | 2419 | 1096 | 6061 |
| 2005 | 3033 | 43.3 | 2706 | 1264 | 7003 |
| 2006 | 3215 | 44.9 | 2798 | 1141 | 7154 |
| 2007 | 3257 | 44.3 | 2932 | 1164 | 7353 |

资料来源：西河乡统计站。

## 第三节 行政建制

阳城县行政建制始于西汉时期，县名几经变更。西河乡的行政建制和所辖区域则形成较晚，20世纪60年代初期才逐渐固定了现在的行政辖区。西河行政建制形成后，计划经济时期，经济与社会发展水平居全县中上等位置。改革开放后，西河走到了全县的先进行列。

## 一　阳城县行政建制的沿革

早在春秋战国时期，阳城县境即以濩泽命名。西汉时，中央政府始设濩泽县。东汉时，中央政府将濩泽县改设为濩泽侯国。北魏时复置为濩泽县。濩泽县名延续到唐朝天宝元年（公元 742 年）时改称阳城县。天祐二年（公元 905 年）复名濩泽县。至五代时期唐同光元年（公元 923 年）又更名为阳城县。金灭北宋后，于元光二年（公元 1223 年）升阳城县为勣州。蒙古中统元年（1260 年），又将勣州改为阳城县。此后，阳城县名沿用到清朝末年。1914 年，阳城县隶属于冀宁道。1927 年，阳城县直属于山西省，1937 年归山西省第五行政区管辖。抗日战争爆发后，阳城县的隶属关系发生较大的变动。1942 年，阳城县划归晋冀鲁豫边区晋豫区。1943 年划归边区太岳区第四专区。1943 年阳城县分设阳北、阳南二县。1945 年，阳城解放后才恢复原先的建制。1946—1949 年，阳城县属于太岳行署。1949 年 9 月，阳城县归属山西省长治专区。1954 年 7 月，阳城县隶属于山西省晋东南专区。1958 年 10 月阳城县与沁水县合并为阳城县。1959 年 10 月阳城县与沁水县分治，均隶属于晋东南专区。1985 年 5 月晋城市设立后，阳城隶属于晋城市。

## 二　西河乡行政建制的形成与演变

西河乡的行政建制形成较晚。明代，阳城县划分为 10 都、99 里。清初，全县居民划分为 40 里。嘉庆年间，全县增设为 11 都、78 里。明清时期，目前的西河乡各村分属于大宁都、固隆都等都。民国时期，阳城县实行区村制。1935 年，全县改为 5 个区、73 个编村、799 个附村，西河各村分属于第一区、第二区、第五区等区。1942 年 1 月阳城县抗日政府成立后，下辖 5 个区、98 个村，西河的庄头、上礼、北任等村属于第四区。1943 年阳北县成立后，庄头、西沟、孙沟等村属于第二区，北任等村属于第四区。1945 年 5 月，阳城解放后，全县划分为 7 个区，175 个行政村。西沟、宋王等村属于第一区，上礼、庄头等村属于第三区，中寨等村属于第五区，西岭等村属于第七区。

1950 年 4 月，阳城县重新设置为 7 个区。1953 年 6 月，全县划分为 117 个区，分属于 7 个区。西沟乡、永盛（王曲）乡于第一区；西岭乡属于第二区；庄头乡属于第四区；中寨乡属于第五区。

1956 年 4 月，全县重新划分为 58 个乡，下辖 379 个高级农业生产合作社，西沟乡成为其中 1 个乡，下辖 11 村，初步形成目前的行政区域。1958 年 3 月，全县合并为 36 个乡，8 月又并为 22 个乡，西沟乡并入其他乡。1961 年 7 月，全县除城关镇外设立 22 个人民公社，西沟人民公社成为其中之一，建制稳定下来。1983 年，山西省晋东南行署将阳城县西沟人民公社更名为西河人民公社，以解决与平顺县西沟人民公社重名的问题。

1984 年 4 月 20 日，阳城县取消政社合一的人民公社体制，实行乡（镇）、村制，西河人民公社改为西河乡，下辖 16 个村民委员会，61 个自然村。20 世纪 90 年代中期，阳城县合并乡镇，全县下辖东城办事处，凤城镇、北留镇、润城镇、町店镇、芹池镇、次营镇、横河镇、河北镇、蟒河镇、东冶镇 10 镇，以及西河乡、白桑乡、寺头乡、演礼乡、固隆乡、董封乡、驾岭乡 7 乡。西河乡下辖 16 个行政村，76 个村民小组。这 16 个行政村为西沟、阳邑、郭河、庄头、北任、峪则、王曲、上李、孙沟、宋王、崔凹、陕庄、西丰、中寨、山后、西岭，其中，西沟村由西沟、庄头坡和石门沟 3 个自然村组成，孙沟村由孙沟、张庄、东王庄、北坡沟和后沟 5 个自然村组成，宋王村由宋王、下东河山、前红土坡、老王庄、社地坪、白土凹、高庄头、后红土坡、前沟、南坡庄 10 个自然村组成，崔凹村由崔凹、曹家山、柳家、明岭后、前山坪、上东河山、骡圈圪套 7 个自然村组成，山后村由圪针树腰、康圪梁、山后、阎家沟、梁家、小道口、枣甲、白山 8 个自然村组成，陕庄村由陕庄、半沟、红土圪梁 3 个自然村组成，西岭由西岭、西岩岭 2 个自然村组成，西丰村由西王庄、宋王庄、黄土圪梁、弹花锤、岭头、郝坡、圪台、金爬、上圪台、山凹庄、西甲庄 11 个自然村组成，中寨村由中寨、分山、圪梁后 3 个自然村组成，峪则村由峪则、南坡庄、李家庄 3 个自然村组成。2000 年后，西河乡下辖 14 个行政村，33 个自然村。

### 三　西河乡在全县的经济地位

西河乡的土地面积约占全县总面积的 1.95%，耕地面积约占全县耕地面积的 3.5%，人口占全县总人口的 3.5% 左右。西河乡用全县 3.5% 的耕地养育了全县约 3.5% 的人口。西河距县城较近，交通便利，土地肥沃，自然资源丰富，计划经济时期，社会经济发展水平在阳城全县居于中上水平。

改革开放后，西河发挥自身优势，社会经济均取得明显进步，在全县的排名处于上升态势。从农、林、牧、渔总产值看，在全县 25 个乡镇中，西河乡 1984 年居于第 10 位，1985 年、1986 年居于第 13 位，1987 年又前进到第 10 位，1988 年稍退至 11 位，1989 年前行到第 10 位，1990 年上升到第 6 位，1992 年、1993 年处于第 9 位。1984—1992 年，西河乡社会经济的发展水平在全县大体处于中等偏上的位置。见表 1－4。

表 1－4　　　　1984—1992 年西河乡农林牧渔总产值在全县的排名

| 年份 | 1984 | 1985 | 1986 | 1987 | 1988 | 1989 | 1990 | 1991 | 1992 |
|------|------|------|------|------|------|------|------|------|------|
| 乡镇总数 | 25 | 25 | 25 | 25 | 25 | 25 | 25 | 25 | 25 |
| 排　名 | 10 | 13 | 13 | 10 | 11 | 10 | 6 | 9 | 9 |

资料来源：根据《阳城 50 年》，三秦出版社 2001 年版，第 75 页统计表计算。

1992 年后，西河乡加快了发展速度，超越了一些乡镇，到 2000 年已基本居于全县先进行列。从农村社会总产值来看，在全县 25 个乡镇中，西河乡 1992 年、1993 年居第 6 位，1994 年居第 7 位，1995 年居第 8 位，1996—1999 年又进入第 6 位，2000 年上升到第 4 位。从农村工业总产值指标看，在全县 25 个乡镇中，西河乡 1992 年处于第 4 位，1993 年居第 5 位，1994 年处于第 8 位，1995 年退到第 9 位，1996—1998 年为第 8 位，1999 年退至第 10 位，2000 年前行到了第 5 位。见表 1－5。

表 1－5　　　1992—2000 年西河乡社会总产值及农村工业总产值在全县的排名

| 年份 | 1992 | 1993 | 1994 | 1995 | 1996 | 1997 | 1998 | 1999 | 2000 |
|------|------|------|------|------|------|------|------|------|------|
| 乡镇总数 | 25 | 25 | 25 | 25 | 25 | 25 | 25 | 25 | 25 |
| 农村社会总产值排名 | 6 | 6 | 7 | 8 | 6 | 6 | 6 | 6 | 4 |
| 农村工业总产值排名 | 4 | 5 | 8 | 9 | 8 | 8 | 8 | 10 | 5 |

资料来源：根据《阳城 50 年》，三秦出版社 2001 年版，第 73、77 页统计表计算。

进入新世纪后，西河乡的发展势头更为强劲。从社会总产值、乡镇财政收入和人均纯收入 3 项指标看，西河乡在全县 18 个乡镇中都处于前列。2001—2006 年，西河乡社会总产值仅居于凤城镇、北留镇、润城镇和东城办事处之后，处于第 5 位。2001—2004 年西河乡财政收入仅居于北留镇、润城镇和凤城镇之后，处于第 4 位，2005 年超过凤城镇，居第 3 位。西河乡人均纯收入在 2001 年还位于东城办事处、北留镇、凤城镇、润城镇、东冶镇、

固隆镇和演礼乡之后，居第 8 位；2002 年、2003 年超过固隆镇和演礼乡，
居第 5 位；2004 年又被町店镇超越，居于第 6 位；2005 年超过北留镇、凤
城镇和町店镇，名列第 3 位。见表 1-6。

表 1-6　2001—2006 年西河乡社会总产值、财政收入及人均纯收入在全县的排名

| 年份 | 社会总产值（万元） | | 财政收入（元） | | 人均纯收入（元） | |
|---|---|---|---|---|---|---|
| | 总额 | 超过西河的乡镇 | 总额 | 超过西河的乡镇 | 总额 | 超过西河的乡镇 |
| 2001 | 22362 | 凤城、北留、润城、东城办 | 4726000 | 北留、润城、凤城 | 2270 | 东城办、北留、凤城、润城、东冶、固隆、演礼 |
| 2002 | 25403 | 凤城、北留、润城、东城办 | 4372060 | 北留、润城、凤城 | 2587 | 东城办、润城、北留、凤城 |
| 2003 | 30087 | 凤城、北留、润城、东城办 | 9096456 | 北留、润城、凤城 | 2987 | 东城办、润城、北留、凤城 |
| 2004 | 33884 | 凤城、北留、润城、东城办 | 7886090 | 北留、润城、凤城 | 3230 | 东城办、润城、北留、凤城、町店 |
| 2005 | 44545 | 凤城、北留、润城、东城办 | 11454235 | 北留、润城 | 4080 | 东城办、润城 |

资料来源：西河乡统计站。

# 第四节　主要村庄概况

西河乡目前下辖 14 个行政村，33 个自然村。新中国成立以来，各村由
于不同的资源禀赋，不同的发展思路，形成了经济实力、社会环境各不相同
的村落。总体而言，目前西河乡可分为富裕、比较富裕和比较贫困三类
村庄。

## 一　新中国成立初期的状况

新中国成立初期，西河地区百废待兴。农户最多的村庄是陕庄村，有
215 户；其他村庄按照户数多寡依次为孙沟、西沟、峪则、中寨、西丰、
郭河、上庄头、崔凹、宋王、北任、阳邑、王曲、上李。人数最多的村庄
是孙沟村，按照人数多少其他村庄依次为西沟、陕庄、西丰、峪则、郭

河、宋王、上庄头、王曲、阳邑、北任、上李。从拥有的劳动力来看，人
数最多的村庄是陕庄；其他村庄按劳动力由多到少的顺序排列为孙沟、西
沟、中寨、峪则、西丰、崔凹、王曲、郭河、宋王、北任、上李、阳邑。
从村庄的耕地面积来看，陕庄最多，其次是孙沟，第三是中寨，其他村庄
按耕地面积大小依次为西丰、西沟、宋王、崔凹、王曲、郭河、上庄头、
北任、峪则、阳邑、上李。而从生产的粮食产量看，最多的是孙沟，其次
是陕庄，第三是中寨，其他村庄按粮食总产量的多少依次为西沟、上庄
头、郭河、崔凹、西丰、宋王、王曲、峪则、阳邑、北任、上李。人均粮
食产量最多的是孙沟，其次为陕庄，第三是上庄头，最后是阳邑、郭河、
王曲等村。综合这些情况来看，孙沟、陕庄、西沟、中寨等村人多、地
多、粮多，是西河比较富裕的村庄；北任、上李等村比较贫穷；其他村庄
的经济状况介于二者之间。见表 1 - 7。

表 1 - 7　　　　　　　　1949 年西河主要村庄基本情况表

| 村庄 | 户数（户） | 人口（人） | 劳动力（人） | 耕地面积（公顷） | 粮食总产量（吨） | 人均粮食产量（公斤） |
|---|---|---|---|---|---|---|
| 西沟 | 180 | 738 | 313 | 114.3 | 177 | 239.8 |
| 阳邑 | 85 | 387 | 117 | 68.9 | 100 | 258.4 |
| 郭河 | 121 | 483 | 213 | 91.6 | 142 | 294.0 |
| 上庄头 | 111 | 445 | 152 | 90.8 | 158 | 355.1 |
| 北任 | 98 | 386 | 174 | 79.9 | 84 | 217.6 |
| 峪则 | 150 | 518 | 261 | 76.9 | 116 | 223.9 |
| 王曲 | 85 | 400 | 244 | 92.3 | 116 | 290 |
| 上李 | 75 | 335 | 141 | 58.5 | 76 | 226.9 |
| 孙沟 | 185 | 749 | 398 | 153.3 | 431 | 575.4 |
| 宋王 | 101 | 461 | 199 | 110.5 | 122 | 264.6 |
| 崔凹 | 103 | 458 | 237 | 95.1 | 132 | 288.2 |
| 陕庄 | 215 | 727 | 417 | 183.3 | 264 | 363.1 |
| 西丰 | 127 | 575 | 246 | 134 | 129 | 224.3 |
| 中寨 | 148 | 668 | 307 | 142.7 | 194 | 290.4 |

资料来源：《阳城 50 年》，三秦出版社 2001 年版，第 355—361 页。

## 二 20世纪50—70年代的状况

20世纪50年代中期到70年代末，是西河农业集体化时期。西河各村的经济结构几乎全是农业经济。各村总户数、总人口比1949年有大的增长。通过开垦荒地、整修梯田等农田基本建设，各村拥有的耕地面积在20世纪50年代前期达到最大。但农村经济总收入及农民人均纯收入却增长缓慢。

20世纪50年代到70年代，各村由于自然禀赋、人力资源、管理水平等方面的差异，集体经济总收入和农民人均纯收入存在较大的差距。比如，1957年人均纯收入最多的是阳邑村，为97元；人均纯收入最少的是西沟村，仅有32元，为阳邑村的33.0%。总的来看，人均纯收入在30—40元的有西沟、上庄头、上李、中寨等村；人均纯收入在41—50元的村庄有北任、峪则、陕庄、孙沟；人均纯收入在51—60元的村庄有郭河、孙沟、崔凹、西丰；人均纯收入在61—70元的村庄有宋王；人均纯收入超过80元的有阳邑、王曲。见表1-8。

表1-8　　　　　　1957年西河主要村庄基本情况表

| 村庄 | 户数（户） | 人口（人） | 耕地面积（公顷） | 农村经济总收入（万元） | 农民人均纯收入（元） |
|------|-----------|-----------|-----------------|---------------------|-------------------|
| 西沟 | 200 | 895 | 123.5 | 6.17 | 32 |
| 阳邑 | 90 | 427 | 69.7 | 7.81 | 97 |
| 郭河 | 165 | 618 | 88.9 | 4.97 | 55 |
| 上庄头 | 139 | 549 | 101.6 | 4.62 | 33 |
| 北任 | 116 | 458 | 83.6 | 4.20 | 43 |
| 峪则 | 184 | 712 | 126.9 | 4.98 | 42 |
| 王曲 | 109 | 518 | 92.3 | 7.60 | 84 |
| 上李 | 97 | 457 | 66.7 | 2.58 | 33 |
| 孙沟 | 247 | 913 | 155.3 | 7.35 | 50 |
| 宋王 | 123 | 545 | 120.1 | 5.33 | 70 |
| 崔凹 | 130 | 511 | 105.5 | 4.82 | 58 |
| 陕庄 | 250 | 898 | 182.6 | 6.37 | 43 |
| 西丰 | 148 | 671 | 135.5 | 6.82 | 57 |
| 中寨 | 204 | 783 | 155.3 | 5.89 | 40 |

资料来源：《阳城50年》，三秦出版社2001年版，第355—361页。

20 世纪 60 年代中期，虽然经历了 3 年自然灾害，西河乡户数与总人口还是呈现较快的增长状态。绝大多数村庄的耕地面积有所下降，农村经济总收入增长很慢，一些村庄甚至还低于 1957 年的水平。人均纯收入普遍低于 1962 年的水平。不同村庄农民纯收入差距有所缩小。阳邑最富，人均 64 元；峪则最穷，人均 39 元，为阳邑村的 60.9%。人均纯收入在 40—50 元的村庄有西沟、郭河、王曲、上李、宋王、中寨。人均纯收入在 51—60 元的村庄有上庄头、北任、孙沟、崔凹、陕庄。人均纯收入超过 60 元的只有阳邑村。见表 1－9。

表 1－9　　　　1965 年西沟（西河）公社主要村庄基本情况表

| 村庄 | 户数（户） | 人口（人） | 耕地面积（公顷） | 农村经济总收入（万元） | 农民人均纯收入（元） |
|---|---|---|---|---|---|
| 西沟 | 280 | 1038 | 115.1 | 8.42 | 47 |
| 阳邑 | 145 | 549 | 64.0 | 6.27 | 64 |
| 郭河 | 203 | 738 | 85.3 | 5.52 | 45 |
| 上庄头 | 171 | 630 | 95.3 | 5.62 | 56 |
| 北任 | 115 | 497 | 84.1 | 4.40 | 50 |
| 峪则 | 198 | 815 | 123.4 | 5.64 | 39 |
| 王曲 | 136 | 619 | 85.5 | 4.81 | 45 |
| 上李 | 110 | 527 | 56.9 | 3.73 | 40 |
| 孙沟 | 235 | 1073 | 149.5 | 9.00 | 50 |
| 宋王 | 132 | 595 | 116.9 | 4.70 | 42 |
| 崔凹 | 145 | 571 | 104.4 | 5.21 | 56 |
| 陕庄 | 283 | 951 | 177.9 | 8.68 | 51 |
| 西丰 | 187 | 728 | 123.2 | 5.51 | 43 |
| 中寨 | 229 | 839 | 146.9 | 7.56 | 50 |

资料来源：《阳城 50 年》，三秦出版社 2001 年版，第 355—361 页。

20 世纪 70 年代后期，西河各村的社会经济出现了较大的变化。1978 年改革开放前夕，各村的户数与人口增长幅度较大。耕地面积也有较大的下降。农村经济总收入显著提高，农民人均纯收入也大幅上升。人均纯收入最多的是西沟村，为 108 元；人均纯收入最少的是王曲与陕庄村，为 78 元，是西沟村的 72.2%。农民人均纯收入在 80 元以下的村有上庄头、王曲、陕庄；在 81—90 元的有峪则、宋王、崔凹、西丰、中寨；在 90—100 元的有阳邑、北任、孙沟；100 元以上的有西沟、郭河、上李、中寨。见表 1 - 10。

表 1 - 10　　　　1978 年西沟（西河）公社主要村庄基本情况表

| 村庄 | 户数（户） | 人口（人） | 耕地面积（公顷） | 农村经济总收入（万元） | 农民人均纯收入（元） |
|---|---|---|---|---|---|
| 西沟 | 347 | 1258 | 106.6 | 26.36 | 108 |
| 阳邑 | 200 | 717 | 63.6 | 14.30 | 92 |
| 郭河 | 230 | 909 | 85.0 | 21.08 | 106 |
| 上庄头 | 217 | 801 | 89.7 | 14.0 | 80 |
| 北任 | 137 | 606 | 83.0 | 12.87 | 92 |
| 峪则 | 223 | 939 | 122.1 | 14.52 | 83 |
| 王曲 | 159 | 731 | 84.4 | 14.94 | 78 |
| 上李 | 140 | 666 | 56.7 | 14.10 | 103 |
| 孙沟 | 304 | 1298 | 149.5 | 24.36 | 96 |
| 宋王 | 168 | 736 | 112.7 | 12.74 | 89 |
| 崔凹 | 193 | 702 | 103.7 | 11.71 | 82 |
| 陕庄 | 336 | 1209 | 178.1 | 18.65 | 78 |
| 西丰 | 233 | 923 | 120.7 | 15.63 | 81 |
| 中寨 | 220 | 1072 | 125.1 | 20.84 | 101 |

　　资料来源：《阳城 50 年》，三秦出版社 2001 年版，第 355—361 页。

### 三　20 世纪八九十年代情况

　　改革开放后，西河各村充分发挥资源优势，经济社会的发展进入快车道。特别是 1984 年实行家庭联产承包责任制、乡镇企业异军突起后，各村发生了巨大的变化。以 1985 年为例，各村的户数、人口较 20 世纪 70 年代又有新的增长，耕地面积进一步减少，农村经济总收入大幅提高，农民人均纯收入上了一个新台阶。人均纯收入最多是阳邑村，达到 389 元；最少的是陕庄村，为 182 元，仅是阳邑村的 46.8%。最富村与最穷村的农民人均纯收入的差距又拉大了。除阳邑村外，其他村庄人均纯收入都在 300

元以下。人均纯收入在 201 元之下的有上庄头、北任、陕庄；在 201—300 元的村庄有西沟、郭河、峪则、王曲、上李、孙沟、宋王、崔凹、西丰、中寨。见表 1-11。

表 1-11　　　　　　　　1985 年西河乡主要村庄基本情况表

| 村庄 | 户数（户） | 人口（人） | 耕地面积（公顷） | 农村经济总收入（万元） | 农民人均纯收入（元） |
|---|---|---|---|---|---|
| 西沟 | 373 | 1243 | 102.7 | 45.05 | 228 |
| 阳邑 | 206 | 696 | 60.3 | 57.82 | 389 |
| 郭河 | 270 | 921 | 77.8 | 37.42 | 272 |
| 上庄头 | 232 | 832 | 85.9 | 24.71 | 199 |
| 北任 | 140 | 626 | 76.7 | 27.14 | 200 |
| 峪则 | 241 | 923 | 119.7 | 41.37 | 219 |
| 王曲 | 186 | 698 | 74.3 | 27.32 | 241 |
| 上李 | 210 | 702 | 54.5 | 21.09 | 234 |
| 孙沟 | 321 | 1306 | 144.8 | 50.29 | 276 |
| 宋王 | 161 | 710 | 87.8 | 20.40 | 217 |
| 崔凹 | 200 | 732 | 98.9 | 29.62 | 213 |
| 陕庄 | 200 | 709 | 89.1 | 18.24 | 182 |
| 西丰 | 267 | 912 | 103.8 | 25.76 | 222 |
| 中寨 | 287 | 1101 | 111.2 | 35.04 | 225 |

资料来源：《阳城 50 年》，三秦出版社 2001 年版，第 355—361 页。

20 世纪 90 年代，西河各村仍然人丁兴旺。虽然农村经济总收入规模已发生翻天覆地的变化，但耕地减少的数量更多了，下降的速度加快了。1995—2000 年，平均每年农民人均纯收入达到 2000 元以上。其中，人均纯收入最多的是西沟村，为 2816 元；收入最少的是宋王村，为 2181 元，是前者的 77.5%。人均纯收入在 2200—2400 元的村庄有上庄头、郭河、北任、峪则、孙沟、崔凹、西丰、中寨；在 2400—2500 元的村庄有王曲、上李；在 2700—2800 元的村庄有阳邑、陕庄；只有西沟村超过了 2800 元。见表 1-12。

表 1 - 12　　　　　　　　1995—2000 年西河乡主要村庄基本情况

| 村庄 | 户数(户) | 人口(人) | 耕地面积(公顷) | 农村经济总收入(万元) | 农民人均纯收入(元) |
|---|---|---|---|---|---|
| 西沟 | 438 | 1475 | 99.95 | 2079 | 2816 |
| 阳邑 | 245 | 787 | 57.87 | 1411 | 2750 |
| 郭河 | 316 | 1074 | 70.52 | 1761 | 2316 |
| 上庄头 | 258 | 888 | 82.56 | 840.5 | 2241 |
| 北任 | 192 | 700 | 76.47 | 558.8 | 2326 |
| 峪则 | 319 | 1005 | 110.8 | 892.0 | 2376 |
| 王曲 | 256 | 890 | 72.25 | 1364.0 | 2418 |
| 上李 | 225 | 724 | 53.77 | 808.5 | 2469 |
| 孙沟 | 353 | 1270 | 135.2 | 1647.2 | 2316 |
| 宋王 | 207 | 631 | 93.17 | 424.78 | 2181 |
| 崔凹 | 240 | 771 | 99.9 | 625.24 | 2380 |
| 陕庄 | 215 | 783 | 93.7 | 1681.2 | 2746 |
| 西丰 | 231 | 808 | 101.53 | 441.0 | 2279 |
| 中寨 | 323 | 1079 | 120.2 | 1019.2 | 2335 |

注：上表数据是 1995—2000 年各年数据的算术平均数。

资料来源：《阳城 50 年》，三秦出版社 2001 年版，第 355—361 页。

### 四　目前的发展状况

目前，西河乡 14 个村根据其经济条件可分为好、较好和较差三种情况。富裕村庄主要是因为拥有煤炭资源。庄头、陕庄、西沟、郭河、崔凹属于第一类村庄，中寨、阳邑、王曲、孙沟属于第二类村庄，北任、峪则、西丰、宋王、上李属于第三类村庄。

西沟村原为乡政府所在地。村集体在孔坪煤矿持有股份。村民还开办了华晋常压锅炉厂、绿洲花卉公司、老三养猪场等私营企业。由于陵沁公路穿村而过，村民利用这些有利条件，开办了一些商店、粮店、饭店。村民比较富裕。

庄头村村集体在庄头煤矿持有股份。前几年在煤矿不景气时，村里利用经营煤炭积累的资金发展地面企业，办起了集体企业兴胜针织厂，主要生产袜子。另外，村民还开办了民营企业世纪鞭炮厂，生产烟花爆竹。村集体还在县城南关步行街建起一座商业用楼。针织厂、鞭炮厂每年向村里上交部分利润，在县城置办的房地产每年约有 60 万元的租金。村子里还有 1 家印刷厂、1 家农场、1 家养鸡场、1 家养猪场以及几家小商店。

崔凹村村集体在陕庄煤矿持有股份。另外，县二轻局开办的西煤公司煤矿的第二坑口在该村，煤矿支付村里占地费用。不少村民也在该企业上班，是家庭经济收入的主要来源。村子里办有 1 家养猪场，2 家砂锅厂，1 家粮食加工厂。

郭河村是乡政府所在地，村里在郭河煤矿持有股份。郭河煤矿是一个老煤矿，资源已不多，现在该煤矿正准备开采 15 号煤，虽然质量较差，还有经济价值。前几年，村里还组建了汽车运输队。村里办有集体企业郭河砖厂。郭河经济比较繁荣，大大小小的饭店、商店、粮店、修理部、美容店遍布于村庄主要街道两旁，是乡里商业服务业最为发达的村子。

陕庄是陕庄煤矿的主要股东。陕庄煤矿的土地是村里的，每年要向村里支付 40 万元占地费用。村里还开办了集体企业陕庄砖厂，即将停办。私营企业主要有 1 家家具公司，1 家花卉公司，1 家鸡场，1 家养猪场，2 家桑蚕养殖场，3 家养羊场，以及几家小卖店、饭店。

中寨村在孔坪煤矿持有股份。石门沟煤矿建在该村土地上，每年要支付占地费用。省营军工企业金阳器材厂曾驻该村，村里农户可以通过劳务服务等方式得到收益。这家军工企业早已迁走，农民失去一条挣钱渠道。目前，村子里有 2 家小餐馆，4 家小卖部，1 家小药店，1 家蔬菜店。

阳邑村在陕庄煤矿持有股份。以前阳邑村开办了阳邑煤矿，但在 2002 年关闭了。现在村里办有集体企业阳邑砖厂。村民张于富经营水泥制品厂，年营业额有 20 万元。村民张蒲云开办袜子加工厂，年营业额约 10 万元。村里有 3 家小商店。

孙沟村村容建设很好，新建了 6 座居民楼，可住 180 户，目前已有 1 座楼住满。村里办有集体企业晨光砖厂。该村得到省里平整土地项目支持，获得 100 多万元的资助。村里开展填沟扩地工程后，已新增土地 300 余亩。此外，由于西煤公司所采煤炭位于该村地下，农户住房受到一定的影响，村庄塌陷，村民得到该公司一定的补偿。村里有私营企业健业氧化锌厂，年营业额 50 万元。养殖业方面，有 1 家养猪场，1 家养鸡场。商业、服务业方面，有 2 家小超市，1 家蔬菜店，1 家肉店，2 家豆腐房，2 家粮食加工厂，1 家美容部，1家洗浴中心。

王曲村距离县城最近，交通便利。以往外地农户迁入该村要缴纳不少费用。现在村里开始做一些房地产生意，已修建起两座商住宅楼，出售后可获得利润。以前村里在上李煤矿入股，有收入来源。上李煤矿关闭后，该村失去了这一收入渠道。目前，村里原有1家集体企业王曲砖厂，已停办。目前，村里有2家养猪场，1家养牛场，1家木材加工厂，1家粮食加工厂。商业、服务业方面，有3家小商店，3家农用车机动车修理部，2家小吃店，1家美容部。

上李村原有上李煤矿，于2006年关闭。现在，村里有1家养鸡场，4家小卖部，2家粮食加工点。

峪则村村里土地较好，农业生产条件不错。以前，村里开过小煤矿，于2001年关闭。现在村里有1家集体企业峪则砖厂，1家私营企业峪则预制厂，2家小卖部，2家修配部，1家粮食加工点。

北任村以前开办过下甲煤矿，于2002年关闭。目前，村里有1家集体企业北任砖厂，生产条件较好，每年向村里上交40万元的承包费。在养殖业方面，有2家养猪场，1家养鸡场，1家养牛场。村里有2家小卖部经营日用百货。

宋王村土地肥沃，经济以种植特色农产品为主。宋王的红薯远近闻名，农户多数种植红薯，且有窖藏条件，可以源源不断地供应市场。不少农户种红薯得到较大的收益。村里组织了红薯专业合作社。村里有3家养鸡场，1家养猪场。该村唯一的企业是私营雄善砖厂。村集体经济比较薄弱。

西丰村有1家砖厂，现已无土可用，即将关闭。西河乡1家规模较大的私营养猪场丰盛养殖公司建于该村。村里还有一家袜子加工厂。阳城县较大的西丰水库位于该村，为防止洪灾，县政府每年都向村里补助防洪经费。村集体在庄头煤矿持有股份。

从统计资料方面可以看出西河乡镇三类村庄的差别。2007年西河乡有4326户，总人口为13273人。全乡耕地面积为15966亩，人均1.2亩。社会总产值达到58533万元，农村经济总收入达到46491万元，农民人均纯收入为4807元。各村农民人均纯收入都在4000元以上。西沟村是户数与人口最多的村，宋王是户数与人口最少的村。陕庄是拥有耕地最多的村，上李是拥有耕地最少的村。宋王是人均耕地面积最大的村，郭河是人均耕地面积最小的村。庄头是社会总产值最高的村，宋王是社会总产值最低的村。西沟是农

村经济总收入最多的村，宋王是农村经济总收入最少的村。庄头是农民人均
纯收入最高的村，北任是人均纯收入最低的村。庄头、陕庄、西沟、郭河是
西河乡的经济强村。北任、西丰、宋王、峪则、上李等村经济实力相对较
弱。见表1-13。

表1-13　　　　　　　　2007年西河乡主要村庄基本情况表

| 村庄 | 户数（户） | 人口（人） | 耕地（亩） | | 社会总产值（万元） | 农村经济总收入（万元） | 农民人均纯收入（元） |
|---|---|---|---|---|---|---|---|
| | | | 总面积 | 人均 | | | |
| 合计 | 4326 | 13273 | 15966 | 1.2 | 58533 | 46492 | 4807 |
| 西沟 | 492 | 1503 | 1304 | 0.9 | 5575 | 4690 | 5239 |
| 阳邑 | 246 | 815 | 739 | 0.9 | 1899 | 1007 | 4703 |
| 郭河 | 367 | 1158 | 683 | 0.6 | 4759 | 3995 | 5126 |
| 庄头 | 293 | 980 | 1196 | 1.2 | 7397 | 3763 | 5841 |
| 北任 | 213 | 702 | 922 | 1.3 | 971 | 566 | 4083 |
| 峪则 | 343 | 1021 | 1400 | 1.4 | 1840 | 786 | 4095 |
| 王曲 | 335 | 1001 | 974 | 1.0 | 3091 | 2220 | 4844 |
| 上李 | 261 | 721 | 774 | 1.1 | 910 | 718 | 4769 |
| 孙沟 | 353 | 1129 | 1782 | 1.6 | 2316 | 2098 | 4678 |
| 宋王 | 173 | 539 | 1020 | 1.9 | 521 | 369 | 4150 |
| 崔凹 | 317 | 799 | 736 | 0.9 | 1013 | 909 | 4717 |
| 陕庄 | 360 | 1171 | 2014 | 1.7 | 3933 | 2791 | 5137 |
| 西丰 | 237 | 662 | 1064 | 1.6 | 534 | 407 | 4111 |
| 中寨 | 336 | 1072 | 1358 | 1.3 | 1934 | 1303 | 4702 |

资料来源：西河乡统计站。

# 第二章

# 西河乡经济的发展历程

抗日战争胜利后，阳城县西河地区很早开展了土地改革，解放了农村生产力，支援了全国解放战争。国民经济恢复时期，西河农业生产得到快速发展。西河农民较早开展了互助合作。人民公社时期，西河经济与社会发展都有比较缓慢，经济建设历经多次起伏。改革开放后，乡政府积极推进乡镇企业的发展，引导农业调整产业结构，经济与社会发展都走上快车道，财政收入持续增长，虽然也经历了几次大的波动，但发展成效十分显著。

## 第一节　1949—1978 年经济发展状况

1945 年抗日战争胜利后，阳城成为中国共产党领导下的解放区，随即展开了土地改革。经过 1949—1952 年的经济恢复，西河经济与社会的发展加快，主要农产品总产量都超过了 1949 年。在合作化运动中，西沟村办起全县最早的高级农业生产合作社灯塔社。1955 年下半年，西河地区的农户几乎全部加入了高级农业生产合作社。1958 年，西河进入人民公社体制，经济结构为单一的农业经济，经济发展几经波折，农村经济总收入和农民人均纯收入增长缓慢，有的年份甚至出现负增长，直到改革开放前，社会经济的发展都比较缓慢。人民公社时期，西河建设了农田水利设施，为农业的发展打下了基础。在社会发展方面，依靠集体经济的力量，推进了农村的文化教育与医疗卫生事业。

## 一 新中国成立前的发展状况

阳城历史悠久,资源丰富,物产盛多,很早就有先民开发。明清时期,阳城的冶铁、陶瓷、硫黄业、木材业等远近闻名。阳城人民还有植桑养蚕的传统,农桑文明发达。西河地区邻近县城,经济发展较早。抗日战争爆发后,中国共产党领导的抗日武装在阳城建立了根据地,打击日伪势力。抗日战争胜利后,阳城解放,太岳行署进驻县城。1946 年冬天,阳城开展了土地改革。到 1947 年春天,全县基本上废除了封建土地制度,实行耕者有其田的农民土地私有制。西河地区也在这一时期完成了土地改革。土改后,阳城人民积极投入解放战争,为新中国的建立作出了巨大贡献。

## 二 新中国成立初期的发展状况

新中国成立初期,西河地区百废待兴。战乱初定,经济与社会的发展建设走向繁荣。1949 年,西河有 1646 户居民,人口 7628 人,耕地 1451 公顷。见表 2-1。住户最多的陕庄村占西河总户数的 13%,孙沟、西沟村则分别占 10%,上李、北任、阳邑户数较少,分别占 4%、5%、5%。陕庄村的耕地最多,占西河地区总耕地的 13%,孙沟、中寨村的耕地则分别占西河总耕地的 10%,上李、阳邑、峪则 3 个村庄的耕地较少,分别占西河总耕地的 4%、5%、5%。见图 2-1、图 2-2。从人均粮食生产量看,孙沟最多,为 575.4 公斤;陕庄次之,为 363.1 公斤;最少的北任为 217.4 公斤。见图 2-3。

表 2-1            1949—1952 年西河地区人口及耕地的增长情况

| 年份 | 乡村户数(户) | 乡村人口(人) | 从业人员(人) | 耕地面积(公顷) |
|---|---|---|---|---|
| 1949 | 1646 | 7628 | 3338 | 1451 |
| 1950 | 1806 | 7748 | 3746 | 1480 |
| 1951 | 1825 | 7872 | 3930 | 1599 |
| 1952 | 1847 | 8034 | 4271 | 1616 |

资料来源:《阳城 50 年》,三秦出版社 2001 年版,第 351 页。

经过三年的经济恢复,经济与社会都出现快速发展势头。1952 年,西河人口增长到 1847 户,8034 人,耕地达到 1616 公顷,比 1949 年分别增长了 12.2%、5.3% 和 11.4%。见表 2-1。1952 年,农产品总产量除油料略低于

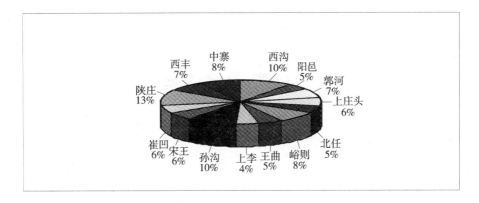

**图 2 - 1　1949 年西河各村住户分布情况**

资料来源:《阳城 50 年》,三秦出版社 2001 年版。

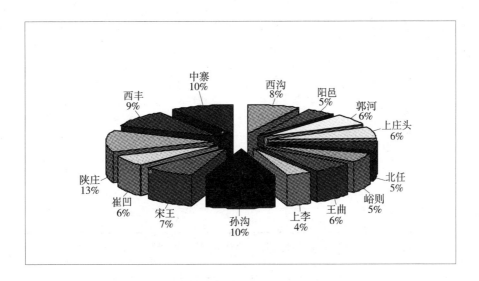

**图 2 - 2　1949 年西河各村耕地分布情况**

资料来源:《阳城 50 年》,三秦出版社 2001 年版。

1949 年外,其他主要农产品产量都超过了 1949 年。农作物总播种面积达到 2372 公顷,比 1949 年增长 11.6%;粮食总产量达到 2565 万吨,比 1949 年增长了 63.4%;棉花总产量达到 44 吨,比 1949 年增长 389%;蔬菜总产量达到 749 吨,比 1949 年提高了 8.7%;水果总产量达到 133 吨,比 1949 年上升了 38.5%。见表 2 - 2。养殖业也出现大幅增长。1952 年,存栏大牲畜达到 2290 头,为 1949 年的 132.2%;存栏猪 255 头,为 1949 年的 186.1%;

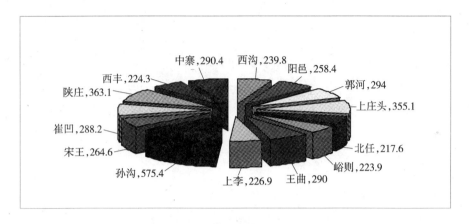

**图 2 - 3　1949 年西河各村人均粮食产量（公斤）**

资料来源：《阳城 50 年》，三秦出版社 2001 年版。

存栏羊 1106 只，为 1949 年的 107. 2% 。见表 2 - 3。

表 2 - 2　　　　　　　　1949—1952 年西河地区种植业情况

| 年份 | 农作物总播种面积（公顷） | 粮食总产量（吨） | 棉花总产量（吨） | 油料总产量（吨） | 蔬菜总产量（吨） | 水果总产量（吨） |
|---|---|---|---|---|---|---|
| 1949 | 2126 | 1570 | 9 | 26 | 689 | 96 |
| 1950 | 2152 | 1800 | 14 | 30 | 847 | 118 |
| 1951 | 2267 | 2430 | 35 | 33 | 670 | 128 |
| 1952 | 2372 | 2565 | 44 | 25 | 749 | 133 |

资料来源：《阳城 50 年》，三秦出版社 2001 年版，第 352—353 页。

表 2 - 3　　　　　　　1949—1952 年西河地区养殖业发展情况

| 年份 | 大牲畜存栏（头） | 猪存栏（头） | 羊存栏（只） |
|---|---|---|---|
| 1949 | 1732 | 137 | 1032 |
| 1950 | 1975 | 158 | 1180 |
| 1951 | 2155 | 161 | 1153 |
| 1952 | 2290 | 255 | 1106 |

资料来源：《阳城 50 年》，三秦出版社 2001 年版，第 354 页。

阳城农村互助合作开展得较早。抗日战争时期，中国共产党领导在阳城抗日根据地倡导群众进行生产互助。1944 年，阳南、阳北两县已有常年互助组 73 个，临时互助组 217 个。1946 年阳城县开始土改时，全县互助组已达到 3991 个。1952 年，全县互助组增加到 6347 个。西河地区多数村庄都开展了互助合作。1954 年，全国兴起合作化运动后，阳城县农村的互助合作形式也节节升级。农民互助组发展到初级社，1955 年全县初级社达到 712 个，西河地区一些村庄也办起初级社。1955 年 7 月，阳城县开始试办 4 个高级农业生产合作社，西河地区的西沟村办起灯塔社，成为全县最早的 4 个高级农业生产合作社之一。高级社农户土地归集体所有，取消土地入股分红，耕畜和大型农具作价入社，社员自备小农具进行生产。1955 年下半年，西河地区的农户几乎全部加入了高级农业生产合作社。

农业生产合作化初期，西河农业生产还比较稳定。农作物播种面积 1954 年为 2384 公顷，1955 年为 2430 公顷，1956 年为 2551 公顷，1957 年为 2485 公顷。粮食产量出现较小的波动，1954 为 2820 吨，1955 年增加到 2995 吨，1956 年略减为 2935 吨，1957 年减产较多，为 2750 吨。棉花生产也增长较快，1954 年为 58 吨，1955 年提高到 82 吨，1956 年略减为 80 吨，1957 年又上升到 82 吨。蔬菜产量波动较大，1954 年为 784 吨，1955 年减产到 651 吨，1956 年增加到 828 吨，1957 年又下降到 752 吨。农民拥有的大牲畜则在加入高级农业生产合作社前后出现明显的减少。1955 年有大牲畜 2317 头，1956 年下降到 2139 头，1957 年又减少为 1922 头。农户饲养的猪、羊一直保持增长态势。农民人均纯收入呈上升趋势，1954 年人均纯收入为 17 元，1955 年增加到 67 元，1956 年减少为 55 元，1957 年又上升到 69 元。见表 2－4。这一时期，西河各村农民人均纯收入的多少与人均耕地、人均粮食产量状况密切相关。人均耕地多的村庄，土质较为肥沃的村庄，人均粮食产量比较多，人均纯收入也比较高。见图 2－4、图 2－5。

表 2－4　　　　　　　　1953—1957 年西河社会经济发展状况

| 年份 | 1953 | 1954 | 1955 | 1956 | 1957 |
|---|---|---|---|---|---|
| 乡村户数（户） | 1878 | 1908 | 1981 | 2001 | 2101 |
| 乡村人口（人） | 8230 | 8340 | 8266 | 8959 | 9005 |
| 农作物播种面积（公顷） | 2298 | 2384 | 2430 | 2551 | 2485 |
| 粮食产量（吨） | 2900 | 2820 | 2995 | 2935 | 2750 |
| 棉花产量（吨） | 48 | 58 | 82 | 80 | 82 |

续表

| 年份 | 1953 | 1954 | 1955 | 1956 | 1957 |
|---|---|---|---|---|---|
| 蔬菜产量（吨） | 669 | 784 | 651 | 828 | 752 |
| 大牲畜存栏（头） | 2455 | 2281 | 2317 | 2139 | 1922 |
| 猪存栏（头） | 342 | 213 | 213 | 470 | 1329 |
| 羊存栏（只） | 1543 | 1286 | 1048 | 1056 | 1382 |
| 农民人均纯收入（元） | 53 | 17 | 67 | 55 | 69 |

资料来源：《阳城50年》，三秦出版社2001年版，第351—354页。

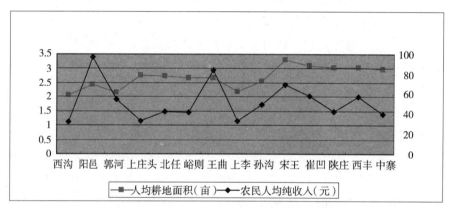

**图2-4　1957年西河地区人均耕地与人均收入情况**

资料来源：《阳城50年》，三秦出版社2001年版。

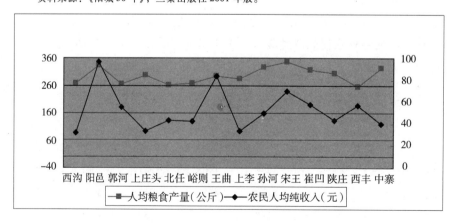

**图2-5　1957年西河地区人均粮食产量与人均纯收入**

资料来源：《阳城50年》，三秦出版社2001年版。

### 三　人民公社时期的发展状况

1958 年 8 月，中共中央发出《关于在农村建立人民公社问题的决议》后，在"大跃进"热潮中，阳城全县 379 个高级社合并为 10 个人民公社，下设 368 个管理区，大致相当原先的高级社的规模，但已无自主权。西河属于应朝公社西沟管理区。随后刮起"共产风"，公社无偿平调各管理区的劳动力、土地、房屋、牲畜、农具、资金。在生活方面，实行供给制，开办"公共食堂"。1959 年 12 月 23 日，阳城县各级乡政府撤销，公社成为政社合一的常设机构。1960 年，368 个管理区又合并为 226 个，西河划归郭河管理区。由于政策过"左"，加上严重的自然灾害，1961 年 2 月，除城关镇外，其余 17 个公社划小到 23 个，西河属于应朝公社。管理区也改为大队，并由原先的 226 个增加到 384 个。1961 年 5 月，实行两年之久的"公共食堂"宣布解散。原来由"集体代种"的自留地也交回社员自己耕种。1962 年阳城县一些生产队尝试效法外地"包产到户"做法，有 12 个公社的 19 个生产队将 337 亩土地包给 222 户社员耕种。西沟公社也尝试着包产到户。"文化大革命"开始后，"包产到户"被当做"走资本主义道路"受到批判。人民公社各核算单位对社员实行评工计分或定额计分，按核算标准分期发给社员口粮，粮款在工分中扣除。生产队打钟上工，一起劳动，评工计分，"大锅饭"问题严重。人民公社时期，西沟公社的经济结构是农业经济，虽然曾办过几家小型煤矿，但对当地经济的发展微不足道。直到改革开放前，西河地区社会经济的发展都比较缓慢。

西河地区耕地多为山地，农业生产受自然条件影响极大，多数年份干旱缺水，粮食生产经常波动。1958 年粮食生产达到 3260 吨，但随后的 8 年总产量下滑，特别是 1960 年仅有 1950 吨。1961 年粮食产量增加到 2410 吨，也仅及 1958 年产量的 2/3。1962 年粮食产量较上年增长 550 吨，1963 年又一次减产 67 吨。1964 年收成较好，为 3200 吨，但仍没有达到 1958 年的总产量。1965 年、1966 年粮食产量再度低于 3000 吨。1967 年出现增长，达到 3154 吨。1968 年、1969 年又一次产量减少。1970 年、1971 年粮食总产量超过 3000 吨，1972 年大幅降低到 2066 吨。从 1973 年开始到 1978 年，除 1974 年外，每年粮食总产量都超过 1958 年。1973 年、1978 年两年，粮食总产量是改革开放前的两个高峰。其间粮食总产量也有波动，但都在 3000 吨以上。中共中央十一届三中全会召开后，阳城逐步推开农村经济体制改革。1979

年，农村划小了核算单位，推行"联产计酬"的农业生产责任制。1980年，西河公社开始实行联产承包责任制。农村生产力得到解放，粮食生产出现喜人的局面。1979年粮食总产量达到4306吨，1980年提高到5000吨。1981年因自然灾害，粮食总产量减至2550吨。1982年粮食总产量上升到4070吨。1983年、1984年连续两年大丰收，粮食总产量分别达到5835吨和5270吨。

与粮食生产相似，其他农副产品总产量也时常起伏不定。棉花总产量1958年为76吨，1959年降到69吨，1960年又减少到37吨，1961年略增长到54吨，1962年再度下降到32吨。1963年棉花生产有所好转，达到44吨，但仍低于1958年的产量。1964年、1965年两年分别增产到69吨和86吨。1966年出现下降，1967年达到101吨。1968年、1969年两年徘徊于78吨和79吨。1970年、1971年丰产，创下128吨和106吨的好成绩。1972年大幅减产，仅有47吨。1973年达到174年吨，人民公社时期棉花产量最多的一年。1974年、1975年、1976年连续三年低产，1977年、1978年总产量再次突破100吨。1979年到1984年则基本呈现出减产——增产——减产——增产的生产态势。油料、蔬菜的生产也大体是一两年一波动。蚕茧、生猪、羊的养殖，年增长波动幅度也比较大，峰尖与峰谷落差巨大。见表2－5，图2－6、图2－7。

表2－5　　　　　　1958—1984年西河农业经济发展状况

| 年份 | 粮食总产量（吨） | 棉花总产量（吨） | 油料总产量（吨） | 水果产量（吨） | 蚕茧产量（吨） | 大牲畜（头） | 猪（头） | 羊（只） |
|---|---|---|---|---|---|---|---|---|
| 1958 | 3260 | 76 | 51 | 227 | 3 | 1826 | 1190 | 1649 |
| 1959 | 2280 | 69 | 28 | 200 | 4 | 1894 | 1080 | 2515 |
| 1960 | 1950 | 37 | 19 | 203 | 3 | 1736 | 697 | 2484 |
| 1961 | 2410 | 54 | 26 | 193 | 3 | 1638 | 540 | 2883 |
| 1962 | 2960 | 32 | 34 | 225 | 2 | 1658 | 577 | 5118 |
| 1963 | 2893 | 44 | 39 | 196 | 5 | 1750 | 1200 | 2664 |
| 1964 | 3200 | 69 | 42 | 222 | 5 | 1796 | 1250 | 2468 |
| 1965 | 2495 | 86 | 30 | 222 | 5 | 1802 | 1365 | 2510 |

续表

| 年份 | 粮食总产量（吨） | 棉花总产量（吨） | 油料总产量（吨） | 水果产量（吨） | 蚕茧产量（吨） | 大牲畜（头） | 猪（头） | 羊（只） |
|---|---|---|---|---|---|---|---|---|
| 1966 | 2788 | 63 | 34 | 236 | 4 | 1848 | 1722 | 3324 |
| 1967 | 3154 | 101 | 23 | 251 | 4 | 1846 | 2144 | 3737 |
| 1968 | 2580 | 78 | 24 | 250 | 3 | 1767 | 2189 | 4279 |
| 1969 | 2120 | 79 | 17 | 254 | 1 | 1615 | 1502 | 3174 |
| 1970 | 3038 | 128 | 23 | 82 | 4 | 1556 | 2244 | 3200 |
| 1971 | 3201 | 106 | 19 | 279 | 3 | 1557 | 3088 | 2786 |
| 1972 | 2066 | 47 | 6 | 254 | 4 | 1578 | 3081 | 2847 |
| 1973 | 4349 | 174 | 33 | 451 | 4 | 1665 | 2981 | 3105 |
| 1974 | 3036 | 76 | 14 | 699 | 6 | 1658 | 4460 | 3220 |
| 1975 | 3491 | 75 | 31 | 411 | 11 | 1680 | 5800 | 3031 |
| 1976 | 3729 | 59 | 21 | 285 | 12 | 1588 | 5786 | 2465 |
| 1977 | 3713 | 106 | 13 | 286 | 12 | 1573 | 5102 | 2209 |
| 1978 | 4402 | 136 | 12 | 468 | 23 | 1656 | 5271 | 2482 |
| 1979 | 4306 | 92 | 10 | 250 | 21 | 1539 | 4583 | 2353 |
| 1980 | 5000 | 124 | 19 | 462 | 25 | 1495 | 4437 | 2407 |
| 1981 | 2550 | 18 | 33 | 353 | 19 | 1423 | 2841 | 1855 |
| 1982 | 4070 | 110 | 22 | 480 | 23 | 1383 | 2940 | 2057 |
| 1983 | 5835 | 183 | 29 | 321 | 29 | 1297 | 2577 | 1593 |
| 1984 | 5270 | 84 | 34 | 459 | 34 | 1270 | 2366 | 889 |

资料来源：《阳城50年》，三秦出版社2001年版，第352—353页。

1978年之前，西沟人民公社的经济发展也是几年一波动，农村经济总收入和农民人均纯收入增长缓慢，甚至出现负增长。1958年农村经济总收入为97万元，比上年增长21.3%，农民人均纯收入为68元，比上年下降1.4%。1959年、1960年农村经济总收入连续两年下降，降幅分别为6.2%和8.8%，农民人均纯收入则分别下降了13.2%和5.1%。1961年农村经济总收入较上年略增，农民人均纯收入则没有增长。1962年农村经济总收入比上年提高

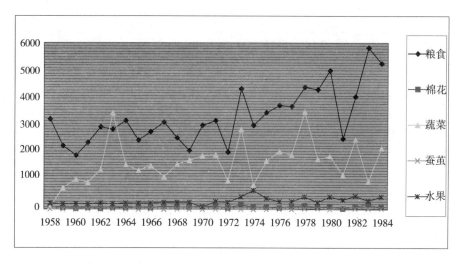

**图 2-6    人民公社时期西河主要农产品总产量的波动 （吨）**

资料来源：《阳城 50 年》，三秦出版社 2001 年版。

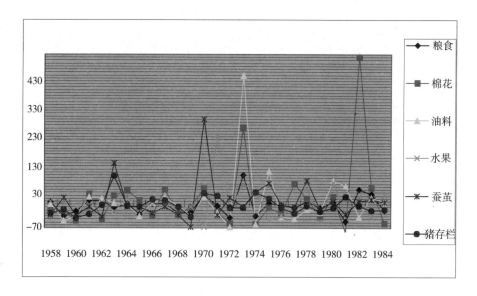

**图 2-7    人民公社时期西河主要农副产品年增长率 （%）**

资料来源：《阳城 50 年》，三秦出版社 2001 年版。

2.4%，农民人均纯收入却下降了 3.6%。1963 年农村经济总收入下降
4.7%，农民人均纯收入则降低了 11.1%，仅有 48 元。1964—1968 年农村经
济总收入连续增长，增幅分别为 12.2%、7.6%、18.8% 和 36.6%，农民人

均纯收入 1964 年提高了 6.3% , 1965 年下降了 5.9% , 1966 年增长了 4.2% , 1967 年增加了 38% 。1968 年、1969 年农村经济总收入分别下降 8% 和 9.5% , 农民人均纯收入则分别下降了 7.2% 和 12.5% 。1970 年、1971 年 农村经济总收入分别提高了 12.2% 和 1.6% , 农民人均纯收入 1970 年增长了 23.2% , 1971 年则无增长。农村经济总收入 1972 年下降 5.3% , 1973 年提 高 47.6% , 1974 年下降 15.3% , 1975 年增长 4.5% , 农民人均纯收入 1972 年则下降了 10.2% , 1973 年增长了 48.4% , 1974 年下降了 25% , 1975 年减 少了 7.4% 。1976 年后, 农村经济总收入、农民人均纯收入除 1981 年出现 负增长外, 其余年份都在上升。1976 年农村经济总收入提高 8% , 农民人均 纯收入增长了 6.3% 。1977 年农村经济总收入增长了 9.1% , 农民人均纯收 入提高了 17.6% 。1978 年农村经济总收入增加了 23.6% , 农民人均纯收入 增长了 16.3% 。1979 年农村经济总收入提高了 7.2% , 农民人均纯收入增加 了 11.8% 。1980 年农村经济总收入提高了 22.1% , 农民人均纯收入增长了 32.7% 。1983 年农村经济总收入大幅增长了 130.7% , 农民人均纯收入则增 加了 190.6% 。这反映了 "文化大革命" 结束后, 西河农村经济开始快速平 稳地增长。见表 2 - 6, 图 2 - 8。

表 2 - 6　　　　1958—1984 年西河农村经济总收入与农民人均收入

| 年份 | 农村经济总收入<br>(万元) | 农村经济总收入<br>年增长率<br>(%) | 农民人均<br>纯收入 (元) | 农民人均纯收入<br>年增长率<br>(%) |
|---|---|---|---|---|
| 1958 | 97 | 21.3 | 68 | -1.4 |
| 1959 | 91 | -6.2 | 59 | -13.2 |
| 1960 | 83 | -8.8 | 56 | -5.1 |
| 1961 | 84 | 1.2 | 56 | 0 |
| 1962 | 86 | 2.4 | 54 | -3.6 |
| 1963 | 82 | -4.7 | 48 | -11.1 |
| 1964 | 92 | 12.2 | 51 | 6.3 |
| 1965 | 85 | 7.6 | 48 | -5.9 |
| 1966 | 101 | 18.8 | 50 | 4.2 |

| 年份 | 农村经济总收入（万元） | 农村经济总收入年增长率（%） | 农民人均纯收入（元） | 农民人均纯收入年增长率（%） |
|---|---|---|---|---|
| 1967 | 138 | 36.6 | 69 | 38 |
| 1968 | 127 | - 8 | 64 | - 7.2 |
| 1969 | 115 | - 9.5 | 56 | - 12.5 |
| 1970 | 129 | 12.2 | 69 | 23.2 |
| 1971 | 131 | 1.6 | 69 | 0 |
| 1972 | 124 | - 5.3 | 62 | - 10.2 |
| 1973 | 183 | 47.6 | 92 | 48.4 |
| 1974 | 155 | - 15.3 | 69 | - 25 |
| 1975 | 162 | 4.5 | 64 | - 7.4 |
| 1976 | 175 | 8 | 68 | 6.3 |
| 1977 | 191 | 9.1 | 80 | 17.6 |
| 1978 | 236 | 23.6 | 93 | 16.3 |
| 1979 | 253 | 7.2 | 104 | 11.8 |
| 1980 | 309 | 22.1 | 138 | 32.7 |
| 1981 | 221 | - 28.5 | 101 | - 26.2 |
| 1982 | 257 | 16.3 | 117 | 15.8 |
| 1983 | 593 | 130.7 | 340 | 190.6 |
| 1984 | 1011 | 70.5 | 572 | 68.2 |

资料来源：《阳城 50 年》，三秦出版社 2001 年版，第 353 页。

## 第二节　改革开放以来经济的快速发展

中国共产党十一届三中全会后，西沟人民公社认真落实党的农村经济政策，推行家庭联产承包责任制，发展乡镇企业，推动了 20 世纪 80 年代初期的经济发展。90 年代，西河乡政府积极调整产业结构，发挥煤炭资源优势，建立了以煤炭经济为主体的经济发展模式。为打破单一煤炭经济的格局，保

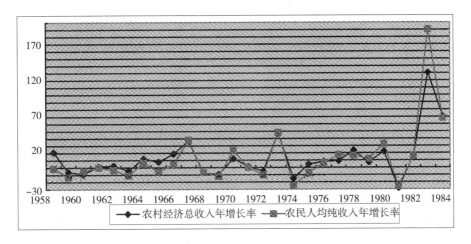

**图 2 - 8 人民公社时期西河农村经济增长状况（%）**

资料来源：《阳城 50 年》，三秦出版社 2001 年版。

持西河经济持续稳定的发展，进入新世纪后，乡政府转变思路，努力引进陶瓷工业，初步改变了煤炭产业一柱擎天的产业布局。西河改革开放后 30 年的经济发展历程并非一帆风顺，历经多次波折起伏，但总体而言，经济总量快速增长，发展速度较快。从三次产业产值来看，西河乡已由农业经济为主转变为第二产业占主导、第三产业居次、农业微不足道的经济结构。

### 一 乡政府的领导与推动

中国的发展特色是政府主导，在煤炭资源丰富、乡镇集体企业占主导地位的西河乡，政府对地方经济的领导与推动作用不可忽视。改革开放以来，西河乡经济的每一步发展，都与政府的主导作用密切相关。

20 世纪 80 年代初期，西河乡政府根据中共中央发出的 5 个"一号文件"，制定工作方针，推动农村经济的发展。

1984 年，根据按照中央一号文件确定的农村经济政策，西河乡政府提出：立足西河，发挥优势，突击发展农村商品生产，把自然优势转变为产品优势，把产品优势转变为商品优势，进而把商品优势转变为全面的经济优势。乡政府制定出当年工农业生产总任务是实现 3 个一千万、4 个一百万、搭好 5 个台、人均 550 元、力争 1987 年再翻一番。3 个一千万是：粮食总产量突破 1000 万斤，蔬菜总产量突破 1000 万斤，薯类产量突破 1000 万斤。4 个一百万是：棉花、药材纯收入达到 100 万元。运输达到 100 万元，贮藏、加工达到 100 万元，社队企业工人工资达到 100 万元。搭好 5 个台即是建立 5 个服务公司：农产品加工服务公司、生产资料供销服务公司、煤炭运输服务公司、农副产品贸易货栈、科技情报服务公司。为此，乡政府决定抓以下工作：增加土地投资，实行集约经营；抓好养殖业，支持农户养蚕、养鸡、养猪、养牛；抓好采矿业，允许个人投资办矿，允许村与村联合办矿；成立乡运销服务公司，推进商品运销，加快流通；搞好农副产品加工、饲料加工、秸秆加工；抓好果品、蔬菜、鲜蛋贮藏，增加农民收入；抓好木材育苗，发展果树、桑树；抓好建筑服务，建立建筑工程队。

1986 年，按照上级精神，乡政府工作重点是做好农村改革的"巩固、完善、消化和补充"工作。农业发展方面，政府对 6 个集体果园、17 项水利工程进一步完善承包责任制，实行了统分结合，加强了双层经营。乡政府还在农业产业结构调整方面迈出新步伐，将宋王红薯、西沟蔬菜以及全乡的林果生产建成"拳头"产品。发展塑膜农业，新建温室 8 个，塑料大棚 32 个。企业管理方面，初步实现了政企分开，实现了厂长（经理）负责制，乡经联社逐渐成为独立的经济实体。村村建立了地区性合作经济组织和农业服务公司。建立了乡财政。16 个行政村分三类完善了"以工补农"制度。

1987 年，为贯彻中央 5 号文件提出的乡村合作经济组织均应承担生产服务职能、管理协调职能和资产积累职能，尤其是要为农户提供急需的生产服务的政策，西河乡决定加强服务型的地区性合作经济组织的建设。政府将乡合作经济组织——经联社，健全为一室三科七站，其中生产安全科、供销科、财务管理科三科为企业生产的管理机构，信息、科技、农机、畜禽、果菜、劳务、农经 7 个服务站为农业生产的服务机构。政府继续推进产业结构的调整，夏秋两季根据"尊重自愿、稳定政策、因地制宜"的原则，分三种类型对全乡土地进行了局部调整和适当集中。全乡出现了劳动密集绣花型、资金密集保护型、技术密集基地型、种养加密集主体型 4 种农业集约经营形式。

从 1989 年到 1992 年，乡镇企业的发展受到国家宏观调控的影响。乡政府积极寻找对策。1990 年是全国治理整顿、深化改革的一年，西河乡在农业发展方面采取了以下措施：一是加强科技推广，成立科技开发研究中心，下设农科站，各村健全农科推广组队伍建设，配置科技副村长。二是增加投入，乡政府健全完善了三项农业制度：一是建立农业发展基金，乡里从五个渠道筹集，村里从三个渠道筹集，共筹集 22 万元；二是建立农建积累工制度，全乡每个劳动力向水利建设投工 20 个，全乡共投工 8 万多个；三是建立农业生产底垫金制度，乡给村底垫，村给户底垫，分级底垫，逐级核算，全乡共支出 50 万元农业生产底垫金。三是农建设措施，乡里集中抓冬春农田水利基本建设。在乡镇企业管理方面，面对企业各方职责不清，关系不协调，乡政府出面明确划分了经联社、煤炭企业和各股东的职责，理顺乡政府、经联社、各股东企业厂矿长（经理）四者之间的关系，同时，乡里成立了股东监督委员会，建立股东与企业座谈联席会制度，让股东实施有效监督。在艰难的环境中，乡镇企业增加了效益。

20 世纪 90 年代初期，乡政府也开始思考原有发展模式的转向问题。由于西河乡的企业全是小型煤矿，结构过于单一，经不起风浪，政府提出了"地下转地上，重工转轻工，科技兴西河"及"发展与改革并重，管理与建设同步"的发展思路，积极调整企业结构，大力发展地面企业。1992 年邓小平视察南方讲话发表后，全国掀起新一轮经济建设热潮。乡、村领导积极外出考察市场，引技术，上项目，再次掀起"兴工热"、"项目潮"，新上各类工业企业 25 项，技改 6 项。王曲建材厂、阳城新型防锈材料厂、阳城西河化工厂、阳城丰峰实业总公司钢钉厂、阳城自来水设备厂、阳城塑料制品厂、西河茧站、阳城玻璃钢浴盆厂、阳邑轮砖厂、西河汽修厂等一批小型企业先后投产。1993 年新上冶金、建材、铸造、加工企业 20 余家。初步形成了煤炭、冶金、化工、纺织、机械、建材、食品、玻璃钢等 9 大系列，39 个花色品种。同时，乡政府提出发挥沿路优势，建设繁华内陆商镇的想法，鼓励、支持、引导农民进入流通领域发展第三产业，全乡交通运输、商饮服务业发展到 710 多家，初步建立起西沟、郭河、王曲等商业小区。1992 年年底，全乡企业总数达到 1000 多家，是 1989 年的 2.4 倍，从事第二、三产业的人数达 3800 人，占全乡劳动力的 65%，乡村企业总产值 6681 万元，是1989 年的 2.3 倍，煤炭企业产值占到企业产值的比重由 1989 年的 62.9% 降低到 33.7%。不过，1992 年仓促上的不少项目是失败的，乡财政由此背上了比较重的债务负担。

1993 年，西河乡政府按照上级部署，深化了农村改革。首先，改革服务机构。立足于建设贸工农一体化、产加销一条龙的新体制，将经联社改为贸工农总公司，乡长任总经理，分管农业和工业的副乡长任副总经理。总公司将原"一室三科七站"改为 8 个专业公司：工业、果品、蔬菜、蚕茧、农机、粮油、畜禽、水利公司，各村经济合作社改为贸工农分公司。其次，改革服务手段，重点为农民提供产前信息服务，产中科技服务，产后加工、储运、销售服务。西丰、西沟、王曲等村建立了粮棉油、果品等农副产品产后服务机构。再次，推行股份合作制。西沟村寓股份制与合作制为一体，鼓励合作社社员向合作社入股，1人1股，每股50元，全村共入600股，股金3万元，扩大了服务资金，扩大了集体经济，农民得到实惠。最后，优化企业环境，完善企业内部经营机制。

1994年，乡政府继续推进农村改革。农业方面，完善统分结合的双层经营体制，推开了土地承包顺延30年的工作，立足于建设完善贸工农一体化、产加销一条龙的服务体系，搞好社会化服务。西沟村的粮食产销服务、西丰村的果品加工销售服务，全乡的蚕桑、畜禽等各业服务都取得新的成绩。同时，坚持科技兴农、治旱兴农、服务兴农，推出"两高一优"工程，大力推广地膜覆盖，保护地栽培、集约种植、小水滴灌、省力养蚕、机械化养猪等农业实用技术，积极调整农业内部结构。在乡镇企业发展方面，坚持管理、改造、发展多管齐下，新上了青砖窑、耐火材料、二硫化碳精品加工、塑胶制品、金属镁等8家企业。鼓励集体、联户、个人一齐上，多轮驱动，加快第三产业发展，新增加商饮服务和交通运输业200家，第三产业经营户达到800余户。在乡镇企业改制方面，大力推进股份制和股份合作制，对西河化工厂、阳邑建材厂、陕庄合作基金会等4个单位进行改制试点。

1995年，乡政府提出了"主攻乡镇企业，大力强化农业，积极发展第三产业"的工作思路，在企业生产方面开展了以下几项工作：一是扭亏增盈，完善激励机制，改革干部工资管理制度，加强产品销售工作。二是抓企业清欠。三是加快企业技改步伐。四是抓紧企业安全生产。五是调动积极因素发展企业。后半年，乡政府又提出"钱袋子保米袋子"的经济发展指导思想，全乡的"项目热"、"兴工热"不断升温，西沟村办起常压锅炉生产厂，孙沟村立项了氧化锌项目。农业方面则着力于治旱兴农。在延长土地承包方面，全乡推广阳邑村试点经验，开展延长承包期30年的工作。乡镇企业方面，推动了陕庄二化厂、阳邑建材厂的股份制改革。由于在经济发展方面，还存在企业股份制和股份合作制改革进展不快；新上企业缺乏力度，企业后劲不足；个别企业选项不力，长期难以启动；有的企业资源枯竭，替代产业不能及时到位；第三产业滞后等问题，乡政府提出1996年的指导思想是：扭住龙头，抓住重点，深化改革，培育新的经济增长点，要增加农民收入和财政收入，大力发展乡镇企业，加快第三产业发展步伐，高度重视和发展农业，抓好基础设施建设等工作。1996年，乡政府强调乡镇企业要围绕一条主线（提高经济效益），突出两个重点（经营管理、安全生产），抓住三个环节（提高生产率、销售收入、成本管理效益），完成四项指标（原煤产量、销售收入、企业利税、其他上交任务）。

1997年，乡政府提出经济工作的总体工作思路是：围绕一个改革，突出两个增加，加快三个建设，抓好四项工作。一个改革就是把产权改革贯穿于工作始终，要在全乡企业中积极开展股份制、股份合作制和拍卖、租赁、兼并等多种形式改革，增强企业活力，促进主导产业的发展。两个增加就是增加农民收入和财政收入。三个建设是加快经济建设、基础设施建设和精神文明建设。四项工作是党建、改革、科教、财税。

1998年，在推动农业生产方面，继续完善双层经营机制，调动农民增加生产劳动和增加投入的积极性，推广一批农业技术和示范项目，全乡出现了一批种粮产粮大户；鼓励发展养殖业，发展了养猪养鸡养兔专业户34户，粮食、蔬菜、果品、油料加工专业户47家。由于亚洲金融危机，煤炭企业发展又陷入困境。乡政府为推动乡企业的发展，采取一系列应对措施：搞好产品销售，矿长亲自跑销售；搞好企业管理，特别是安全管理；积极进行技改；推进企业改制，分三种模式对17家企业实行改制，庄头鞭炮厂、6个村办砖厂、铁厂、汽修厂、峪则煤矿、下甲煤矿、石门沟煤矿、陕庄二化厂等13家企业实现县赁经营；乡服装厂、工业供销门市部、西沟常压锅炉厂实现目标承包经营；乡农机修造厂被陕庄联营煤矿兼并。

1999年，西河乡的经济发展更为艰难。农业生产遇到旱、虫、风、雹自然灾害袭击，市场持续疲软，煤炭行业关井压产，国家整顿，企业资金紧张，发展困难。西河乡政府在农业方面，坚持科教兴农、政策兴农、治旱兴农、服务兴农，推行土地承包30年不变的政策，全乡3915户顺延承包的3315户，小调整的400户，转包的563户，预留机动地960亩，全部农户签订了承包30年合同。实施科教兴农战略，加大地膜覆盖、优良品种、保护地蔬菜、节水灌溉、配方施肥、模式化栽培、集约种植、病虫害综合防治、大棚养蚕、科学养猪、养鸡等农业科技推广力度。发展城效型农业经济，重点推进保护地蔬菜、粮食加工转化、特种养殖业等项目，养蜗牛、蚂蚁、肉狗等特种养殖户发展到近百户。面对灾情，乡政府提出五补政策：以秋补夏，扩大玉米种植面积；以工补农，组织家务输出；以养补夏；以蔬菜输出补夏；以工补夏。同时，改善农业生产条件，抓冬季农田水利基本建设，投工14万个，投资103万元。为突破乡村企业的困境，乡政府提出：抓安全生产，政府与企业签订安全生产目标责任制，矿长、副矿长奖金与安全直接挂钩，组织工人集中培训，加强安全生产监督；抓管理，围绕"强管理，增效益"，加大审计力度，清产核资，推行企务公开制度；抓技改，向石门沟矿集中投资150万元，开通了风路400余米，掘进300余米；抓发展，贯彻"技改与发展并重，新上与管理同步"的企业发展方针。发挥沿路优势，鼓励集体、个体、联体到路边经商办企业。郭河村路边42间商品房全部出租，华强公司投资400万元建设的七星大酒店正式营业。王曲村恢复扩建了机砖厂、预制件厂，办起煤球厂。

2000年，乡政府制定的工作思路是：紧紧围绕宽裕型小康中心，突出农业增益、农民增收、农村稳定主线，加大农业投入力度，优化生产生活环境，搞好种植业内部调整，加大企业结构调整力度，加快乡村企业界发展步伐；加大兴乡富民战略的实施力度，推进科教兴乡工作，探索城郊型经济发展的新路子。农业方面，加大投入，改善生产条件，调整种植业内部结构，科技兴农，积极实施生态环境综合治理工程。围绕农业种植业内部调整，推进退耕还林、还草、还果和扩大经济作物工作，经济林建设、种草改革、经济作物种植取得初步成效。实施科技兴农，推广地膜覆盖、优良品种、集约种植、模式化栽培，引进推广了美国油葵3000亩。在发展乡村企业方面，集中在资源优势上做文章，调整产品结构，加强经营管理。为节约能源，乡政府提出农户炉灶改革，推广型煤，促进煤炭加工转化的思路，陕庄煤矿修理车间、西沟华晋常压锅炉厂新上炉具生产项目，8个煤矿办起了型煤加工厂。以炉灶改革和型煤加工转化为突破口的企业产品调整，每年加工粉煤3万吨，节省了能源，净化了空气，带动了相关产业的发展。

2002年，围绕经济建设中心，产业结构调整，乡政府提出要突出搞好以下工作：一是以"关小、改中、建大"为核心，努力做强煤炭产业；二是加快农业产业化基地建设和龙头企业的配套建设；三是以推进民营经济为着力点，围绕区位、交通优势发展第三产业；四是以农村城市化为目标，抓好基础设施建设；五是以提高群众生活质量为落脚点，努力优化生存环境。农业结构不断优化，畜牧产业发展迅猛。新增养殖户40余户，建成规模化圈舍养殖场8个。传统农作物播种面积下降，经济作物面积扩大。煤炭效益增长迅速，乡政府抓住煤炭卖方市场的良机，大力推进煤炭企业的"改中"与"建大"，并对煤炭资源实行合理整合，强化监督力度，强制推行"统一价格、统一销售、统一结算"和"大件物资招标采购"制度，提高了企业的整体效益。乡镇企业改制工作也有新的进展，规模最大、效益最好的陕庄煤矿完成改制，效益最差、亏损 10 年的石门沟煤矿也完成改制工作。民营经济发展壮大，华强公司、晨敏公司得到了发展。

2004 年，按照中央"发展要有新思路，政策要有新突破，开放要有局面，各项工作要有新举措"的要求，乡政府提出要以经济结构战略性调整为主线，把发展作为第一要务，继续抓好"环境创新、新技术渗透、产业结构调整、基础设施建设、民营经济发展"五个突破，彻底解决制约西河乡经济发展的瓶颈问题，确保全乡经济和社会各项事业全面进步。认真落实中央惠农政策，减免农业税 15.4 万元，发放粮食直补 14 万元，退耕还林补贴 18 万元，调动了农民种粮积极性，农业基础地位有效巩固。经济结构调整深入推进，农业产业结构调整势头良好，粮田面积保持在 1 万亩以上，优质桑园面积稳定在 800 亩左右，规模养牛户 5 户，存栏 181 头，规模养羊户 28 户，存栏 1811 只；规模养猪户 22 户，存栏 1087 头；规模养鸡户 11 户，存栏33000 余只；规模养蚕户 2 户，年养蚕 38 张。煤炭产业整体实力壮大，煤炭企业"一手抓投入，一手抓培训"，煤炭生产环境大为改观。

2005 年，乡政府提出，以邓小平理论和"三个代表"重要思想为指导，以加快发展为主题，以结构调整为主线，以提高人民生活水平为目标，紧紧抓住国家级生态园林乡建设、农业增收工程、乡村企业改革、产业结构调整、基础设施建设五个重点，努力转变经济增长方式，提高经济增长的质量和效益，促进经济持续、健康、快速发展。农业产业结构调整方向是：以发展园区经济为目标，以扶持种植养殖大户为手段，大力发展生态农业，拓宽农民增收渠道，增加农民收入。减免农业税 15.4 万元，发放粮食直补 15.53万元，退耕还林补贴 18 万元，调动了农民种粮积极性。规模养牛户 3 户，存栏 299 头，规模养羊户 28 户，存栏 2555 只；规模养猪户 22 户，存栏3145 头；规模养鸡户 11 户，存栏 33000 余只。规模养蚕户 2 户，年养蚕 46张。工业结构出现了历史巨变，政府与有关方面投资 2500 万元，新建了新天地陶瓷公司第二条生产线，实现产值 1.5 亿元，改变了煤炭产业一柱擎天的单一经济结构。煤炭产业也按照"关小、改中、建大"的原则，改善安全生产环境，提高煤炭生产效益。

2006 年，乡政府制定的工作思路是：全面落实科学发展观，进一步坚定争先发展的信念，瞄准一个目标（建设全省经济强乡），突出十个重点（一中西校二期工程、寄宿制小学配套工程、园林乡建设绿化工程、养殖园区华强肉业农业龙头企业建设工程、敬老院建设工程、郭河 15 号煤开采工程、秸秆气化站建设工程、西小河治理工程、新农村建设工程、陶瓷厂改扩建工程），强化五项工作（农业增效、煤炭升级、劳动就业、三安工程、文化建设），优化经济建设环境，加速经济发展，努力构建和谐亮丽新西河。新天地陶瓷公司投资1000 万元新上与墙地砖相配套的腰线及玻璃马赛克生产线，9 月试产成功。投资 150 万元扩建和改建设了郭河、陕庄两座秸秆气化站，投资 650 万元建设了中寨、庄头、阳邑三座秸秆气化站。面对国家逐步缩减和关闭煤炭企业的形势，加快煤炭行业节能降耗，力争把煤炭企业"做大、做强、做精、做长"，对全乡 5 个煤矿全部进行了股份制改革，关闭了孔坪一号井和上李煤矿，按时上缴国家煤炭资源价款，保证了煤炭企业的正常生产。

2007 年，为全面落实科学发展观，乡政府制订的工作计划是：进一步坚定争先发展的信念，围绕一个目标（新农村建设），主攻八大工程（陶瓷内墙砖两条生产线建设工程、阳城一中西校路建设工程、亮化工程、西小河治理后续工程、新农村建设工程、惠民休闲公园建设工程、中学操场建设工程、新能源建设工程、敬老院建设工程），优化经济建设环境，加速经济发展，努力构建和谐亮丽新西河。落实惠农政策，投入劳动力就业培训资金 3万元，发放农机具补贴资金 3 万元，粮食直补款 53 万元。实施蚕桑富民工程，发放鼓励扶持资金 14 万元，新发展桑园 100 亩，实施畜牧增效工程，扶持养殖大户。工业方面，实施煤炭翻番工程，实施陶瓷扩张工程。第三产业稳步发展，个体私营企业达到了 246 家，从业人员 1237 人。

## 二　经济总量的增长

改革开放以来，西河乡第一、二、三产业都呈现出快速发展的势头，特别是乡镇企业的异军突起，带动了西河经济的持续发展，经济总量大规模增长。

20 世纪 80 年代，西河乡工农业总产值持续增长。按当年价格计算，1984 年为 761 万元，1985 年猛增到 1400 万元，1987 年达到 2044 万元，1990 年增长到 2465 万元。20 世纪 90 年代，西河乡工农业总产值保持快速增长态势，特别是 1992 年后增长更为迅猛。工农业总产值 1991 年为 3604 万元，1993 年上升到 1.2 亿元，1994 年增加到 1.4 亿元，1995 年达到 1.8 亿元，1996 年跃上 2.3 亿元，1997 年为 2.8 亿元，1998 年为 3.2 亿元。受亚洲金融危机的影响，1999 年工农业总产值有所下降，为 2.64 亿元，2000 年又升为 2.9 亿元，此后的两年又出现下降。进入新世纪后，西河乡工农业总产值增长加速，2001 年为 22362 万元，2002 年达到 25403 万元，2003 年上升到 30087 万元，2004 年为 34617 万元，2005 年为 44545 万元，2006 年为 49100 万元，2007 年为达到 了 59700 万元。见图 2－9。

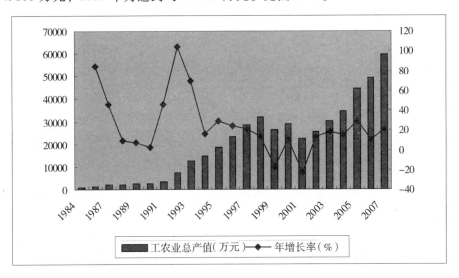

**图 2－9 1984—2007 年西河乡社会总产值的增长状况**

资料来源：阳城县历年统计年鉴。

改革开放至今，西河乡社会总产值的增长大致呈现出三个周期。20 世纪 80 年代初期，随着家庭联产承包责任制的推行，乡镇企业的发展，社会总产值年增长率很高，1985 年为 84%，此后逐渐下降，1987 年为 46%，1988 年为 9.3%，1989 年降到 7.4%，1990 年降到谷底为 2.7%。这一轮增长周期结束。1991 年后期，宏观经济经过治理整顿后健康回升，西河乡的社会总产值也开始了新一轮的增长，1991 年年增长率为 46.2%，1992 年高达 104.2%，1993 年为 69.4%。1994 年在国家宏观调控政策影响下，西河乡社会总产值年增长率出现下降，为 16.6%，1995—1997 年每年都超过 20%，但在回落，1998 年降到 13%，1999 年出现－17.5% 的负增长，2000 年增长率向上反弹到 10%，但 2001 年再次下降到－23%，降至谷底，本轮经济增长周期结束。2002 年后随着全国经济形势的好转，西河乡社会总产值年增长率快速提高，2002 年达到 13.6%，2003 年上升为 18.4%，2004 年为 15.8%，2005 年增长到 28.7%，2006 年为 10.2%，2007 年在煤炭价格猛增的形势下，年增长率达到 21.6%。2008 年受美国金融危机的影响，年增长率出现下降。

从粮食总产量、乡财政收入、农村经济总收入及农民人均纯收入等主要经济指标看，改革开放以来，西河乡的经济实力快速提高。

1978—2007 年，有 17 年粮食总产量超过了 1978 年的粮食总产量，有 3 年粮食总产量接近 1978 年的粮食总产量，有 10 年粮食总产量大大低于 1978 年的总产量。这表明，受自然条件的制约，西河粮食生产波动较大，但改革开放后的 30 年中，有三分之二的年份接近或超过 1978 年水平。西河乡粮食生产总体呈上升趋势。见表 2 - 7、表 2 - 8，图 2 - 10。

表 2 - 7 1978—2007 **年西河乡主要经济指标情况**

| 年份 | 粮食总产量<br>（吨） | 农村经济总收入<br>（万元） | 农民人均纯收入<br>（元） | 财政收入<br>（元） |
|---|---|---|---|---|
| 1978 | 4402 | 236 | 93 | |
| 1979 | 4306 | 253 | 104 | |
| 1980 | 5000 | 309 | 138 | |
| 1981 | 2550 | 221 | 101 | |
| 1982 | 4070 | 257 | 117 | |
| 1983 | 5835 | 593 | 340 | |
| 1984 | 5270 | 1011 | 572 | |
| 1985 | 2919 | 944 | 315 | |
| 1986 | 5073 | 1176 | 425 | |
| 1987 | 4695 | 1475 | 472 | |
| 1988 | 4314 | 1774 | 528 | |
| 1989 | 5594 | 2674 | 601 | |
| 1990 | 4431 | 2772 | 496 | |
| 1991 | 2122 | 3151 | 703 | |
| 1992 | 5792 | 4092 | 994 | |
| 1993 | 7173 | 7849 | 1280 | |
| 1994 | 3737 | 11156 | 1675 | |
| 1995 | 3681 | 15498 | 1921 | 1983433 |
| 1996 | 6301 | 20412 | 2336 | 2378469 |
| 1997 | 2794 | 16958 | 2462 | 2674508 |
| 1998 | 7397 | 23624 | 2813 | 2830895 |

| 年份 | 粮食总产量（吨） | 农村经济总收入（万元） | 农民人均纯收入（元） | 财政收入（元） |
|---|---|---|---|---|
| 1999 | 3656 | 19491 | 2680 | 3386023 |
| 2000 | 4803 | 20731 | 2750 | 4011937 |
| 2001 | 1440 | 17038 | 2270 | 4726000 |
| 2002 | 2868 | 19635 | 2587 | 4372060 |
| 2003 | 6060 | 24364 | 2987 | 9096456 |
| 2004 | 6209 | 27738 | 3230 | 7886090 |
| 2005 | 5492 | 36117 | 4080 | 11454235 |
| 2006 | 5742 | 42193 | 4451 | 14396179 |
| 2007 | 6454 | 47699 | 4937 | 15365748 |

资料来源：西河乡统计站。

表 2 - 8　1978—2007 年西河乡粮食总产量指数（以 1978 年总产量为 100）

| 年份 | 指数 | 年份 | 指数 |
|---|---|---|---|
| 1978 | 100 | 1994 | 84.9 |
| 1979 | 97.4 | 4995 | 83.6 |
| 1980 | 113.6 | 1996 | 143.1 |
| 1981 | 57.7 | 1997 | 63.5 |
| 1982 | 92.5 | 1998 | 168.0 |
| 1983 | 132.5 | 1999 | 83.1 |
| 1984 | 119.7 | 2000 | 109.1 |
| 1985 | 66.3 | 2001 | 32.7 |
| 1986 | 115.2 | 2002 | 65.2 |
| 1987 | 106.7 | 2003 | 137.7 |
| 1988 | 98.0 | 2004 | 141.0 |
| 1989 | 127.1 | 2005 | 124.8 |
| 1990 | 100.7 | 2006 | 130.4 |
| 1991 | 48.2 | 2007 | 146.6 |
| 1992 | 131.6 | | |
| 1993 | 162.9 | | |

资料来源：西河乡统计站。

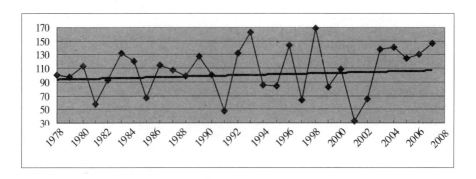

**图 2－10 1978—2007 年西河乡粮食总产量指数及增长趋势**

资料来源：西河乡统计站。

1978 年西河乡农村经济总收入为 236 万元，人民公社体制结束时的 1984 年达到 1011 万元。20 世纪 80 年代，西河乡农村经济总收入增长较快，1986 年为 1176 万元，1987 年为 1475 万元，1988 年为 1774 万元，1989 年达到 2674 万元，1990 年上升为 2772 万元。1984 年，农村经济总收入的年增长率为 70.5%，1985 年出现 -6.6% 的负增长，1986 年、1987 年、1988 年年增长率都在 20% 以上，1989 年年增长率达到 50.7%，1990 年治理整顿年年增长率降到 3.7%。1984—1990 年农村经济总收入平均年增长 26.4%。20 世纪 90 年代，西河乡农村经济总收入突飞猛进。1991 年为 3151 万元，1992 年提高到 4092 万元，1993 年增长到 7849 万元，1994 年突破亿元，达到 11156 万元，1995 年又上升到 15498 万元，1996 年进一步增长到 20412 万元，1997 年有所下降，1998 年再度上升，达到 23624 万元，2000 年为 20731 万元。这 10 年中，农村经济总收入年增长率除 1997 年出现 -16.9% 的负增长，2000 年增长 6.4% 外，其余年份的增长率都超过 13%，特别是 1993 年高达 91.8%。农村经济总收入 10 年年平均增长率为 29.4%，快于 20 世纪 80 年代。进入新世纪后，西河乡农村经济总收入度过了 2001 年、2002 年衰退后，2003 年达到 24364 万元，接近 1998 年的水平。2004 年，农村经济总收入上升到 27738 万元，2005 年增长到 36117 万元，2006 年上升到 42193 万元，2007 年达到了 47699 万元。西河乡农村经济总收入在 2001 年出现 -17.8% 的负增长，此后几年年增长率超过 13%，年平均增长率为 10.8%，增长速度较 20 世纪 90 年代慢，但经济总量越来越大。按当年价比较，西河乡农村经济总收入 1984 年是 1978 年的 4.3 倍，1990 年是 1978 年的 11.7 倍，2000

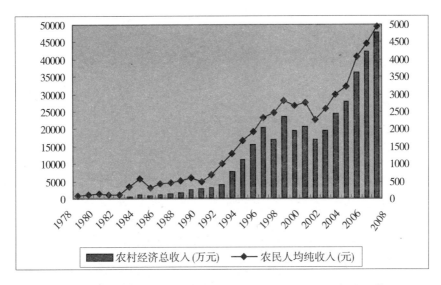

**图 2 - 11　1978—2007 西河乡农村经济总收入及农民人均纯收入情况**

资料来源：西河乡统计站。

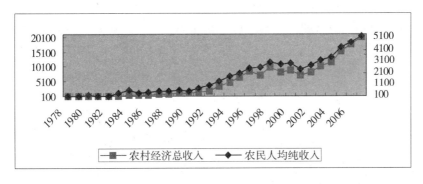

**图 2 - 12　1978—2007 年西河乡农村经济总收入与农民人均纯收入指数**
**（1978 年为 100）**

资料来源：西河乡统计站。

年是 1978 年的 87.8 倍，2007 年是 1978 年的 202.1 倍。1990 年见表2 - 7、表 2 - 10，图 2 - 11、图 2 - 12。

1978 年西河乡农民人均纯收入为 93 元。1984 年废除人民公社体制，建立乡政府，农民人均纯收入为 572 元，但 20 世纪 80 年代中后期，农民人均纯收入徘徊不前。1985 年下降为 315 元，1986 年略增加到 425 元，1987 年达到 472 元，1988 年上升到 528 元，1989 年提高到 601 元，1990

年又下降到了 496 元。1983 年农民人均纯收入增长率为 190.6%，1984 年为 68.2%，1985 年出现 -44.9% 的负增长，1986 年年增长率上升到 34.9%，1987—1989 年人均纯收入年增长率为 11% 到 13%，1990 年又出现 -17.5% 的负增长。1984—1990 年，农民人均纯收入平均年增长率为 11.1%，低于农村经济总收入年平均增长率。20 世纪 90 年代，农民人均纯收入增长提速，1991 年为 703 元，1992 年提高到 994 元，1993 年增长到 1280 元，1995 年上升到 1921 元，1996 年达到 2336 元，1997 年为 2462 元，1998 年增长到 2813 元，2000 年为 2750 元。20 世纪 90 年代，多数年份西河乡农民纯收入呈较快的增长态势，1991 年、1992 年年增长率超过 41%，1993 年、1994 年年增长率为 30% 左右，1995 年增长率为 14.7%，1996 年增长率为 21.6%。1997 年农民人均纯收入增长 5.4%，1998 年增长率为 14.3%，1999 年出现 -4.7% 的负增长，2000 年增长率也仅有 2.6%。20 世纪 90 年代，西河乡农民人均纯收入平均年增长率为 19.7%，高于年代年平均增长率，但低于同期农村经济总收入的年平均增长率。进入新世纪后，西河乡农民人均纯收入持续增长，2001 年为 2270 元，2002 年达到 2587 元，2003 年上升至 2987 元，2004 年为 3230 元，2005 年提高为 4080 元，2006 年增长为 4451 元，2007 年增加到了 4937 元。农民人均纯收入年增长率 2001 年为 -17.5%，2002 年变为 14%，2003 年为 15.5%，2004 年为 8.1%。2005 年农民人均纯收入提高较多，增长率为 26.3%，2006 年、2007 年农民人均纯收入增长率在 10% 左右。7 年中农民人均纯收入平均年增长率为 9.5%，低于 20 世纪八九十年代，也低于同期农村经济总收入年平均增长率。以当年价比较，西河农民人均纯收入 1984 年是 1978 年的 6.15 倍，1990 年是 1978 年的 5.33 倍，2000 年为 1978 年的 29.6 倍，2007 年为 1978 年的 53.1 倍。见表 2 - 7、表 2 - 9，图 2 - 11、图 2 - 12。

改革开放 30 年来，西河乡的经济发展呈现波折前行的态势。从粮食总产量、农村经济总收入、农民人均纯收入、财政收入年增长率等指标看，1981 年首次出现经济下降，1985 年第二次出现经济滑坡，1990 年除粮食增产外，其他指标下降幅度很大，1997 年增长下降，2001 年粮食丰收，但农村经济总收入和农民人均纯收入出现大幅下降。其余年份，则呈现增长幅度大小不一的发展状态。见表 2 - 9，图 2 - 13。

表 2 - 9　　　　1978—2007 年西河乡主要经济指标年增长率　　　单位:%

| 年份 | 粮食总产量 | 农村经济总收入 | 农民人均纯收入 | 财政收入 |
|------|-----------|--------------|--------------|---------|
| 1979 | - 2. 2 | 7. 2 | 11. 8 | — |
| 1980 | 16. 1 | 22. 1 | 32. 7 | — |
| 1981 | - 49 | - 28. 5 | - 26. 8 | — |
| 1982 | 59. 6 | 16. 3 | 15. 8 | — |
| 1983 | 43. 4 | 30. 7 | 190. 6 | — |
| 1984 | 9. 7 | 70. 5 | 68. 2 | — |
| 1985 | - 44. 7 | - 6. 6 | - 44. 9 | — |
| 1986 | 73. 8 | 24. 6 | 34. 9 | — |
| 1987 | - 7. 5 | 25. 4 | 11. 1 | — |
| 1988 | - 8. 2 | 20. 3 | 11. 9 | — |
| 1989 | 29. 7 | 50. 7 | 13. 8 | — |
| 1990 | 20. 8 | 3. 7 | - 17. 5 | — |
| 1991 | - 52. 2 | 13. 7 | 41. 7 | — |
| 1992 | 173 | 29. 9 | 41. 4 | — |
| 1993 | 23. 8 | 91. 8 | 28. 8 | — |
| 1994 | - 48 | 42. 1 | 30. 9 | — |
| 1995 | - 1. 5 | 38. 9 | 14. 7 | — |
| 1996 | 71. 2 | 31. 7 | 21. 6 | 19. 9 |
| 1997 | - 55. 7 | - 16. 9 | 5. 4 | 12. 4 |
| 1998 | 164. 7 | 39. 3 | 14. 3 | 5. 8 |
| 1999 | - 50. 6 | 17. 5 | - 4. 7 | 19. 6 |
| 2000 | - 70. 1 | 6. 4 | 2. 6 | 18. 5 |
| 2001 | 99. 2 | - 17. 8 | - 17. 5 | 17. 8 |
| 2002 | 98. 8 | 15. 2 | 14. 0 | - 7. 5 |
| 2003 | 111. 3 | 24. 1 | 15. 5 | 108 |
| 2004 | 2. 5 | 13. 8 | 8. 1 | - 13. 3 |
| 2005 | - 12. 5 | 30. 2 | 26. 3 | 45. 2 |
| 2006 | 4. 6 | 16. 8 | 9. 1 | 25. 7 |
| 2007 | 12. 4 | 13. 0 | 10. 9 | 6. 7 |

资料来源：西河乡统计站。

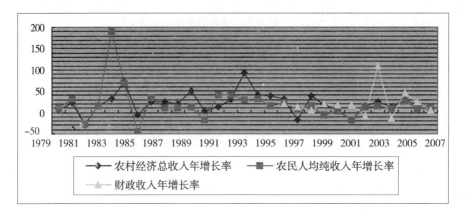

**图 2 - 13　改革开放以来西河乡主要经济指标年增长率（%）**

资料来源：西河乡统计站。

### 三　经济结构的变化

改革开放前，西河人民公社以农业生产为主业，为单一的农业产业结构。20 世纪 80 年代初期，随着乡镇企业的兴办，西河乡的煤炭采掘、建筑业、运输业、商饮业等二、三产业开始起步，特别是煤炭采掘、运输业快速发展，农业逐渐退缩，初步形成了第二产业占主导、农业及第三产业共同发展的产业布局。

20 世纪 90 年代，西河乡的煤炭企业日益壮大，农业生产停滞不前，运输业、商业饮食业发展缓慢，以致煤炭产业一业独大，出现了以煤炭产业为主体的经济结构。农业在西河乡经济中所占的份额越来越小，第三产业虽长期发展滞后，但所占份额逐渐扩大。1992 年农业、第二产业、第三产业大致为 12∶75∶13，1993 年为 9∶74∶17；1996 年三者比例为 8∶61∶31；2000 年三者比例变为 4∶62∶32。进入新世纪后，农业产值所占比重进一步降低，第三产业所占比重逐渐上升，2003 年第一、二、三产业产值之比为 4∶57∶39，2006 年三者比例大致为 3∶60∶37。见表 2 - 10，图 2 - 14。

改革开放以来，西河乡经济结构的变化还表现在三次产业内部结构的优化。比如，农业方面，种植业所占比重下降，养殖业所占比重上升；种植业内部又出现了粮食作物所占比重下降，经济作物所占比重提高的格局。工业方面，由于近几年来陶瓷产业的发展，煤炭产业一柱擎天的局面开始改观。第三产业方面，商业饮食业所占比例也有所增加。产业结构的逐步优化，将使西河乡的经济走上良性发展的轨道。

表2-10　　　　　1992—2006年西河乡三次产业产值构成　　　单位：万元

| 年份 | 农业产值 | 第二产业产值 | 第三产业产值 |
|---|---|---|---|
| 1992 | 889 | 5496 | 976 |
| 1993 | 1120 | 9185 | 2162 |
| 1994 | 1036 | 9660 | 3842 |
| 1995 | 1368 | 11985 | 5359 |
| 1996 | 1811 | 14383 | 7123 |
| 1997 | 921 | 18690 | 8710 |
| 1998 | 1692 | 19380 | 10930 |
| 1999 | 909 | 13848 | 11649 |
| 2000 | 1282 | 18030 | 9729 |
| 2001 | 614 | 11212 | 10536 |
| 2002 | 1006 | 13555 | 10842 |
| 2003 | 1211 | 17145 | 11731 |
| 2004 | 602 | 20810 | 12472 |
| 2005 | 1340 | 26750 | 16456 |
| 2006 | 1446 | 30735 | 18838 |

资料来源：阳城统计年鉴。

## 第三节　乡财政实力的增强

随着经济的发展，西河乡财政收入与支出都有出现了大幅度的提升，特别是20世纪90年代后，财政收入的增长速度更为迅猛。2007年的财政收入比1995年增长了6倍。财力壮大后，政府财政支出也快速增加，特别是预算外支出在2002年后超过了预算支出。为加强乡村财务管理，西河乡积极探索"村账乡管"，规范了农村财务管理。乡财政支出的扩张，促进了当地社会事业的发展。

### 一　乡财政收入的增长

从1985年乡财政机构成立起，西河乡财政收入持续增长，特别是20世

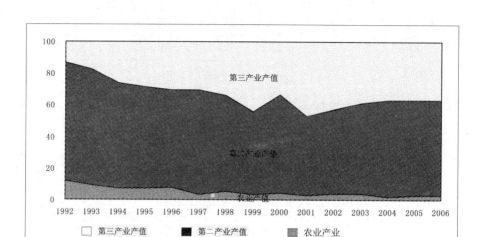

**图 2 - 14  1992—2006 年西河乡三次产业产值结构的变化 （%）**
资料来源：西河乡统计站。

纪 90 年代中期以来，在煤炭产业的带动下，乡财政实力得到更大的提升。

1995 年乡财政收入为 1983433 元，1996 年增长到 2378469 元，1999 年提高到 3386023 元，2000 年进一步上升为 4011937 元。此后，乡财政收入进入高速增长期，2001 年为 4726000 元，2003 年达到 9096456 元，2005 年增至 11454235 元，2006 年为 14396179 元，2007 年为 15365748 元。见表 2 - 11。在总的增长趋势中，西河乡财政收入年增长率也出现过较大的波动，1996 年、1997 年年增长率为 19.9% 和 12.4%，1998 年降到 5.8%；1999 年、2000 年、2001 年增长率较高，分别达到 19.6%、18.5% 和 17.8%；2002 年出现大的下降，降幅为 - 7.5%；2003 年增长率跃升到 108%，2004 年增长率回调到 - 13.3%，2005 年、2006 年的增长幅度反弹，分别达到 45.2% 和 25.7%；2007 年保持在 6.7%。见图 2 - 15。按当年价计算，如果以 1995 年财政收入为 100，1996 年为 199，2000 年为 202，2003 年 459，2005 年为 577，2006 年、2007 年分别为 726 和 755。这说明与 1995 年相比，1996 年乡财政收入差不多翻了一番，2003 年增加了 3.6 倍，2005 年增加了 4.8 倍，2006 年、2007 年增加了 6 倍多。见图 2 - 16。

西河乡财政收入主要有预算收入、预算外收入和自筹资金收入。预算内收入包括一般预算和基金预算收入。一般预算收入主要是税收收入和政府转移支付收入，而税收收入包括农业四税（农业税、农林特产税、契税、土地

表 2 – 11　　　　　　1995—2007 年西河乡财政收入与支出情况　　　　　单位：元

| 年份 | 财政收入 | | | | 财政支出 | | | |
|------|------|------|------|------|------|------|------|------|
| | 总额 | 预算收入 | 预算外收入 | 基金预算收入 | 总额 | 预算支出 | 预算外支出 | 基金预算支出 |
| 1995 | 1983433 | 1251474 | 731959 | — | 1570705 | 973500 | 597205 | — |
| 1996 | 2378469 | 1674757 | 703712 | — | 1733892 | 1093000 | 640892 | — |
| 1997 | 2674508 | 1901361 | 621147 | 152000 | 1980697 | 1142215 | 689522 | 148960 |
| 1998 | 2830895 | 1963554 | 745144 | 122197 | 2248630 | 1385746 | 741637 | 121247 |
| 1999 | 3386023 | 2275927 | 989804 | 120292 | 2531521 | 1513727 | 897721 | 120073 |
| 2000 | 4011937 | 1879848 | 2013397 | 118692 | 3243810 | 2044758 | 1080610 | 118442 |
| 2001 | 4726000 | 2999013 | 1536987 | 190000 | 4683388 | 2987010 | 1506378 | 190000 |
| 2002 | 4372060 | 2220446 | 2035614 | 116000 | 1881981 | 639892 | 1126089 | 116000 |
| 2003 | 9096456 | 4260000 | 4836456 | — | 3932367 | 1072490 | 2859877 | — |
| 2004 | 7886090 | 3950000 | 3936090 | — | 3556017 | 1398553 | 2157464 | — |
| 2005 | 11454235 | 8280000 | 3174235 | — | 4910193 | 1722259 | 3187934 | — |
| 2006 | 14396179 | 10774918 | 3621261 | — | 3826637 | 1359099 | 2467538 | — |
| 2007 | 15365748 | 10250000 | 5115748 | — | 9230965 | 5212702 | 4018263 | — |

资料来源：西河乡财政所。表中基金预算收入指农村教育附加和四税附加。

使用税）及乡镇企业工商税收（营业税、所得税）的全部或者大部，少量国家工商税（增值税、企业所得税）。基金预算收入主要是纳入预算管理的政府性基金。政府性基金是指依照法律、法规并经有关部门批准设立、凭借行政权力或政府信誉，向单位和个人征收的具有专项用途的资金。设立政府性基金的目的，主要是支持某项特定产业或事业发展，其主要形式包括各种基金、资金、附加和专项收费等。预算外收入主要来自乡统筹及面向农民收取的各种行政性收费（如农村宅基地手续费）。自筹资金收入主要是乡镇企事业单位上缴的收入以及专门面向农民收取的各种制度外费收入（如计划生育罚款），从有关部门争取的专项资金等，财务报表中合并在预算外收入中反映。

　　1995 年以来，西河乡财政收入结构中，预算收入所占比例经历了扩大——缩小——再扩大——再降低的变化态势。1995—1999 年，预算收入占

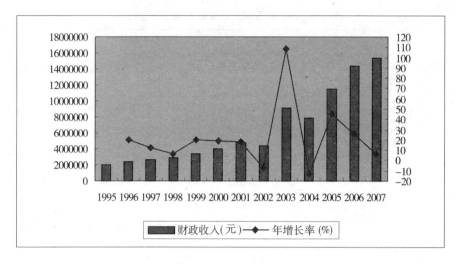

**图 2 - 15　1995—2007 年西河乡财政收入的增长情况**

资料来源：西河乡财政所。

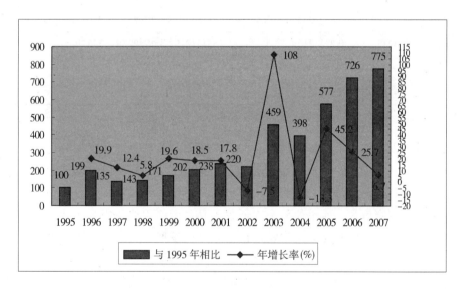

**图 2 - 16　1995—2007 年西河乡财政收入增长指数**

资料来源：西河乡财政所。

财政总收入的比例从 63.3%，到 70.4%（1996 年）、71.1%（1997 年）、69.4%（1998 年）、67.2%（1999 年）波动增长。2000 年预算收入占财政总收入的比例降到 46.9%，2001 年这一比例又上升到了 63.5%。2002 年、

2003 年、2004 年预算收入占财政总收入的比例现一次降为 50.8%、46.8%
和 50.0%。2005 年预算收入占财政总收入的比例再度提高到 72.3%，2006
年和 2007 年分别达到 74.8% 和 66.7%。西河乡基金收入从 1997 年开征，当
年收入为 152000 元，占全部财政收入的 6%。2002 年收入为 116000 元，占
西河乡全部收入的 3%。2003 年西河乡全部取消了这项收入。政府基金预算
收入在乡财政总收入中向占比例不大。而预算外收入占乡财政总收入的比例
也经历了缩小——扩大——再缩小——再扩大的变化趋势。1995 年、1996
年预算处收入占财政总收入的比例分别为 36.7% 和 29.6%。1997 年预算外
收入比例降到 22% 左右。1998—2000 年，预算收入比例扩大，1999 年为
26.3%，2000 年达到 50.2%。2001 年缩小到 32.5%，此后再度扩大，2002
年为 43.6%，2003 年为 49.2%，2004 年为 53.2%，2005 年为 50.0%。2006
年、2007 年预算外收入所占比例再次缩小，分别为 25.2% 和 33.3%。见图 2
－17。预算外收入从 1995 年的 731959 元增长到 2007 年的 5115748 元，增长
了约 6 倍，而同期一般预算收入从 1251474 元增长到 10250000 元，增长了 7
倍多，快于预算外收入的增长。但是 2006—2007 年度间，在一般预算收入
有所减少的情况下，而预算外收入却从 2006 年的 3621261 元增加到 2007 年
的 5115748 元，增加幅度高达 40%，这主要得益于西河乡产业结构调整的成
效和煤炭价格的大幅度上涨。

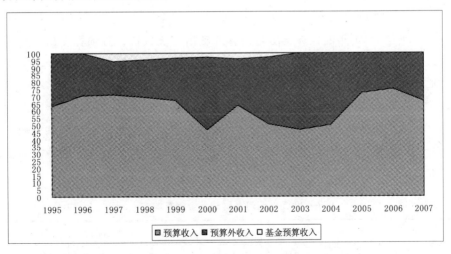

**图 2－17　1995—2007 年乡财政收入结构的变化（%）**
资料来源：西河乡财政所。

### 二 乡财政支出的增长

在财政收入持续增长的同时，西河乡财政支出也增长。1995年财政支出为1570705元，1997年增长到1980697元，1999年提高到2531521元，2000年提升为3243810元，2001年进一步增加到4683388元。2002年、2003年、2004年财政支出总额有所下降，分别为1881981元、3932367元和3556017元，2005年则上升到4910193元，2007年达到了9230965元。见表2-11。以1995年乡财政支出为100，与之作比较，1997年为126，1999年为161，2000年为207，2001年为298，2005年为313，2007年为588。以当年价格、以1995年财政支出为基期，2000年乡财政支出已增长1倍，2001年增长近2倍，2007年提高了近5倍。

在财政支出持续增长的同时，西河乡财政支出的年增长率也存在波动，波动趋势与财政收入年增长率基本一致。1996—2001年，乡财政收入年增长率保持较快的增长，财政支出增长率也保持较快的增长。2002年、2004年乡收入出现负增长，财政支出也表现为负增长。不过，2006年、2007年二者变动态势出现了差异。1997年、1998年、2000年、2001年、2003年、2005年、2007年财政支出增长率都超过了财政收入的增长率。见图2-18。

从分项财政支出来看，1997—2002年的基金预算支出保持基本稳定；1995年到达2001年的预算支出与预算外支出增长较快，且预算支出额高于预算外支出额；2002—2007年预算支出和预算外支出额出现起伏，2002—2006年预算外支出额高于预算支出。见图2-19。

1997年到2002年，西河乡开征了政府基金预算收入，因此，在财政支出中有一项政府基金预算支出，而且，基金预算收入基本全部用于基金预算支出了。见表2-12。政府基金收支仅运作了6年，占乡财政支出总额的比例不大，最多的年份为7%左右，一般在5%左右。见图2-20。

表2-12 　　　　1997—2002年西河乡财政基金预算收支 　　　　单位：元

| 年份 | 1997 | 1998 | 1999 | 2000 | 2001 | 2002 |
|---|---|---|---|---|---|---|
| 收入 | 152000 | 122197 | 120292 | 118692 | 190000 | 116000 |
| 支出 | 148960 | 121247 | 120073 | 118442 | 190000 | 116000 |

资料来源：西河乡财政所。

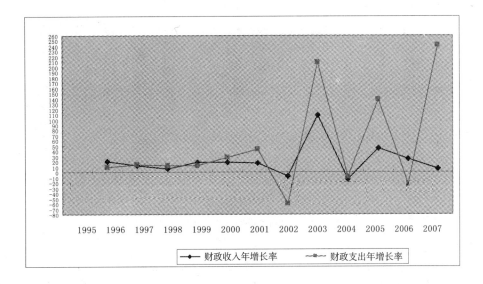

**图 2 - 18　1996—2007 西河乡财政收支年增长率（%）**

资料来源：西河乡财政所。

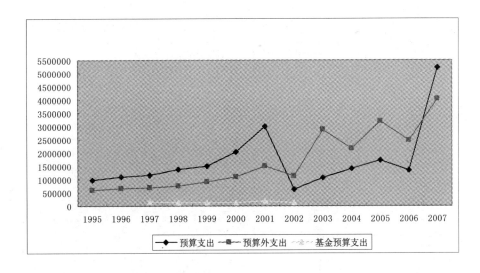

**图 2 - 19　1995—2007 年西河乡财政支出的增长**

资料来源：西河乡财政所。

　　除去政府基金支出，西河乡财政支出的主体是预算支出与预算外支出两项。一般预算支出主要是教育经费和行政支出。从表 2 - 13 可知，2001 年之

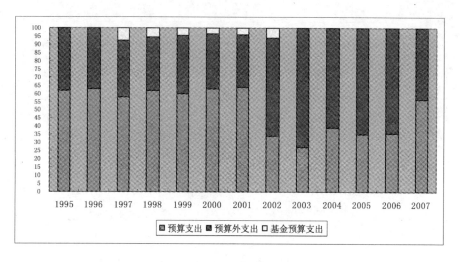

**图 2 - 20　1995—2007 年西河乡财政支出结构的变化（%）**

资料来源：西河乡财政所。

表 2 - 13　　　　　1995—2007 年西河乡财政一般预算支出　　　　单位：元

| 年份 | 预算额 | 其中 | |
| --- | --- | --- | --- |
| | | 教育经费 | 行政支出 |
| 1995 | 973500 | 741674 | 70629 |
| 1996 | 1093000 | 849226 | 82200 |
| 1997 | 1142215 | 886732 | 86920 |
| 1998 | 1385746 | 971571 | 146369 |
| 1999 | 1513727 | 1151019 | 88921 |
| 2000 | 2044758 | 2413117 | 172902 |
| 2001 | 2987010 | 2413117 | 172902 |
| 2002 | 639892 | — | 369017 |
| 2003 | 1072490 | 220720 | 391755 |
| 2004 | 1398553 | 382000 | 403705 |
| 2005 | 1722259 | 596000 | 465272 |
| 2006 | 1359099 | — | 521039 |
| 2007 | 5212702 | — | 745560 |

资料来源：西河乡财政所。

前，乡财政预算支出的大头是教育经费，行政支出所占比例不大。2002 年后，随着预算外支出的增加，一般预算支出中教育经费支出的比例下降了，与此相对，行政支出所占比例增加了。见图 2-21。

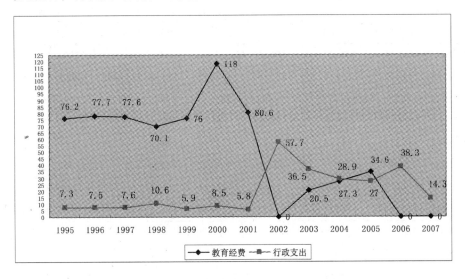

**图 2-21　1995—2007 年西河乡一般预算支出主要项目占比（％）**

资料来源：西河乡财政所。

西河乡预算外支出项目主要有行政事业支出、民兵训练、教育经费、民政、公路建设、计划生育。2002 年后，乡预算外支出占财政总支出的比例增加了。在预算外支出中，行政事业支出、教育经费、民政经费是重要的支出项目，而行政事业支出占第一位，多数年份其所占比例超过 45％，最少的一年也占 35％；教育经费支出占第二位，其所占比例一般在 20％—30％，支出多的年份占到 40％，少的年份则没有支出；民政费用占日常支出第三位。此外，预算外支出也在某些年份用在在民兵训练、公路建设、计划生育等方面。见表 2-14，图 2-22。

### 三　探索"村账乡管"制度

推行"村账乡管"制度，实行农村会计委托代理制度。"村账乡管"就是村集体资产所有权、投资自主权、收益分配权、独立核算权不变，但村里各项经济业务由乡经管站委派会计统管统核，统一制度、统一审核、统一记账、统一公开、统一存档，账目定期在"村务公开栏"里公布，让村民知情。

**表 2 - 14**　　　　　　　　**1995—2007 年西河乡财政预算外支出**　　　　　　单位：元

| 年份 | 合计 | 项目 | | | | | | |
|---|---|---|---|---|---|---|---|---|
| | | 行政事业支出 | 民兵训练 | 教育经费 | 民政 | 公路 | 计生 | 其他 |
| 1995 | 597205 | 279346 | — | 235000 | 15134 | — | — | 67725 |
| 1996 | 640892 | 341669 | — | 258737 | 28745 | — | — | 11741 |
| 1997 | 689522 | 421529 | 25190 | — | 63460 | — | 26978 | 152365 |
| 1998 | 741637 | 389123 | 33262 | 154665 | 52800 | 78296 | 18038 | 15453 |
| 1999 | 897721 | 510461 | 28600 | 231570 | 33620 | 35000 | 30990 | 27480 |
| 2000 | 1080610 | 709910 | 34600 | — | 38295 | 185000 | — | 112805 |
| 2001 | 1506378 | 495158 | 28600 | 151911 | 46488 | 643000 | — | 141221 |
| 2002 | 1126089 | 653337 | 28600 | 268732 | 26805 | — | 8796 | 139819 |
| 2003 | 2859877 | 1132916 | — | 765933 | 22820 | — | — | 938208 |
| 2004 | 2157464 | 1173082 | — | 353400 | 16165 | — | 28000 | 586817 |
| 2005 | 3187934 | 1518013 | — | 1143720 | 15260 | 26491 | 129348 | 355102 |
| 2006 | 2467538 | 1386463 | — | 664172 | 54670 | — | — | 362233 |
| 2007 | 4018263 | 2268408 | — | 867040 | 7200 | — | — | 875615 |

资料来源：西河乡财政所。

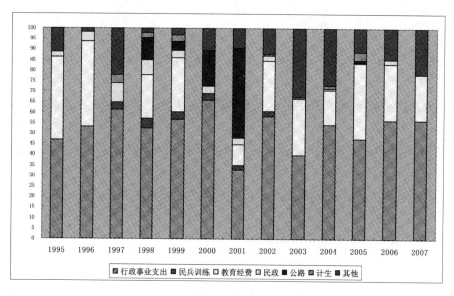

**图 2 - 22　1995—2007 年西河乡财政预算外支出结构（%）**

资料来源：西河乡财政所。

"村账乡管"的基础是村民主理财制度。村里成立民主理财小组，成员由村民会议或村民代表会议从村务公开监督小组成员中推选产生。民主理财小组在村党支部、村委的领导下工作，在业务上接受各级农经部门的指导。民主理财小组对村民会议或村民代表会议负责，监督本村集体财务活动；有权检查、审核财务账目及相关的经济活动事项，有权否决不合理开支。

每月 25 日为村民主理财日。村级账目先由理财组审核，并由理财组长签字盖章后，经村委主任审批，书记审签，然后才能到乡经管站审核、盖章，到乡会计服务中心进行处理。规定村集体经济组织资金支付的审批权权限，村内用于生产经营管理事务等开支，一次在 1000 元以下的由村委主任审批，1000—3000 元由支村两委会议研究决定，用于购建固定资产、村内公益事业在 3000 元以上的由党员议事会和村民代表议事会讨论决定。

各村村民代表会议决定的财务收支事项，以书面形式委托书乡农村会计服务中心办理。西河乡农村会计服务中心成立于 2006 年 12 月。乡农村会计服务中心实行"五统一"：一是统一资金管理。村级组织收取或收到的各种资金都要及时送交乡会计服务中心集中统一管理，分村核算。二是统一印鉴管理。将银行会计人员印鉴统一更换为服务中心总会计印鉴。三是统一账户管理。由服务中心统一管理各村银行账户，一次性取消了所有以个人名义开办的储蓄户和在银行开设的资金过渡账户。四是统一票据管理。全乡各村对内对外收款必须统一使用由县经管站监制的收款收据，实行定量供应，按月报账，存根回收的监管办法。并分村建立了票据领用台账。五是统一人员管理。取消了村级会计，乡会计服务中心工作人员实行乡统一聘任、管理、考核和使用，实行专职化管理，这样既保证了服务中心人员依法履行职权，又保证了会计人员的相对稳定。各村每月留出 3000—5000 元的备用金，其余的一律存入会计服务中心专户，严禁坐收坐支。每月的 25—26 日报账员将月内发生的收支单据进行整理、审核，27—30 日集中报账，由中心会计进行账前审计，统一入账。

乡会计中心强化对村级财务的监督，规定村级重大事项要经乡政府审批，各村 5000 元以上的固定资产增、减，资金拆借，集体组织外出考察等重大事项，无乡党委、政府的批准，一律不予列支。乡会计中心对各村的重点工程招标和投标程序进行监督，规定招、投标程序合法的合同生效，否则合同无效，不予支付任何款项。乡会计中心监督各项合同款的追加、核减、支付等程序，规定如果因工程量的增加和减少需追加或减少合同金额，必须经过村民大会或村民代表会议讨论，方可执行。乡会计中心还通过会计委托代理，严格控制村级债务。农村会计服务中心运行以来，提高了农村财务管理水平，促进了村级廉政建设。

"村账乡管"制度还存在需要完善的地方。第一，乡会计服务中心在审核村报账员的财务报表时，发现有些不合格的票据难于处理，因为这些是村组织的公关花销，不好入账。但在会计报表上却很难反映。第二，如果村民对村财务公开情况有意见，村组织为了推卸责任，很容易把矛盾推到乡会计服务中心，因为这些公开的财务情况都是经过乡会计服务中心审核过的。第三，乡会计服务中心某些人员很容易将审核权转化为自己的某种特权，为了捞取好处，而损害了村级组织的利益。村组织也对"村账乡管"制度持有一些意见，比如，有些支出根本无法取得票据，但在会计中心报账时却又必须出示正规票据，让他们很头痛。又如，村里5000元以上的固定资产购置要向乡里打报告，50000元以上的基本建设支出要通过乡招投标中心进行招标，村组织认为不大合理。他们认为，有些固定资产的购置情况比较特殊，需要当机立断，打报告费时，还需等待批准审核，这损害了效率。项目招投标更无必要，因为有些招投标有暗箱操作，反而加大了他们的负担。如何化解这些矛盾，还需要在实践中进行探索。

# 第三章

# 农业的发展与增长

　　西河乡属于山区，人均耕地较少，仅 1.2 亩左右。主要农作物为小麦、玉米、谷子、大豆、杂豆、红薯、马铃薯、棉花、各种油料[①]、蔬菜等。在西河乡的产业结构中，农业所占比重较少，3%多一点点[②]。然而，农业的基础性地位却是不能忽视的。西河乡政府高度重视农业的发展，积极贯彻党中央和国务院保护农业耕地的要求，尽量保持农业耕地数量的稳定。积极贯彻中央促进农业改革与发展的精神，因地制宜地发展符合当地资源禀赋条件的农业，促进农业产业化、集约化，发展大农业，促进农业结构调整。经过乡政府和当地农民的共同努力，西河乡的农业取得了稳步发展，各种农产品的产量虽有波动，但维持了相对稳定的水平，西河乡的农业结构调整初见成效。

## 第一节　农业产量和结构的变化

　　伴随着工业化，城镇化的进程不断加快，西河乡的耕地面积和农作物种植面积有所下降，但数量不多，这基本上贯彻了中央精神，保护了农业耕地的稳定。农业产量的波动较大，粮食作物中的小麦产量经历了一个先上升后下降的过程。非粮食作物中，棉花、油料和蔬菜的产量也有波动。农业产业

---

　　① 在西河乡，油料作物主要是指油菜、芝麻、向日葵、蓖麻。
　　② 根据西河乡 2007 年总产值的统计，第一产业所占比重为 3%，第二产业所占比重为 64%，第三产业所占比重为 33%。

的结构调整不断进步，桑园种植面积和蚕茧产量在近年来有所上升。畜牧业也有较大发展，尤其是猪的存栏量上升幅度较大。

## 一 耕地面积和粮食种植面积的变化

目前，随着中国工业化进程的加快，耕地面积的数量不断受到威胁[①]。2005 年，全国耕地面积为 18.31 亿亩，与 1996 年的 19.51 亿亩相比，减少 1.2 亿亩，人均耕地也从 1996 年的 1.59 亩变为 1.4 亩。中国的耕地数量已经逐步接近 18 亿亩的"红线"。西河乡作为山西东南部的一个乡，其耕地面积也随着工业化的进程有所变化。改革开放初期，其耕地面积变化不大，一直维持在 1504 公顷（22560 亩）。1984 年以后，改革从农村转向城市，从农业转向工业，耕地面积有所减少，变为 1350 公顷（20250 亩）左右。这个数量维持到 21 世纪初期。2004 年，耕地面积降为 1280 公顷（19200 亩），2005 年则进一步降为 1064 公顷（15960 亩），之后一直维持在这个水平。见图 3-1 和图 3-2。耕地面积减少的主要原因是工业化用地（比如开发区建设）的增加。西河乡的人均耕地较少，且呈不断减少之趋势。改革开放初期较多，最多时为 1.8 亩左右，之后逐年缓缓下降，在 1.5 亩左右。到 21 世纪初期，下降趋势较为明显。2006 年，降至最低，为 1 亩。2007 年，有所回升，为 1.2 亩。2008 年，维持在 1.2 亩[②]。见图 3-2。不同的行政村人均耕地不同。宋王村和陕庄村是人均耕地较多的村，宋王村大约 1.9 亩，陕庄村大约 1.7 亩。郭河村和西沟村较少，郭河只有不足 0.6 亩，西沟 0.8 亩多。宋王和陕庄是较偏远的行政村，而郭河和西沟是乡政府的所在地。见图 3-3。总之，人均耕地分布不均，而且越来越少，面临的形势越来越严峻。中国关于土地的基本国策是"十分珍惜和合理利用每寸土地，切实保护耕地"。在 2001 年 3 月第九届全国人大第四次会议上通过的《国民经济和社会发展第十个五年计划纲要》中，为了稳定粮食生产能力，党中央、国务院要求严

---

① 农村土地，除了法律规定属于国家所有的以外，统归农民集体所有。农村土地在利用现状上，分为农地、建设用地和四荒地（未利用地），其中，农村建设用地分为农业建设用地和非农建设用地。农地是指直接用于农业生产的土地，包括耕地、林地、草地、农田水利用地（农田灌溉）、养殖水面和其他用于农业的土地。四荒地主要包括荒山、荒沟、荒丘和荒滩。耕地是农业用地的主要类型，指用于小麦、水稻、玉米、蔬菜等农作物并经常进行耕耘的土地。

② 不同村子的人均耕地有所不同，

格执行基本农田保护制度①，保持全国耕地总量动态平衡②，确保到 2005 年
全国耕地面积不低于 12800 万公顷（19.2 亿亩）。然而，由于开发区热、非
农建设用地扩张、农业结构调整和生态退耕等原因，耕地保护的形势越来越
严峻。为了保护耕地，西河乡人民政府根据《中华人民共和国土地管理法》、
《城市规划法》及山西省晋城市阳城县有关法律、法规，并结合西河乡实际
情况，制定了规范使用土地管理的有关规定。

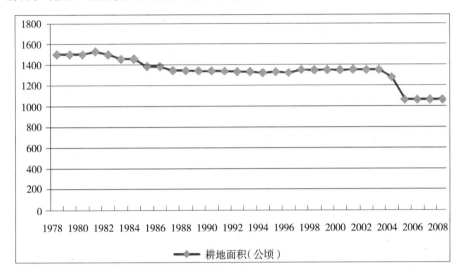

**图 3 - 1 1978—2008 年西河乡耕地面积的变化（单位：公顷）**

资料来源：西河乡统计站。

改革开放以来，西河乡的农作物种植面积虽基本稳定，但也有波动。波
动的原因一方面与耕地面积的减少有关；另一方面也与农业种植成本的变化
有关。1984 年耕地面积的减少导致了农作物种植面积的下降，21 世纪初期
的耕地面积下降也导致了农作物种植面积的骤降。在 1984 年之前，随着农
业收益的增加，农民耕种的热情较高，因此，种植面积总体上呈现一种上升
趋势。经历了 1985 年的低谷之后，农作物种植面积回升。之后虽有波动，

① 对基本农田进行保护，包括基本农田数量保护和基本农田质量保护。基本农田保护制度主
要包括：基本农田保护规划制度；基本农田保护区制度；占用基本农田审批制度；基本农田占补平
衡制度；禁止破坏和闲置、荒芜基本农田制度；基本农田保护责任制度；基本农田监督检查制度；
基本农田地力建设和环境保护制度。

② 耕地总量动态平衡是指在一定时期、一定行政范围内开垦增加的耕地总量不少于减少的耕
地总量，从而使耕地总量保持稳定。

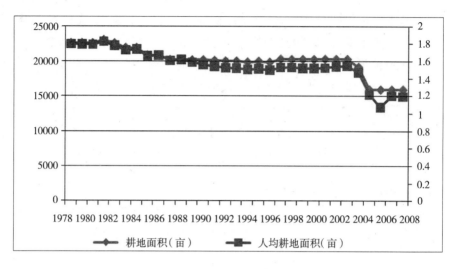

图 3 - 2　1978—2008 年西河乡人均耕地面积（单位：亩）的变化

资料来源：西河乡统计站。

但幅度不大，基本维持在 2000 公顷左右。2003 年降至 1800 公顷，2004 年降至 1534 公顷，2005 年小幅度回升到 1682 公顷，但随后的 2006 年、2007 年又回落到 1500 公顷多一点。粮食作物的播种面积经历了一个大致相同的过程。改革开放以来，除了 1985 年为 1357 公顷之外，总体上呈现一种上升趋势。1988 年，粮食作物的播种面积达到了历史制高点，为 1996 公顷，之后，则呈现出下降趋势。2004 年为 1303 公顷，是历史最低点。2005 年之后，粮食作物的种植面积又有所回升。见图 3 - 4 和表 3 - 1。这与粮食价格的提升以及农业各种补贴的实施有关。伴随着农业收入的增长，农民乐于在农业种植上投入更多的精力，而不是去工厂或者城里打工。从多年实践经验看，根据对现阶段中国粮食综合生产能力的分析，要实现产需总量的大体平衡，全国粮食播种面积需要稳定在 16.5 亿亩左右。因此，对于西河乡来说，也有责任防止粮食播种面积继续大幅度调减，保证年际之间、地区之间粮食播种面积不能波动过大。

　　在粮食作物中，小麦的播种面积经历了一个先上升后下降的过程。20 世纪 80 年代中前期上升较快，从 1978 年的 435 公顷上升到 1988 年的 832 公顷，之后，基本维持在这个水平上。十年后的 1998 年，达到历史最高点，为 901 公顷。1998 年之后，随着地下水位的下降以及地表水的日益减少，小麦的耕种面积不断下降。到 21 世纪初期，播种面积仅仅维持在最高点的一

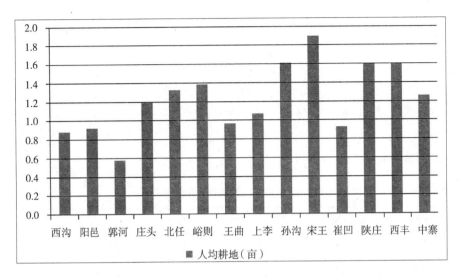

**图3-3   2008 年西河乡 14 个行政村的人均耕地数量（单位：亩）**

资料来源：西河乡统计站。

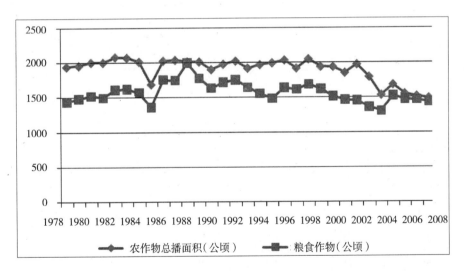

**图3-4   1978—2008 年西河乡农作物播种面积和粮食作物播种面积的变化**

资料来源：西河乡统计站。

半水平，即 400 公顷左右。2008 年，仅为 369 公顷。见表 3-1 和图 3-5。粮食作物的播种面积中，主要是谷物，大约占 96% 。豆类和薯类各占 2% 。见图 3-6。在谷物中，小麦播种面积大约占 32% ，玉米占 56% ，而谷子占 12% 。见图 3-7。在非粮食作物中，棉花的播种面积总体上呈现了一种稳中有降的趋势。1983 年之前维持在 300 公顷水平上。而现在只有 10 公顷多。油料作物在 1993 年之后迅速上升，1995 年又迅速下降，1997 年降至谷底，然后再次上升，2002 年再次转折。目前，也仅仅维持在 10 公顷。油料作物播种面积的下降主要是由于近几年油菜子产量偏低，加之国家对粮食作物播种面积补贴力度的加大，使得经济作物播种面积有较大幅度下降。蔬菜作物的种植面积一直不大，最多时也就 100 公顷。近年来，其播种面积也呈现出下降趋势。见表 3－1 和图 3－5。

表 3－1　　　　1978—2008 年西河乡主要农作物的种植面积　　　　单位：公顷

| 年份 | 粮食作物 | 其中：小麦 | 棉花 | 油料 | 蔬菜 |
|------|---------|-----------|------|------|------|
| 1978 | 1439 | 435 | 300 | 23 | 93 |
| 1979 | 1482 | 451 | 300 | 23 | 100 |
| 1980 | 1521 | 498 | 300 | 23 | 61 |
| 1981 | 1495 | 495 | 300 | 33 | 71 |
| 1982 | 1611 | 574 | 300 | 29 | 68 |
| 1983 | 1620 | 574 | 299 | 40 | 68 |
| 1984 | 1571 | 571 | 205 | 29 | 74 |
| 1985 | 1357 | 655 | 150 | 44 | 62 |
| 1986 | 1755 | 792 | 133 | 65 | 68 |
| 1987 | 1745 | 819 | 142 | 70 | 80 |
| 1988 | 1996 | 832 | 145 | 52 | 82 |
| 1989 | 1774 | 824 | 138 | 46 | 52 |
| 1990 | 1632 | 778 | 184 | 37 | 48 |
| 1991 | 1715 | 842 | 177 | 34 | 49 |
| 1992 | 1750 | 833 | 184 | 37 | 48 |
| 1993 | 1643 | 827 | 176 | 54 | 46 |
| 1994 | 1554 | 843 | 193 | 220 | 50 |
| 1995 | 1485 | 765 | 200 | 424 | 66 |
| 1996 | 1640 | 786 | 180 | 155 | 60 |

续表

| 年份 | 粮食作物 | 其中：小麦 | 棉花 | 油料 | 蔬菜 |
|---|---|---|---|---|---|
| 1997 | 1615 | 794 | 180 | 67 | 55 |
| 1998 | 1686 | 901 | — | 122 | 62 |
| 1999 | 1620 | 784 | 139 | 123 | 53 |
| 2000 | 1514 | 800 | 66 | 256 | 75 |
| 2001 | 1461 | 620 | 37 | 292 | 56 |
| 2002 | 1452 | 600 | 28 | 406 | 53 |
| 2003 | 1361 | 566 | 35 | 292 | 64 |
| 2004 | 1303 | 423 | 23 | 162 | 39 |
| 2005 | 1523 | 493 | 18 | 105 | 53 |
| 2006 | 1474 | 464 | 13 | 40 | 18 |
| 2007 | 1466 | 418 | 13 | 14 | 23 |
| 2008 | 1438 | 369 | 12.1 | 12 | 26 |

注：原统计数据中缺失 1998 年的棉花种植面积数据。

资料来源：西河乡统计站。

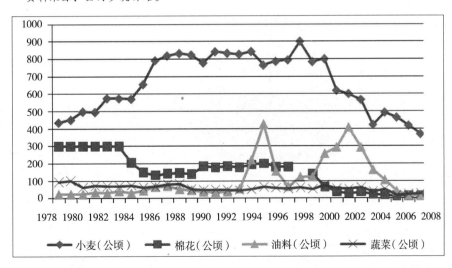

图 3 - 5　1978—2008 年西河乡的主要农作物种植面积

资料来源：西河乡统计站。

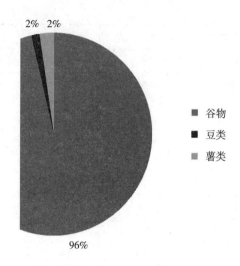

**图 3 - 6　2008 年西河乡各粮食作物种类播种面积所占比重**

注：谷物包括小麦、玉米、谷子、高粱和其他谷物；豆类包括大豆、杂
　　豆；薯类包括马铃薯、红薯。

资料来源：西河乡统计站。

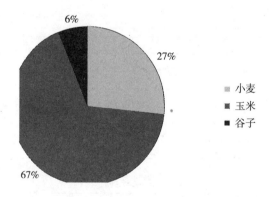

**图 3 - 7　2008 年西河乡各谷物种类播种面积所占比重**

资料来源：西河乡统计站。

## 二　农作物的产量变化

农业是人类最先开始的生产活动，也是人类生存所必需的产业。因为，

农业的目的就是要利用动植物生长发育规律获取人类生存所需食物。粮食在
人类社会发展进程中发挥着重要作用，在国民经济中有着特殊的意义。国以
民为本，民以食为天。确保13亿中国人有饭吃，用占世界9%的耕地养活占
全球21%的人口，需要的就是粮食。因此，粮食产量的变化值得关注。

　　改革开放以来，西河乡粮食总产量的波动态势非常明显。两三年便是一
个转折。1993年和1998年是历史上的两个高点，分别为7173吨和7397吨。
2001年则降到了历史最低点，为1440吨。之后迅速回升，2003年达到6060
吨。近年来，粮食总产量基本维持在6000吨左右。见图3-8和表3-2。

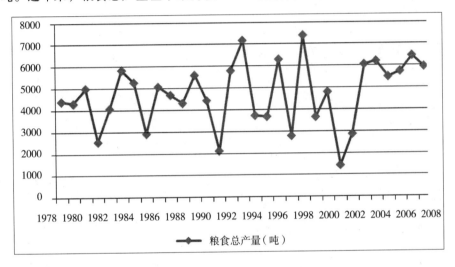

**图3-8　1978—2008年西河乡的粮食总产量**

资料来源：西河乡统计站。

　　在粮食作物中，小麦产量波动的趋势也较为明显。总体上，与种植面积
的变化趋势类似，经历了一个上升然后下降的过程。1994年和1998年是历
史上的两个高点，产量分别为3101吨和3000吨。近年来，产量稳中趋降。
见表3-2和图3-9。从小麦的单位产量看，波动的趋势也非常明显。不过，
总趋势是上升。见图3-10。在非粮食作物中，蔬菜总产量和油料总产量的
波动也较为剧烈[①]。一方面，与种植面积的波动相关；另一方面，也与自然
气候的变化有关。棉花总产量相对较小，并逐年下降。近年来，棉花的产量
已经小于10吨。见表3-2和图3-9。

----

　　①　根据笔者的观察，这种波动的趋势还可能与数据统计上的不准确相关。

各个行政村的粮食种植面积不同，产量也有差异。上李村的粮食亩产最高，每亩达到 350 公斤。而崔凹村的亩产则较低，只有 200 公斤。见图 3 - 11。这主要与不同村落的自然条件和作物种类有关。

表 3 - 2　　　　　　1978—2008 年西河乡主要农作物的产量　　　　　单位：吨

| 年份 | 粮食总产量 | 小麦总产量 | 棉花总产量 | 油料总产量 | 蔬菜总产量 |
|------|-----------|-----------|-----------|-----------|-----------|
| 1978 | 4402 | 511 | 136 | 12 | 3514 |
| 1979 | 4306 | 741 | 92 | 10 | 1795 |
| 1980 | 5000 | 485 | 124 | 19 | 1905 |
| 1981 | 2550 | 600 | 18 | 33 | 1230 |
| 1982 | 4070 | 1000 | 110 | 22 | 2505 |
| 1983 | 5835 | 1520 | 183 | 29 | 990 |
| 1984 | 5270 | 1370 | 84 | 34 | 2200 |
| 1985 | 2919 | 1749 | 50 | 33 | 1515 |
| 1986 | 5073 | 1663 | 68 | 70 | 2713 |
| 1987 | 4695 | 1677 | 72 | 67 | 1652 |
| 1988 | 4314 | 1184 | 52 | 61 | 2740 |
| 1989 | 5594 | 1604 | 68 | 67 | 2000 |
| 1990 | 4431 | 2274 | 99 | 60 | 1413 |
| 1991 | 2122 | 1514 | 35 | 8 | 330 |
| 1992 | 5792 | 1124 | 116 | 52 | 3172 |
| 1993 | 7173 | 3001 | 99 | 86 | 2787 |
| 1994 | 3737 | 3101 | 46 | 124 | 727 |
| 1995 | 3681 | 1528 | 78 | 318 | 1894 |
| 1996 | 6301 | 1576 | 54 | 208 | 1133 |
| 1997 | 2794 | 2568 | 27 | 0 | 166 |
| 1998 | 7397 | 3000 | 78 | 174 | 1770 |
| 1999 | 3656 | 1481 | 43 | 112 | 1091 |
| 2000 | 4803 | 2000 | 29 | 490 | 1648 |
| 2001 | 1440 | 1252 | 4 | 142 | 110 |

续表

| 年份 | 粮食总产量 | 小麦总产量 | 棉花总产量 | 油料总产量 | 蔬菜总产量 |
|------|-----------|-----------|-----------|-----------|-----------|
| 2002 | 2868 | 1179 | 10 | 262 | 587 |
| 2003 | 6060 | 1973 | 15 | 376 | 1200 |
| 2004 | 6209 | 1594 | 12 | 76 | 1004 |
| 2005 | 5492 | 1565 | 8 | 82 | 545 |
| 2006 | 5742 | 1544 | 7 | 24 | 433 |
| 2007 | 6454 | 1109 | 8 | 11 | 512 |
| 2008 | 5952 | 1406 | 5.3 | 13 | 918 |

资料来源：西河乡统计站。

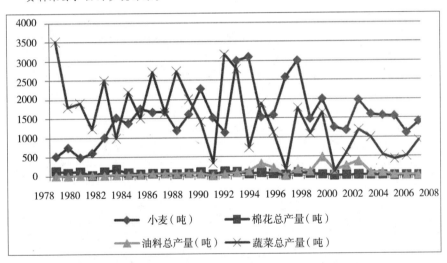

**图 3－9　1978—2008 年西河乡的主要农作物产量**

资料来源：西河乡统计站。

### 三　农业结构的调整

农业结构调整一直是农业发展的核心问题之一。它既是适应社会食品结构变化的要求，也是在更大范围内配置农业资源、提高农业生产率，增加农民收入的需要。

西河乡人均耕地较少，目前，只有 1.2 亩左右。一些耕地还分布在山地和丘陵上。由于煤炭资源的开采，地下水位下降较大。由于地理条件的限

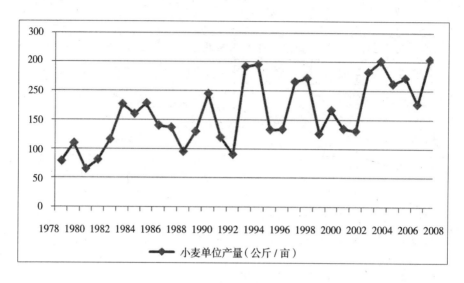

**图 3 - 10  1978—2008 年西河乡小麦的单位产量**

资料来源：西河乡统计站。

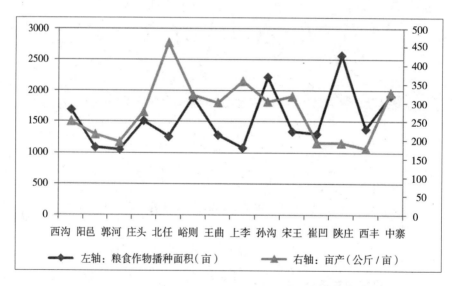

**图 3 - 11  2008 年西河乡 14 个行政村粮食播种面积和亩产**

资料来源：西河乡统计站。

制，地表水流失也较大。小麦种植面积的减少就与此有关。在西河的种植作物中，有一定量的玉米、谷子和薯类，但是谷子的产量都较低，薯类的经济效益一般。玉米的产量和效益还可以，但也不是很高。由于山地和丘陵较多，西河乡就有栽种果树①、桑树等经济林的传统。历史上，这里的养蚕农户较多，蚕丝曾经大量运往外地②。为了发挥优良的历史传统，改善土地的种植经营效益，合理利用该地区的资源禀赋，乡政府积极引导农民，调整农业产业结构。1994年，通过一系列措施，粮经作物种植面积比例由1993年的7.5∶2.5提高到7∶3。2002年，粮食和经济作物面积比例由75∶25继续调整到69∶31。

2000年，西河乡把实施可持续发展战略，强化农业的基础地位作为保证农村经济健康运行的主要前提；把产业结构调整作为全年工作的一条主线，把在优势产业上做大做强作为振兴途径。围绕这一思想，在农业上，围绕农业增效、农民增收、农村稳定、抓投入、抓生产条件的改善，抓种植业内部结构、抓科技兴农。积极贯彻产业结构调整战略，围绕农业种植内部结构调整，狠抓了退耕还林、还草、还果和扩大经济作物等项工作，经济林建设、种草改草、经济作物种植取得初步成效，尤其是蚕桑产业。

2003年，农业结构不断优化，畜牧产业发展迅猛。乡信用社累计发放贷款4700余万元，其中小额贷款470万元，有力推动了全乡农业结构调整，表现在种植业结构上，传统农作物播种面积下降，经济作物面积不断扩大，其中，粮田面积由过去的1万余亩下降到8000亩左右，完成粮食产量6059.53吨，占计划的108%。优质桑园面积稳定在1600亩左右，春秋两季养蚕268张，产量12.93吨，占年计划109%。推广种植出粉率高的优质红薯1500亩，总产500万公斤，推广美国油葵"101"和"甘杂一号"、"秦油三号"冬油菜为主的优质油料作物面积6000亩。畜牧业发展呈现快速增长势头，当年新增规模养殖户40余户，建成规模化圈舍养殖场8个，全乡畜禽饲养总量达到4.2万头（只），同比增长5%，肉蛋总产达到343吨。

2004年，西河乡农业产业结构调整势头良好。农业基础地位得到进一步

---

① 果树主要有核桃、花椒、红枣。核桃较多，花椒次之，红枣较少。根据2006年对播种面积的统计，核桃大约占85.7%，花椒大约占12.6%，红枣大约占1.7%。

② 西河乡的先民们很早以来就有经商的习惯，而且多精于此道。清初，有不少人到中原及晋中、晋西北做生意，有的人甚至成为富甲一方的巨商。他们在长期的商业活动中，通过与外商的相互交流，不但提高了业务水平，而且学会了栽桑养蚕，炼铁铸造等技术。20世纪70年代至今，该乡有很多村民都栽桑养蚕。

巩固和发展。粮田面积保持在 1 万亩以上，优质桑园面积稳定在 800 亩左右。2005 年，西河乡农业产业结构调整的主要方向是：以发展园区经济为目标，以扶植种植养殖大户为手段，在调整结构的同时，大力发展生态农业，拓宽农民增收渠道，切实增加农民收入。畜牧养殖业进一步发展。在县乡两级政府的扶持下，在乡信用社小额贷款的有力支持下，西河乡畜牧业得到了长足发展，各类畜禽养殖规模上了一个大的台阶，全乡规模养牛户 3 户，存栏 299 头；规模养羊户 28 户，存栏 2555 只；规模养猪户 22 户，存栏 3145 头，规模养鸡户 11 户，存栏 33000 余只。蚕桑生产逐步扩大。全乡规模养蚕大户达 2 户，年养蚕 26 张，全乡蚕茧产量达到 20358 公斤，年实现收入 32.56 万元。

经过政府和农民双方的共同努力，西河乡的农业产业结构调整近年来取得了长足进步。传统农业在农业总产值中的比重不断降低，已经低于 60%，而畜牧业所占比重则逐年上升，目前已经超过 40%。见图 3 - 12①。在传统农业结构中，目前，玉米和冬小麦在产值中所占比例很高，达到 78%，其他的薯类、棉花、蔬菜、水果等占 22%。见图 3 - 13。

果园种植面积在 20 世纪 80 年代后半期逐渐增多。到 1989 年，达到 169 公顷。水果产量也在 80 年代后期逐渐上升，到 1988 年，达到历史最高峰，为 663 吨。之后，果园的种植面积不断缩小。21 世纪初期，果园种植面积更加减小，2007 年，只有 1 公顷。水果产量也随之呈现出逐年下降之趋势。与之相反，桑园种植面积在 20 世纪 90 年代后逐年增多。蚕茧产量经历了 90 年代中后期的低谷后也相应增大，2007 年，达到 25 吨。见图 3 - 14 和图 3 - 15。2007 年，种植桑园的行政村有 6 个，其中陕庄村占了 59%，孙沟村占了 26%，其他 4 个村共计占 25%。见图 3 - 16。目前，陕庄村的蚕茧发展已经有了很大起色，正在恢复其历史传统优势。见专栏 3 - 1。由于养蚕技术进步和销路上的看好，农民对养蚕的积极性也很高。2008 年西河乡的发种张数和总产量都较 2007 年大幅度上升，农民所获得收入也有较大的增加。见表3 - 3。桑园面积的增长也保证了蚕茧产量的恢复和养蚕事业的进一步发展。

---

① 传统农业是小农业，主要指种植业，而现在农业的概念是大农业。农业总产值是指以货币表现的农、林、牧、渔业全部产品的总量，它反映一定时期内农业生产总规模和总成果。

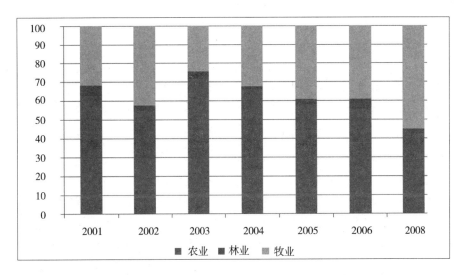

**图 3 - 12　2001—2008 年西河乡农业产业结构的变化（%）**

资料来源：西河乡统计站。

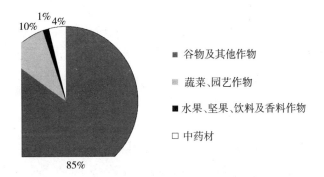

**图 3 - 13　2008 年西河乡传统农业产值结构**

资料来源：西河乡统计站。

专栏 3 - 1　　　　　　　陈庄村的蚕茧和粮食生产①

　　陈庄村曾经是西河乡最为贫穷的村，而现在是西河乡最富裕的村子，而且还是山西省第一个省级文明村。

──────────

　　① 该材料访谈对象是陈庄村的村党支部书记陈克忠。他今年 61 岁，陈庄村人。1972 年当上陈庄村主任。1974 年，当上陈庄村党支部书记，一直到 2008 年，当了 34 年书记。

陕庄村有特色的农产品是蚕茧。2007 年桑园面积为 302.9 亩，占全乡的 59%。见图 3 - 14。每年有 500 张的产量，每张产值 1200—1400 元。养蚕大户有 50 张。这与 20 世纪 60—70 年代相比，数量和产值上都有了很大飞跃。20 世纪 60—70 年代，当时每家每户都养蚕，不过没有桑园，只是在地头地边零星地块上种植桑树。那时候的桑树叶子也小。20 世纪 90 年代，开始发展桑园，每亩地种植桑树 1000 多棵。而且，桑树品种是从浙江桐乡市引进的，叶子比较大，大约是 80 年代的 5—6 倍。20 世纪 70 年代养蚕的技术也比较落后，架子都是用高粱秆制成的，消毒的材料只有白石灰。因此，当时产量比较小，每张只产 60 斤蚕茧，而现在是 120 斤，而且质量也好。

在粮食生产上，这些年来陕庄村也有了明显的进步。据陕书记介绍，农业学大寨时期，陕庄村的粮食产量很低。当时西河乡最好的村子是西沟、阳邑、王曲、北任等。因为这些地方的土地质量好，而且土地也多。他 1972 年当村主任的时候，当时的粮食产量达不到"纲要"，即每亩不到 400 斤，而在他接手的第一年，他还通过填沟造地，新增耕地 70 亩。1973 年，粮食产量就达到"纲要"，亩产 440 斤。陕庄村是全乡土质较差的村子之一。1975—1976 年，他带领农民改良土壤，购置小型拖拉机深翻土地，这使得粮食产量进一步上升。1977 年，产量就过了"黄河"，达到 500 多斤。人均口粮 600 斤，一个工分 2 元，一个四口人的家庭，一年可以分钱 200 多元。在全乡来说，这已经非常好了。在十一届三中全会精神的指引下，1980 年，西河乡实行了家庭联产承包责任制，即包产到户。当时，为了获得自主权，两个村子从陕庄分离出去，一个是西延岭村，一个是圪针树腰村，不过这两村分出去之后，发展得不好。所以，在 2002 年和 2004 年，两个村相继回归。现在又变成了一个村。目前，该村的粮食生产已经基本稳定。每亩玉米产 1500 斤左右，每亩小麦产 1000 斤左右。化肥、种子都由农业服务公司统一提供。

除了林果业，西河乡的畜牧业也有所发展。由于农业耕作技术的进步，大牲畜的存栏数量逐年下降①。2007 年，全乡只有 164 头，相当于改革开放初期 1978 年的 1656 头的十分之一。下降原因主要是农业耕作技术的进步。

① 主要指耕地、运输用的牛、马、驴、骡等。虽然有一部分是肉牛，用来生产牛肉，但这部分的比例在西河乡不多。

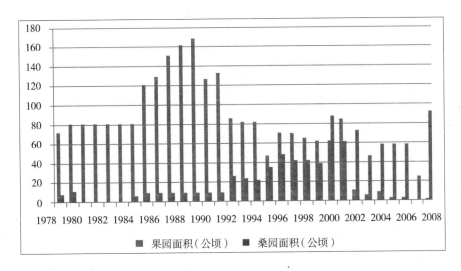

**图 3 - 14　1978—2008 年西河乡果园面积和桑园面积变化**

资料来源：西河乡统计站。

随着经济的发展，很多农户的经济条件逐年改善。人们乐于购置手扶拖拉机

表 3 - 3　　　　　　　西河乡 2008 年春季蚕茧生产情况对比表

| | 2008 年 | 2007 年 | 2008 年比 2007 年增减额 | 2008 年比 2007 年增减幅度（％） |
|---|---|---|---|---|
| 发种张数（张） | 245 | 186 | 59 | 31.72 |
| 总产量（吨） | 12.393 | 8.37 | 4.023 | 48.06 |
| 单产（公斤/张） | 50.583673469 | 45 | 5.5836734694 | 12.41 |
| 总收入（万元） | 26.0253 | 17.577 | 8.4483 | 48.06 |
| 平均价格（元/公斤） | 21 | 21 | 0 | 0.00 |

资料来源：西河乡统计站。

来完成耕种和收割任务。大牲畜的生产功能逐渐被机械所代替。因此，其数量逐年下降。羊存栏的数量在 1985 年之前，总体上呈下降趋势。之后逐年缓慢上升。2002—2005 年间，一直维持在 2000 头以上。不过，2006 年以来，其存栏数量又进一步降低。这与新农村建设的推进有关。在新农村建设之前，农户可以散养。散养的羊对农村环境有不好的影响。羊圈、散落在马路上的羊粪的气味，都不符合新农村建设的标准和要求。因此，西河乡要求

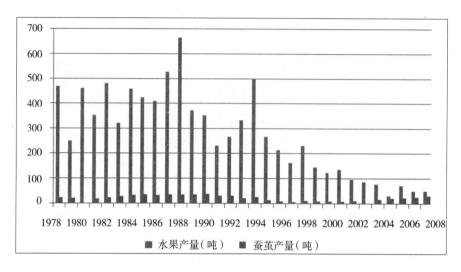

**图 3 – 15   1978—2008 年西河乡的蚕茧产量和水果产量**

资料来源：西河乡统计站。

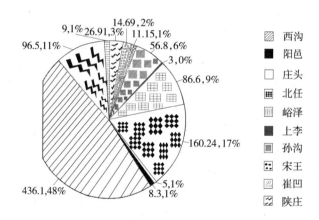

**图 3 – 16   西河乡 2008 年桑园种植面积及比例分布图**

资料来源：西河乡统计站。

三圈出村①。在这种情势下，羊存栏数量的减少就是必然的了。猪存栏量同样经历了一个先下降后上升的过程。见图 3 – 17。20 世纪 80 年代初期有一次速降，从 4000 多头的存栏骤降到 3000 头以下。1994 年，又向下突破了 2000 头。1995 年是历史的最低点，降至 1171 头。该年之后，随着猪肉和生

———————————————

①  指猪圈、羊圈、牛圈。

猪价格的调整，猪存栏的数量开始在波动中回升。2002 年再次下降。猪存栏数量的下降与三个因素相关：一是疾病，比如猪瘟、蓝耳病等；二是生猪价格的下降；三是散养猪不利于农户卫生[①]。这三个因素共同作用，导致农户主观上减少猪的饲养，同时，猪瘟等疾病又客观上导致猪存栏数量的难以增长。近年来，由于国家鼓励农户规模养猪，并给予一定的补贴，再加上猪肉价格的上升，猪存栏量上升是必然的。随着猪存栏量的上升，生猪和猪肉价格将有进一步回落的空间。

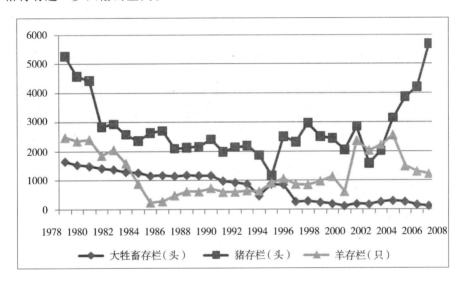

**图 3 - 17　1978—2008 年西河乡畜牧业的发展**

资料来源：西河乡统计站。

专栏 3 - 2　　　　　　　　玉泰农场的访谈

　　玉泰农场位于阳城县西河乡，占地面积 66.7 公顷。雇用 20 人左右，每人每月保底工资 1000 元左右，来工作的人员大多都是 40—50 岁的人，男多女少。男的主要从事锄地、打药等重体力劳动，女的一般从事套袋、下果等轻体力劳动。这里雇用的人员一般都是煤矿失业人员。在阳城县，年轻一点的或者读书或者去煤矿上班。煤矿上班挣的较多，能达到每月

---

　　① 过去农户散养猪，都是把猪圈放在院子中或者紧邻院子，导致气味大，蚊虫多，环境较为恶劣，不利于农村卫生。

2000—3000 元。虽然苦一些、累一些，有力气的也愿意去，挣钱快、攒钱多，可以娶媳妇。还有的年轻人去陶瓷园区工作，那里挣钱也稍多一点。有的年轻人还乐于打小工，比如盖房子、搞建筑工程等。每天也能挣上60—70 元，由于结算灵活，因此，也成为有些年轻人从业的选择。有文化的或者有点头脑的，还乐于自己搞一个小买卖，比如搞运输。这样，自己说了算，事业发展还有盼头。一些年龄大的煤矿下岗工人愿意来这里工作，因为这里工作比较稳定，与煤矿相比，虽然挣得少，但工作也相对轻松。

农场现有 100 多亩梨、苹果、杏等经济林，600 多亩生态林。使用配方化肥、生物农药等来保证树木的健康成长。请山西省农科院果树研究所进行技术指导，包括树苗培育保护、树林防疫等。每年产果 100 万公斤，主要是当地市场消化。有些商贩去农场采购，然后拿到集市或者串山乡卖。玉泰农场也会组织人员进行同样的活动。2009 年，阳城县遭遇了旱情。这个旱情对农作物影响较大，但对玉泰农场影响不大，因为树木比农作物要耐旱。从农场成立以来，已经累计投资 200 多万元。

2009 年，农场又投入资金，采购了 8000 只鸡，准备开展林下养鸡。

表 3-4　　　　2008 年西河乡年林业生产情况　　　　单位：亩

| | 四旁植树 | | 通道绿化管护 | | 育苗 | | 生态园林村建设 | | | 封山育林 |
|---|---|---|---|---|---|---|---|---|---|---|
| | 任务 | 其中义务植树 | 陵沁线 | 乡村路 | 任务 | 新育苗 | 任务 | 生态型 | 园林型 | |
| 合计 | 9 | 5 | 8.2 | 23.8 | 150 | 60 | 4 | 2 | 2 | 300 |
| 西沟 | 1 | 0.6 | — | 1.7 | 20 | — | — | — | — | — |
| 阳邑 | 0.6 | 0.3 | 2.7 | 0.71 | — | — | — | — | — | — |
| 郭河 | 0.7 | 0.4 | 1.4 | 0.8 | 20 | — | — | — | — | — |
| 庄头 | 0.6 | 0.35 | — | 3 | 15 | — | 1 | 1 | — | — |
| 北任 | 0.5 | 0.3 | — | 1 | 5 | — | — | — | — | — |
| 峪则 | 0.7 | 0.4 | — | 1.5 | 5 | — | — | — | — | — |
| 王曲 | 0.7 | 0.35 | 1.5 | 0.9 | 5 | — | — | — | — | — |
| 上李 | 0.5 | 0.3 | — | 1.7 | 5 | — | — | — | — | — |

| | 四旁植树 | | 通道绿化管护 | | 育苗 | | 生态园林村建设 | | | 封山育林 |
|---|---|---|---|---|---|---|---|---|---|---|
| | 任务 | 其中义务植树 | 陵沁线 | 乡村路 | 任务 | 新育苗 | 任务 | 生态型 | 园林型 | |
| 孙沟 | 0.8 | 0.45 | — | 2.53 | 10 | 60 | — | — | — | — |
| 宋王 | 0.4 | 0.2 | — | 0.3 | 10 | | — | — | — | |
| 崔凹 | 0.5 | 0.25 | 1.7 | 1.5 | 10 | | 1 | 1 | — | 94 |
| 陕庄 | 0.8 | 0.45 | 0.9 | 4.8 | 15 | — | 1 | — | 1 | 206 |
| 西丰 | 0.5 | 0.25 | — | 1.56 | 15 | | — | — | — | |
| 中寨 | 0.7 | 0.4 | | 1.8 | 15 | | | | | |

资料来源：西河乡经管科。

## 第二节　农业技术进步和生产经营体制的变化

实证研究表明，技术和体制在农业生产中发挥着重要的作用，也是农民收入增加和生活水平不断进步的保证。农业技术进步包括多个方面，比如农业机械化的发展，化肥、种子、农药等技术的进步。生产经营体制的变化包括土地延包、家庭联产承包经营的双层经营体制的不断完善以及其他促进农业生产经营的制度。改革开放以来，西河乡的农业技术不断进步，农业技术在农作物增产中发挥了一定作用。农业生产经营体制也在不断改进。

### 一　农业技术进步

农业机械总动力在一定程度上反映了农业生产的机械化水平，同时，也在一定程度上反映了粮食生产的科技投入水平，是影响粮食单产的重要因素。改革开放以来，西河乡农业机械总动力的变化趋势呈现出一种上升趋势。从1978年的2522千瓦增加到2006—2007年的23000千瓦，增长了近10倍。受金融危机和气候干旱的影响，2008年有所下降，但也高于2005年的水平。见图3-18。

化肥、种子、农药等是反映农业技术进步的另外几个因素，也是影响粮食单产的重要因素。这些因素的投入曾经促进了粮食增产，然而，这些因素

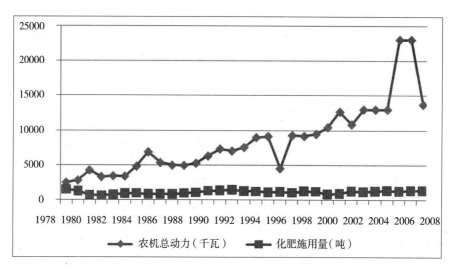

**图 3 - 18　1978—2008 年西河乡的农机总动力和化肥施用量的变化**

资料来源：西河乡统计站。

的增产作用却逐年减小。这是因为中国目前化肥和农药的施用水平已经较高，特别是化肥，其增产作用已经较小。因此，近年来，化肥施用量变化不大，基本维持在 1300 吨左右。见图 3 - 11。

### 二　农业生产经营体制的变化

党的十一届三中全会之后，中国农村改革拉开了序幕。而农村改革的重点就是农村生产经营体制的变迁，由原来的人民公社制度变为农村家庭联产承包经营责任制。西河乡也在这一大潮中改变了农业生产经营体制。1980年，西河乡实行了家庭联产承包责任制，在农业适度规模经营上，形成了集体农场、专业队和专业户三种主要经营形式。

1987 年，西河乡进一步完善了家庭联产承包经营的双层经营体制。根据"尊重自愿、稳定政策、因地制宜"的原则，分三种类型对全乡土地进行了局部调整和适当集中。经过土地局部调整和适当集中，全乡出现了一批像阳邑村适度规模经营，像西沟村专业化分工具体的典型。土地相对集中，较好地解决了土地切割过碎带来的种种弊端，进一步完善和巩固了家庭承包经营，解放了生产力，大大提高了农户经营水平，有效地促进了农村分工分业，为农业生产向商品化、专业化、现代化发展奠定了基础。

1990 年开始到 1992 年，农村改革进一步迈出了较大步伐。在进一步稳定家庭联产承包责任制的基础上，不断完善统分结合的双层经营体制。

中国的土地政策要求给农民土地承包经营权以长期的保障，永远不变。为此，中央出台了农村土地延包政策。为了贯彻中央的农村土地政策，维护好农民的土地承包经营权益，稳定土地承包关系，1993 年，全乡推开土地承包顺延 30 年的工作，取得了一定成效。

1995 年，在延长土地承包期方面，乡里培植阳邑村作为典型。在全乡大力推广阳邑村试点经验。乡里加强分类指导，各村因地制宜地认真组织。到 1995 年 11 月底，全乡基本按照要求完成了任务，土地延包 30 年不变，给农民吃上了长效定心丸。大大激发了群众生产经营和增加投入的自觉性，为农业持续稳定发展打下了良好的基础。

1996 年，西河乡为了保护基本农田，出台了《西河乡基本农田保护条例》。这个制度对于人多地少的西河乡来说，有效地加强了耕地的保护。

1998 年，西河乡进一步完善了家庭联产承包责任制的双层经营体制，实行一包 30 年不变的政策有效地促进了农民生产的积极性，保证了农业的发展，农民的增收。

1999 年，为了调动农业生产积极性，狠抓了党的十五大和各级农业农村工作会议精神的贯彻落实。在完善土地承包期 30 年不变政策的工作中，全乡3915 户完成顺延承包 3315 户，小调整 400 户，转包 563 户，预留机动地 960 亩，占总耕地的 4.7%，签订 30 年不变合同的 3915 户，占总户数的 100%，发放集体土地使用证 3915 份，完成各项合同 3988 份，其中土地合同 3915 份，果园合同 21 份，牧业合同 51 份，其他合同 40 份。

2002 年 1 月，中共中央、国务院在《关于做好 2002 年农业和农村工作的意见》中提出："要认真落实农村土地承包政策，做到承包地面积、地块全部落实到户，为期 30 年的承包经营合同全部签订到户，土地承包经营权证书全部发放到户。"西河乡认真贯彻了党中央和国务院的精神，把土地的承包经营合同全部签订到户，土地承包经营权证书全部发放到户。

2002 年 8 月，九届人大常委会审议通过《农村土地承包法》。《农村土地承包法》的制定和实施，标志着中国农村土地承包走上了法制化轨道。土地承包的法制化建设是国务院出台一系列扶持粮食生产政策导致土地收益率提高的结果，也是城镇化和工业化发展的必然要求。

2004 年，西河乡完成了"土地确权"工作，实现了土地承包的法制化建设。

### 三　农业产业化发展

1987 年，西河乡的基地化农业也得到了迅速发展。宋王村红薯总产达到近 60 万斤，加上红薯育苗、储藏、加工收入，仅红薯一项全村收入 16 万元，人均 200 余元。峪则村黄梨产量有了较大的提高，乡办"四一林果场"苹果生产稳定发展，产量达到 23 万斤。西山红果、东河山仁用杏基地加快了建设步伐。基地化农业的发展，使林果、蔬菜、红薯形成了比较稳定的加工能力，比较稳定的产销关系，使全乡农业逐步形成了城郊特色、发挥当地优势的拳头产品基地。1987 年，西河乡新建温室 15 座，采取大棚、温室、阳畦中小拱棚、地膜覆盖"五配套"，保护地蔬菜生产面积发展到 64 亩，全乡产量 107 万斤，亩均收入 1352 元，出现了一批高产量、高产值、高效益的蔬菜生产典型。西沟村菜农张海金在三分半温室内实行隔年四茬轮作，周年生产，一年生产各种蔬菜 15260 斤，加上育苗收入，全年纯收入达到 3714 元，亩均收入 10611 元。王曲村菜农王来胜经营一个大棚，由于他合理轮作、科学栽培、精心管理，半亩大棚菜收入达到 1670 元。西河乡还在土地生产中大力开展集约经营。1987 年全乡已经出现以劳动密集绣花型、资金密集保护型、技术密集基地型、种养加密集主体型为主的四种农业集约经营形式。农业集约经营参加了全市研讨会，并在全县经济工作会上交流了经验，受到了县委、县政府表扬。

1988 年，全乡新建温室 5 座，保护地扩大近一倍，面积达到 150 亩，实行责任承包、分户管理，提高了经济效益，亩均收入 600 元。一年中，西河乡完成荒山造林 500 亩，同时，西山红果园、崔凹仁用杏基地建设进一步得到巩固提高。

1992 年，随着全乡农业内部结构的调整，全乡"两高一优"农业发展形势喜人。在严重干旱的情况下，西河乡的粮食总产达到 1157 万斤，是历史上第二个丰收年，棉花总产 23.2 万斤，比 1989 年增加 9.5 万斤，蔬菜总产 634 万斤，比 1989 年增加 154 万斤，农业产值达 830 万元，是 1989 年的 2.4 倍，林业生产连年完成了县里下达的指标，畜牧业得到了稳步的发展。农业结构进一步改善。

1993 年，西河乡坚决贯彻"绝不放松粮食生产，积极发展多种经营"的方针，以市场为导向，以实现农业产业化为手段，农、林、牧等各业齐头并进。林业完成四旁树 13 万株，荒山造林 300 亩。全乡养殖专业户达到 50

户，鸡猪养殖总数达到 3 万多只（头），肉蛋产量进一步提高。生态环境不断改善，为大农业协调发展、良性循环奠定了基础。

1998 年，围绕调动农民生产积极性，西河乡狠抓了宣传贯彻党的十五届五中全会决定。党的十五届五中全会召开后，全乡掀起了学习高潮。在土地延包政策的鼓励下，宋王村 78 岁的老汉宋国俊承包 60 多亩土地植树种粮，崔凹村农民曹卫东等三户农民分别承包村里 60 亩、40 亩、36 亩土地，种粮致富。全乡出现了一批种粮产粮大户和农业专业户。1998 年，西河乡围绕建设市场农业，积极鼓励发展多种经营。1998 年，全乡新发展养猪养鸡养兔专业户 34 个，粮食、蔬菜、果品、油料加工专业户 47 个，多年来受外界关注的养蝎子、养蜗牛、养蚂蚁等特种养殖项目开始在西河乡安家落户，仅养蜗牛一项全乡发展到 20 多家。

1999 年，围绕发展城郊型农业经济，推进了一批重点产业。1999 年，在全面发展大农业的过程中，围绕建设城郊型特色经济区域的总体思路，西河乡面向市场重点推进了保护地蔬菜、粮食加工转化、特种养殖业等项目的发展，新发展保护地蔬菜面积 100 亩，养蜗牛、养蚂蚁、养兔、养肉狗的特种养殖户发展到近百户。

2002 年，在农业上，组织实施了"1522"产业化建设工程，全乡发展桑园面积 1100 亩，油料面积 5000 亩，牧草面积 2000 亩，高产优质红薯面积 2000 亩，组建了以加工粉条粉丝为重点的农副产品加工龙头企业，全乡小麦面积由 1998 年的 13500 亩缩减到 9300 亩，为建设三个"1+1"（红薯、油料、牧草三个基地加 3 个龙头企业）农业产业化经营模式奠定了坚实的基础。

专栏 3-3　　　　　　晋王红薯农民专业合作社的访谈

晋王红薯农民专业合作社成立于 2008 年 12 月，由宋龙龙、郭国润、宋敦龙、张明善等 57 人发起，合作社住所在西河乡宋王村。宋王村的红薯品质好是远近闻名的。或许是土壤的原因，或许是其他的原因，总之，只有宋王村的红薯是有名的。与宋王村相邻的其他村的红薯品质就有差距，比如孙沟村只和宋王隔了一条河，但红薯味道就不行。因此，为了卖一个好价钱，其他村的红薯也冒称是宋王红薯。宋龙龙看到了这一优势，决心把宋王红薯的事业做大。

他于 2007 年 6 月注册了宋王红薯商标。如今合作社发展的红薯就是宋王品牌。为了管理好红薯的生产和经营，宋王红薯农民专业合作社提供统一的种苗，进行统一的技术管理，然后统一向市场销售，这样就解决了小农户和大市场的矛盾，可以让农民有效地抵御市场风险，获得更为可观的收益。宋龙龙算了一笔账。没有品牌的红薯在市场上零售也就 0.40—0.50 元，而宋王红薯可以卖到 0.80 元，红薯一亩地可出产 3500 斤，这样一亩地毛收入就达到 2800 元，去掉 300 元的投入，一亩地的净收入可以达到 2500 元，这大大高于种植小麦和玉米。实际上，种植红薯的收益也大于出外打工，且不说离家舍业，抛妻别子，就是从挣钱上，也不如种红薯。目前，有的大户种植面积已经达到 7 亩，这样算下来一年的红薯收入就能达到 1.7 万元，而出外打工是挣不了这么多钱的。农户正是有了这样的认识，很多种粮的农户现在改种红薯了，原来出外打工的人也不出去了，都在家种红薯。如今，宋王红薯的产量已经达到 30—40 吨。

宋龙龙不满足种红薯、卖红薯这样一个简单的事业，他有更大的野心，即对宋王红薯进行深加工，比如，加工成粉条、薯片、薯条、薯干等，这样，可以获得更高的收益，而不仅仅是出售初级农产品。同时，可以把宋王红薯的品牌越做越大。宋龙龙认为，这是宋王村农民较为理性的发展选择。大自然赋予了宋王村这样一个优势，那么作为宋王人，就应该充分发挥这个优势，从而使自己致富。

《农村土地承包法》颁布后，2003 年 10 月，中共中央在《关于完善社会主义市场经济体制若干问题的决定》中提出，"农户在承包期内可依法、自愿、有偿流转土地承包经营权，完善流转办法，逐步发展适度规模经营"。这就为农业产业化创造了基础。农业和农村经济发展进入新阶段以来，农业生产经营的产业化在促进农民增收、加快农业结构调整等方面发挥了日益重要的作用。2006 年，西河乡农业产业化进程不断加快。畜牧业进一步发展，各类畜禽产品的质量和数量都有了稳步增长。蚕桑产业进一步壮大。在乡村两级政府的支持下，蚕桑的市场拓展的成效显著。由于有稳定的市场，并且价格较为合适，农民养蚕的热情也被大大激活。

2007 年，农业产业化进程不断加快。虽然遭受了百年不遇的大旱灾，造成夏粮大幅度减产，但全年粮食生产仍然保持持续增长的势头，总产达 6454 吨，比 2006 年增加 11.2%。同时，新发展桑园 100 亩，新育优桑特山一号 100 亩，扶持建起固定式大棚 3 栋，移动式大棚 18 栋，推广方格蔟 24424 片，全年蚕茧产量 25000 公斤，收入 50 万元，比上年增长 5%。全乡牛、羊、猪、鸡迅猛发展，养殖业收入达到 300 万元，创历史新高。见表 3 - 5。

表 3 – 5　　　　　　　　2004—2007 年西河乡畜牧业生产情况的变化

|  |  | 2004 年 | 2007 年 | 增长率 |
|---|---|---|---|---|
| 牛 | 存栏量（头、只） | 181 | 68 | - 0. 62 |
|  | 出栏量（头、只） | 56 | 71 | 0. 27 |
|  | 产品产量（公斤） | 2500 | 9940 | 2. 98 |
|  | 销售收入（万元） | 4 | 24. 85 | 5. 21 |
| 羊 | 存栏量（头、只） | 1811 | 1308 | - 0. 28 |
|  | 出栏量（头、只） | 744 | 649 | - 0. 13 |
|  | 产品产量（公斤） | 11080 | 9735 | - 0. 12 |
|  | 销售收入（万元） | 17. 728 | 27. 258 | 0. 54 |
| 猪 | 存栏量（头、只） | 1095 | 2800 | 1. 56 |
|  | 出栏量（头、只） | 1391 | 3378 | 1. 43 |
|  | 产品产量（公斤） | 102950 | 253350 | 1. 46 |
|  | 销售收入（万元） | 154. 425 | 405. 36 | 1. 62 |
| 鸡 | 存栏量（头、只） | 33000 | 50200 | 0. 52 |
|  | 出栏量（头、只） | 8900 | 26000 | 1. 92 |
|  | 产品产量（公斤） | 300000 | 33800 | - 0. 89 |
|  | 销售收入（万元） | 120 | 39 | - 0. 68 |

资料来源：西河乡统计站。

　　2008 年，由于受到金融危机的影响，西河乡的养殖情况也有所变化。其中，猪肉、羊肉、禽蛋、蚕茧等产量有所增长，但牛肉、禽肉、鸡肉、兔肉、奶类都产量都呈不同程度的降低。见表 3 – 6。规模养殖户对未来也充满了信心。见专栏 3 – 2、3 – 3 和 3 – 4。这有利于农村产业结构调整，同时也拓宽了农业增收渠道，提高了农民收入和生活水平，促进了城乡一体化发展，体现了党和政府建设和谐社会的精神。

表 3-6 2008 年西河乡畜牧业生产情况（出栏）

| | 单位 | 2008 年数量 | 2007 年数量 | 2008 年比 2007 年增减额 | 2008 年比 2007 年增减幅度（%） |
|---|---|---|---|---|---|
| 一、当年出栏的肉牛 | 头 | 106 | 169 | -63 | -37.3 |
| 牛肉产量 | 吨 | 15 | 23 | -8.478 | -36.9 |
| 当年出栏的肉猪 | 头 | 5848 | 5784 | 64 | 1.1 |
| 猪肉产量 | 吨 | 439 | 434 | 4.6 | 1.1 |
| 当年出栏的肉用羊 | 只 | 707 | 649 | 58 | 8.9 |
| 羊肉产量 | 吨 | 11 | 10 | 0.7578 | 7.6 |
| 当年出栏的山羊 | 只 | 593 | 154 | 439 | 285.1 |
| 山羊肉产量 | 吨 | 9 | 2 | 7.0136 | 350.7 |
| 当年出栏的绵羊 | 只 | 114 | 495 | -381 | -77.0 |
| 绵羊肉产量 | 吨 | 2 | 8 | -6.2558 | -78.2 |
| 当年出栏的家禽 | 只 | 25200 | 26000 | -800 | -3.1 |
| 禽肉产量 | 吨 | 33 | 34 | -1.24 | -3.6 |
| 当年出栏的鸡 | 只 | 25200 | 26000 | -800 | -3.1 |
| 鸡肉产量 | 吨 | 33 | 34 | -1.24 | -3.6 |
| 当年出栏的家兔 | 只 | 1000 | 1000 | 0 | 0.0 |
| 兔肉产量 | 吨 | 2 | 2 | -0.5 | -25.0 |
| 二、当年肉类总产量 | 吨 | 498 | 502 | -3.8602 | -0.8 |
| 奶类产量 | 吨 | 0 | 43 | -43 | -100.0 |
| 其中：牛奶产量 | 吨 | 0 | 43 | -43 | -100.0 |
| 蜂蜜产量 | 吨 | 0 | 4 | -4 | -100.0 |
| 禽蛋产量 | 吨 | 493 | 108 | 384.68 | 356.2 |
| 其中：鸡蛋产量 | 吨 | 493 | 108 | 384.68 | 356.2 |
| 蚕茧产量 | 吨 | 30 | 25 | 5.16 | 20.6 |
| 其中：桑蚕茧产量 | 吨 | 30 | 25 | 5 | 20.0 |

资料来源：西河乡统计站。

专栏 3 - 4　　　　　　　　　养蚕大户吉粉爱访谈

　　吉粉爱，女，44 岁，是西河乡陕庄村有名的养蚕大户。她养蚕的历史不算长，从 2007 年开始。之前，她在阳城县租了一个柜台做卖鞋的生意。干了大约有 10 年。后来有了一点积累之后就不干了，开始着手做养蚕的生意。

　　现在她养蚕已经达到一年 30—40 多张，雇用 37—38 个人。养蚕的忙季主要是在春天的 4、5 月，包括采桑叶、养蚕、育小蚕等。所以，她雇用的工人都是季节性打工，只干 2、3 个月，每个月管吃 900 元。女的工人基本上都是 50 岁以上、60 岁以下的家庭妇女，小年轻的不愿意干。男的目前有 28 个，主要是干体力活，比如收拾地、锄地、打农药等。

　　她是通过接受培训和自己摸索学会的养蚕技术。培训她技术的单位是县城的蚕桑服务中心（蚕桑站）。如今，她的桑园有 75 亩，8 栋棚，最大容量可达 100 多张，但现在还没有投资那么多。2007 年投入 5 万，2008 年投入 16 万，截至现在，已经投入 20 多万元。2007 年养了 6 张蚕，收入 8000 多元；2008 年，养了 20 张蚕，收入 2 万多元；2009 年，养了 40 多张蚕，但由于天气干旱，可能只有 30 多张见效益，大概能收入 3 万多元。

　　养蚕的周期一般是 30 天左右（最短可达 24 天）。也就是说，从幼蚕出壳到吐丝结茧，整个过程为 30 天左右。蚕茧的市场价大约为每公斤 20 元，一般每户能养一张蚕，一张蚕正常情况下可以结 60 公斤左右的茧，那么养一张蚕最终能收益 1200 元左右。当然，蚕茧的价格也会随着市场变动而变化，比如便宜的时候能达到每公斤 15—16 元，而价格好的时候可达到每公斤 22 元。

　　养蚕人最怕的就是到日子了蚕仍然不吐丝。阳城县曾经有过先例。被蚕桑服务中心称为"不结茧蚕病"。不结茧蚕病主要是因为高温和高湿度导致。当地养蚕户大多是利用家中的闲置房屋，通风透气性能差，无法保证养蚕所需的恒温条件。另外，养蚕户大多使用草蔟和松枝蔟让春蚕结茧，没有进行立体上蔟，造成蔟中高温闷热，这也是导致不结茧的一个原因。

　　吉粉爱也经历了这样的事件。2007 年共有两次不结茧现象，2008 年夏季又有一次。2008 年损失了 1 万多元。当然，政府也把蚕农的利益放在工作的第一位。为了发展养蚕业，维护蚕农的利益，阳城县出台了一些优惠措施。比如，新发展桑园每亩补助 200 元，每张原种补助 1 元，每栋活动大棚补助 300 元，每公斤蚕茧直补 1.2 元等。这些措施增加了蚕农收入和蚕农的生产信心。吉粉爱 2009 年春季养蚕 22 张，产茧 1100 公斤，收入 23000 余元。因为有政府补助，又多收 1300 元，相当于又多养了一张蚕。

吉粉爱属于有远见和有抱负的人。她的爱人原来在煤矿上班，现在由于煤矿整合已经下岗，家里有两个男孩，一个在高中读书，另一个在初中读书，都需要花钱，所以必须做点什么。吉粉爱的二哥在晋城市农业局，养蚕的事业他也帮助了不少。

尽管阳城县出台了一些优惠措施，但对比养猪、养鸡来说，吉粉爱觉得还不够，现在有两个问题让她犯难：一个是资金周转紧张，资金成本大，所以她希望养蚕也有无息贷款扶持，尤其是对于她这样的养蚕大户。另一个是保险问题。养蚕风险很大，保险公司都不愿意保。蚕农一遇到灾害，就会白白辛苦，并从而打退堂鼓。实际上，这不利于阳城县的养蚕事业的发展。阳城县属于山区，气候条件比较适合养蚕，自古也有养蚕的传统。

专栏 3 – 5　　　　　　　　养猪大户"猪君"访谈

张小军，男，33 岁，阳城县城人。因为养猪，所以当地人叫他"猪君"（与中央电视台的主持人朱军谐音）。他从 2004 年开始放弃原来的煤炭运输生意，开办养猪场。由于当时搞运输的人很多，拉煤炭的时候要经常等待，所以运量不够，赚不到什么钱。因此，他转而从事养猪生意。他在西丰村批了 6 亩地，投资 100 多万，建了猪舍，规模在当地还算可以。猪舍有配套的沼气池，利用猪粪生发沼气，这些沼气可以自用。第一年，也就是 2005 年，出栏 210 头，存栏 200 头。开始时生猪的价格较低，每斤只有 2.6 元，因此，当年便亏损了 20 多万。从 2006 年下半年开始，生猪的价格开始上涨，到 2007 年，最高时达到每斤 8.5 元。这时候养猪效益开始改观。2006 年存栏 510 头，出栏 600 头，销售收入达到 63 万元。2007 年存栏 610 头，出栏 730 头，销售收入达到 88 万元。生猪的销售渠道主要是贩卖生猪的商贩，很少销售到当地的阳城屠宰厂（股份制），因为商贩的出价较高。商贩把这里的生猪一般拉到江苏等地。2008 年，生猪的效益不如 2007 年，原因是生猪养殖增多，生猪的价格下滑，而饲料价格上涨得非常厉害。这样就严重挤压了生猪养殖的利润空间。到笔者调研的时候，生猪的价格已经下滑到每斤 6.7 元，与生猪的最高价相比，差不多掉了 2 元，而用于饲料的豆粕价格却一路上扬，从每吨的 1700—1800 元到每吨 4900 元，差不多翻了三番。玉米的价格也一路高涨，当下已经每斤 0.80 元多。生猪的养殖户也在增加，从 2007

年到 2008 年，已经由 2 个变成 4 个，其中宋王庄的猪场规模最大，达到 5000 头。散养的猪已经没有了。因为，要搞新农村建设，所以，要求"三圈出村"（猪圈、羊圈、牛圈）。

"猪君"目前有 7 个工人，主要从事防疫、喂猪、清扫猪舍等，工资是每人每月 800 元。不过，很多人不愿意干，因为当地的煤矿较多，养猪味道大，苦一些。他本人住在阳城，不过白天基本都在猪场。他们有一个临时休息的房子，里边的设施很简陋。2007 年，政府为了支持养猪，也给了他奖励，一共是 5000 元。目前，他这个猪场有种猪 5 头，母猪 120 头，1000 多头存栏猪。一头母猪一次产仔 11—12 头，最多的达到 18 头，一年产仔两次。"猪君"对养殖技术很有信心，他这个猪场也没有出现过大的疫情。不过，他也有烦恼。那就是扩建猪舍的愿望不能实现。因为他的猪舍附近，有一个西丰水库，按照当地的规划，可能将这个地区变成风景区，那样的话，猪舍就得搬迁。因此，暂时还不能扩大规模。

专栏 3-6　　　　　　　　养鸡大户宋育锋访谈

宋育锋，男，32 岁，宋王庄的养鸡大户。1999 年从东北林业大学毕业，学的是野生动物资源的保护和利用。大学毕业后，先后在天津、江苏南京、福建厦门工作过。天津工作时是在塘沽区一个私人公司，干了半年多。回乡之前在厦门的野生动物园，在那里工作了 2 年多。从 2003 年他开始筹备养鸡，资金来源是农村的小额贷款。与一般养鸡户不同的是，宋育锋养的是散养鸡，即土鸡（柴鸡、笨鸡）。鸡场在距离村子半公里的山上。2004 年，存栏鸡 4000 只，出栏 400 只，当年销售鸡蛋 48000 公斤，实现销售收入 19.2 万元。2005 年，存栏 2500 只，出栏 1500 只。2006 年，鸡存栏 3500 只，当年销售收入达到 17.85 万元。2007 年，存栏 4000 只，出栏 2500 只，销售收入为 3.75 万元。目前，鸡场一天产蛋 200 多斤（4000 只鸡可以产蛋 2000 只/天）。冬至以后，产蛋量要下降。土鸡蛋的市场价格为 9 元/斤，而且，土鸡蛋不像洋鸡蛋，其市场价格波动较小。不过，现在饲料价格上涨得厉害，2008 年比 2007 年上涨了大约 40%。尽管鸡蛋价格较高，但今年的利润不如去年。一只鸡的产蛋周期大约 2—3 年，然后就变成老母鸡，把它出售给饭店，也可以创造一部分利润，不过，主要是靠鸡蛋赚钱。宋育锋的土鸡蛋牌子是"绿友"。在进村的时候，笔者看到墙上有"绿友"牌鸡蛋的广告，说是坐月子、进补的好食品。目前，宋育锋想进一步扩大鸡场规模，但不是自已投资，他想通过加盟的方式，让广大农户参与进来。他帮助农户管理，提供技术，并负责市场销售。这对于宋育锋和农户来说，都是好事。

宋育锋是一个爱思考的人，他对农产品市场价格的波动有着很独到的看法，并总结出三年周期的波动规律。2007年，宋育锋被录取为厦门公务员，然而，他放弃了这个选择。看得出，他深爱这片土地。

## 第三节　政府对农业的支持

所谓无农不稳，农业是一个国家经济发展的根基。因此，党和政府一直高度重视农业的发展。新世纪，农业、农村、农民共同构成政府关注的"三农问题"。西河乡作为地方基层政府，一直努力贯彻党中央和国务院关于农业发展的精神，把农业放在工作中的重要位置。尽管农业在西河乡的产业结构中所占比重只有3%多一点，但正如西河乡党委书记王建龙所言：发展农业不能仅用3%的精力。多年来，西河乡政府通过服务兴农、科技兴农等措施，有力地推动了农业发展。近几年，伴随着城市反哺乡村、工业反哺农业进程的到来，西河乡在农业生产条件的改善和支农惠农上也大做文章。

### 一　服务兴农

1987年，西河乡认真贯彻中央5号文件精神提出的乡村合作经济组织均应承担生产服务职能、管理协调职能和资产积累职能，尤其是要为农户提供急需的生产服务要求。全乡普遍加强了服务型的地区性合作经济组织的建设。乡合作经济组织——乡联社，健全了一室三科七站，其中安全生产科、供销科、财务管理科为企业生产的管理机构；信息、科技、农机、畜禽、果菜、劳务、农经七个服务站为农业生产的服务机构。合作经济组织面向千家万户，采取灵活多样的服务方式，开展社会化服务，推动了农村经济的协调稳步发展。全乡在深化农村改革中，涌现出了一批像西沟、中寨、庄头等地区性合作经济组织搞得好的典型。西沟村合作经济组织服务机构成龙配套，服务方式灵活多样。既有生产服务，又有生活服务，范围广、效果好，受到省市领导的表扬。峪则村加强服务，完善黄梨生产的双层经营，使黄梨产量从上年的不足4000斤一下子恢复到7万斤。

1989年，西河乡继续推进农村各项改革。在继续稳定家庭联产承包经营的同时，进一步完善乡村两级合作经济服务组织，全乡17个合作经济组织的服务功能进一步加强，服务效果明显。为农户提供各类化肥 1200 吨，优种 16 万斤，农药 14 吨，地膜 9 吨，提供各种农具 4000 多件，加上其他服务，服务资金达到 20 万元。

1990 年，西河乡村 17 个合作经济组织共兴办服务实体 32 个，服务网络进一步配套，服务功能进一步完善，服务内容更加广泛。乡经联社设立三科七站，搞好"十统一"服务，各村都因地制宜地配备相应服务机构，提供社会化服务。一年来，乡村两级合作经济组织为群众供应化肥 1200 吨，农药 18 吨，地膜 10 吨，种子 15 万斤，服务总额 80 余万元。在山西省深化阳城县综合体制改革现场会上，西河乡介绍了完善双层经营、搞好社会化服务的经验，与会者实地参观后给予了高度评价。1990 年，西河乡的农业生产再上新台阶。尤其是棉花生产，克服重重困难，不仅确保了面积，而且保证了总产。全乡涌现出一批棉花高产典型，上李、阳邑、西沟三个村亩产皮棉超百斤。

1992 年，乡政府坚持服务兴农，进一步加强了乡村两级服务组织建设，依托乡村服务实体，提供了较好的产前、产中、产后等全程服务。

1993 年，西河乡为了更好地为农业服务，改革了服务机构，建设成贸工农一体化，产加销一条龙新体制。乡里将原经联社改为贸工农总公司。由乡长任总经理。分管农业和工业的副乡长任副总经理。总公司将下设的"一室三科七站"改为 8 个专业公司，即：工业、果品、蔬菜、蚕茧、农机、粮油、畜禽、水利公司。各村经济合作社改为贸工农分公司。在服务手段上，重点为农民提供产前信息服务，产中科技服务，产后加工、储运、销售服务。西丰、西沟、王曲等村都建起了粮棉油、果品等农村产品产后服务机构，引导农民按照市场需求组织生产，依靠科技发展生产，利用服务机构强化产品，加工产品增加收入。另外，还推行了股份合作制，增强服务实力，壮大集体经济，促进共同富裕。西沟村寓股份制与合作制为一体鼓励合作社社员向合作社入股。一人一股每股 50 元，全村共入 600 股，股金 3 万元。年底按照合作社上缴利润的一定比例进行分红，既扩大了服务资金，又扩大了集体经济。农民也从中得到了实惠。该年 8 月，西河乡的社会化服务工作在全省完善双层经营、健全服务体系汾阳经济交流会上，被授予"先进单位"称号。继 1991 年、1992 年两年连续被省体改委树为"红旗单位"后，1993 年西河乡又被县体改委作为红旗单位向省里做了推荐。

1994 年，西河乡积极适应市场经济需求，努力搞好社会化服务。在抓好产前信息、生产资料供应，产中科技指导服务的同时，强化产后加工储运销售服务。建立贸工农一体化、产加销一条龙的服务体系。树立大农业、大市场的观念，全面发展，多种经营。1994年蚕茧比上年增产800斤，遏制住了持续三年下滑的势头。西沟村的粮油产销服务，西丰村的果品加工销售服务，全乡的蚕茧、畜禽等各业服务都取得新的成绩。全乡1994年共为农民提供化肥、农药、种子、地膜、农机具等主要生产资料价值115万元，有力地加快了小康建设和发展和谐社会。

1995年，西河乡在完善社会化服务体系，搞好社会化服务方面，乡村两级进一步整顿了服务网络，充实了服务人员，增设了服务实体，扩大了服务范围，延伸了服务内容，变低层服务为高层服务，变零碎服务为专业化服务，各种服务日趋专业化，科学化、系列化、社会化。

## 二 科技兴农

党中央的十一届三中全会以后，中国农村大地出现了靠政策、靠科学致富的新形势。西河公社紧紧抓住这个新形势出现的新课题，在1981—1983年间，提出了"五个一"：培养人才靠一校：成立了农业技术学校，设有资料室。三年长期短期培训1050多人次，办了17期训练班。生产资料供应靠一站（供应站）：三年来为农民群众供应种子150多斤，农药10000多斤，地膜20多吨。技术指导靠一站（农科站）：全社五个技术人员加上公社管农业的领导，共签署合同800多份，面积达到10000多亩。科学实验靠一场（公社农场）：试验了集约经营一膜多盖，一种多用。棉花移植，试验了农科站自己培育的幅13新品种，为全社普及科学技术起了很多作用。技术推广靠百户：全社确定154户科技户，对这些户，坚持加大力度。

1987年，西河乡把农村经济的振兴建立在科技进步的基础上。在建设绣花农业中，推广了14种间作套作技术，推广了上李村农民原章善在土地上实行8种作物间作混种，亩产值达1580元的经验，全乡集约经营面积由过去的1000亩增加到5700亩，亩均经济效益由上年的120元增加到160元。通过地膜覆盖技术的进一步推广，覆盖面积由过去的几百亩增加到1500亩，其中棉田覆盖1100亩，覆盖地块普遍增产增收。尤其是保护地蔬菜生产基地的创建，达到市县同行业先进水平。1987年，全乡购回农用拖拉机10台，耕地机械30件，收割机16部，铺膜机2部，脱粒机8部，灌溉设备38件。农机管理工作受到县有关部门的表彰。

1988 年，西河乡推广科学技术，提高集约经营水平，稳定粮食基础，发展多种经营。西河农业逐步搭起了具有城郊农业特色的框架。1988 年，全乡推广 14 种集约经营方法，间作套种面积达到 6700 亩，地膜覆盖 500 亩。上李村利用小水滴灌推广集约经营技术，全村普遍增产增收，土地亩均产值由上年的 215 元提高到 240 元。保护地蔬菜生产的开发，为提高农业的社会效益开辟了新的途径。蔬菜品种增加到 21 种 48 个。此外，还引进山东大蒜、章丘大葱，均取得了较好的经济效益。西河的保护地蔬菜耕种，已经达到晋东南地区的第一流水平。在晋城市科技大会上，西河乡保护地蔬菜获得科技进步二等奖，受到市委市政府的表彰。果品、林牧、蚕桑、小平菇也有了新的发展。全乡先后购进拖拉机 51 台，悬挂翻转单铧犁 35 部，脱粒收割机 21 部，农用拖拉机达到 195 台，全乡农机总动力达到 7321 马力，农业生产基本形成了耕、播、收、运、打一条龙机械化作业。

1989 年，西河乡继续推进农业集约经营战略，推广 14 种集约种植方法，全乡间作套种面积达到 5800 亩，地膜覆盖 300 亩，把农业的发展建立在科技和投入的基础上。1989 年，继续狠抓保护地蔬菜生产基地的开发和管理，维修温室 21 座，大棚 37 个，总面积达到 150 亩。一年中先后购进拖拉机 40 台，悬挂翻转单铧犁 45 部，其他机耕犁 14 部，购进脱粒机 12 部。

1990 年，西河乡成立了科技开发研究中心，下设农科站。各村健全农科推广组建设，村里配备科技副村长，全乡各村民小组确定科技示范户 200 户，并且为 100 个科技示范重点户挂了牌匾。同时，在村里办好农民技术学校，在乡里办好农技推广简报，大力推广十项科学实用技术。比如，保护地生产技术，全乡发展面积达到 180 亩；优良品种技术，各种作物总面积达到 16590 亩；绣花田栽培技术，面积扩大到 6240 亩；地膜覆盖 1830 亩；桑树嫁接回缩技术；微肥施用技术，微肥推广总面积达到 8000 亩；高产模式化栽培技术，玉米、棉花模式化栽培面积达到 14700 亩。同时，西河乡加强了农业技术装备，购置了水准仪、经纬仪，装备了两台大型深耕机具，新安装的千亩滴灌也已经投入使用。为了进一步推广土地集约经营，搞好科技兴农，西河乡有关人员还到山东等地进行调研学习，引进了生姜间作技术，准备推广。

1991 年，西河乡政府坚持不懈地推广优良品种、配方施肥、集约种植、地膜覆盖、保护地蔬菜、节水型灌溉、桑树嫁接回缩技术等实用农业技术，使科技兴农在灾年显示出威力。中寨、上李两村试种生姜，亩均产值 1900

余元，为农业的发展闯出新路。

1992年，西河乡地膜覆盖面积达到1500亩，覆盖油菜近150亩，全乡"两高一优"农田面积达到6000多亩，发展桑园500亩。上李村引进培育4个小麦品种，最高亩产1300多斤。上李村引进的棉花优种1729、308在全县得到推广。

1993年，西河乡坚持不懈地抓好"双高一优"农业建设，推广万亩工程。其中6000亩示范工程，亩均产值达到700多元。上李村"双高一优"农田面积发展到600亩，占耕地总数的75%。1993年，西河乡坚持不懈地依靠科技进步，加强农业、发展农业、集约种植、保护地蔬菜生产、小水滴灌，以及农机化推广均取得成效。全乡水浇地面积发展到5000余亩，农机总动力达到1.2万马力、亩均0.6马力。农机管理经验被县主管部门推荐到市局。"双高一优"农田建设和小水滴灌被市委市政府树为"红旗单位"，6月省电视台对西河乡"双高一优"农业进行了经验报道。乡农技站被市农牧局评为先进单位，并推荐出席全省表彰会。夏粮生产被市委市政府授予"小麦生产科技服务先进单位"。

1994年，坚持科技兴农、治旱兴农、服务兴农，强化农业的基础地位。继续狠抓各种农业科学实用技术。

1995年，"五个一"工程取得明显成效。除了千亩蔬菜生产基地尚在建设外，一万亩"双高一优"农田，一千亩双千田，一千亩谷子矮88高产示范田，一千亩桑园建设圆满完成，获得明显的经济效益。农业推广工作持续升温。大灾之年，充分抓住全县"科技推广年"的良好机遇，把农业的稳定建立在科技进步的基础上。坚持不懈地推广集约种植，地膜覆盖、优良品种、小水滴灌、省力化养蚕、科学化养猪、养鸡等实用技术和新的科学技术，全乡地膜覆盖棉花1000亩，占棉田总面积的53%。春播复播和秋季小麦下种优种推广率达到80%。同时，乡里购进机播耧35部，农机化工作进一步得到加强。

1996年，科技兴农为农业发展提供了强大的动力支持。全乡推广地膜覆盖2300亩，其中棉花1500亩。优种推广率占到播种总面积的100%；集约种植面积达4000亩，其中双千亩1000亩。在小麦下种工作中，狠抓了科技措施的落实。12000亩小麦优种推广率达到100%。特别是狠抓了晋麦47的推广。同时，引进推广畜力精播机35台，机动精播机10台。而且，率先推广小型联合收割机。农机管理积极贯彻落实县市有关部门治理整顿精神，完成培训、审验、发证工作。

1997年，继续大力推广农业科技，推进全乡科技兴农。面对自然灾害，不断强化科技措施，着力推广了包衣种子、小麦优种，日本三樱椒、移动式喷灌、地膜覆盖、小麦全生育期覆盖，简易日光温室等一批农业科技项目。全乡优种推广率达100%。日本三樱椒在孙沟、中寨等村推广面积达300亩。以移动式喷灌为重点的节水灌溉项目在阳邑村大力推广。该村建成千亩灌溉节水区，引起县里关注。西沟村建成20亩蔬菜基地，全乡集约种植面积2000亩，建成"两高一优"农田3000亩。全乡小麦下种面积13000亩，其中精播覆盖面积5000亩。下种麦田以晋麦47号为主要品种，以晋麦31号为补充，全部实现了小麦优种化。

1998年，推广了一批农业技术和试验示范项目。农业的根本出路在于科技和教育。一年中，西河乡举办各类技术培训3000人次，发放农技简报12期，5000多份。全乡加大地膜覆盖、优良品种、保护地蔬菜、节水灌溉、配方施肥、模式化栽培、集约种植、病虫害综合防治等农业科技的推广力度。地膜覆盖总面积达到8000多亩，发展节水型灌溉面积200亩。推广玉米包衣种子4000亩，集约种植总面积达到12000亩。同时，引进了一批新的试验示范技术。如紫香糯红玉米、超甜玉米、美国保龄粮、微肥动力2003、红薯根保技术、豫薯7号、10号、张玉2号玉米、穴播小麦、测土施肥等，均取得了较好的效益。

1999年，围绕实施"科技兴农"战略，推广了一批实用科技。共举办各类培训12期次，受教育人数达到5000余人次，印发科技推广简报6100多份，加大了地膜覆盖、优良品种、大棚养蚕等农业科技推广力度。

2000年，把科技兴农作为实施科教兴乡战略的重要组成部分和强化农业基础地位的有效途径，以地膜覆盖、集约种植等一批实用技术得到进一步推广，产生了良好的社会经济效益，尤其是引进推广的美国油葵种植面积达3000亩，总产达到33万公斤。

### 三 农业生产条件的改善和抗旱救灾

1987年，西河乡把农田水利基本建设当做振兴农业的一项基础性工程来抓，新发展"节水型"水浇地100亩，全年进行了割青沤肥、秸秆还田、冬季积肥三次大的积肥运动。进行了机深耕大会战，开展了较大规模的农田水利建设。

1988 年，西河乡大力加强了农业装备，大积大沤农家肥料，并积极开展农田水利建设。

1989 年，全乡完成普耕 7830 亩，其中深耕 5000 亩，人工深翻 3000 亩，渠田壮堡 2000 亩，建设"三保田"5000 亩，其中改造三类田 1900 亩，积沤肥料 47 万担，修剪管理桑树 60 万株，建设果园 2750 亩，林业予整地 350 亩，垦复土地 48 亩，恢复配套水利工程 8 处，改善恢复水地 500 亩。这些为农业发展和粮食丰收增强了后劲。

1990 年，为了通过制度化建设推动农业生产条件的改善，西河乡政府健全完善了三项农业制度：第一是农业发展基金制度，乡里从五个渠道筹集，各村从三个渠道筹集，一共筹集农业发展基金 22 万元。第二是农建积累工制度，全乡每个劳动力一年向农田水利投工 20 个，全乡共计 8 万个。第三是农业生产底垫金制度。乡给村底垫，村给户底垫，分级底垫，逐级结算。全乡共拿出 50 万元资金作农业生产底垫金。

1995 年，西河乡着力治旱兴农，把灾害损失减小到最低程度。1994 年冬天无雪，1995 年春天无雨。夏季干旱持续蔓延。可以说，1995 年西河乡一直遭受自然灾害的困扰。在这种情况下，西河乡确立了治旱兴农思想，实施政策兴农，科技兴农，服务兴农，多管齐下，充分发挥人的主观能动性，积极开展了抗旱保麦，抗旱保复播，抗旱保丰收工作。努力减少自然灾害带来的损失，在历史罕见的极大灾害面前，农业总产值完成 700 万元，占计划的 70%。从连年的大旱中更加清醒地认识到抓紧改善农业生产条件的重要性，加强农业装备的紧迫性。1995 年，共投资 35 万元，投工 40000 个，完成小低产田改造 3000 亩，修复修建以节水型为重点的农水工程 10 处，改善水浇地 1500 亩，建设"双高一优"农田 3000 亩，其中日光大棚蔬菜 8 栋，开发土地 20 亩，完成果园建设 3000 亩。

1997 年，面对春旱，积极开展了春季"一抗双保"，抓好春播下种，夺取夏粮丰收。全乡完成春播面积 7590 亩，其中棉花下种面积 2700 亩，覆盖棉田 1500 亩。精心组织了抗灾自救，认真抓好秋季小麦下种工作。首先是狠抓了生产资料的服务工作，做到了农用物资提前到位，其次是小麦面积落实。再次是强化科技手段。全乡先后投资 20 多万元，购进地膜 13 吨，购进小麦精播覆盖机具 97 台部。最后是加强监督和技术服务、机关干部深入各村农田包技术、包服务，确保下种任务保质保量地完成。同时，坚持不懈地改善农业生产条件，提高农业的防御能力。

1999 年，围绕灾年减产不减收，采取了"五补"措施弥补农民收入。在前半年粮食减产的情况下，乡政府及时采取了以秋补夏，扩大玉米种植面积；以工补农，组织劳务输出；以养补夏等补救措施[①]，挽回了自然灾害造成的部分损失。同时，狠抓冬季农田水利建设。投工 14 万个，投资 103 万元，动用土石方 15 万方，恢复配套水利设施 3 处，新打深井一眼，整修河坝 240 米，改造中低产田 3000 亩，复垦、开发土地 101.7 亩。

2003 年，抓住西河乡被列入阳城县实施国家级生态环境综合治理重点县6 个乡镇之一的好机遇，乡政府出台了实施意见，对县里下达的 4 大项 15 个工程项目层层分解落实。经过全乡的共同努力，15 个工程项目全部完成。这些项目的实施和完成有助于改善全乡的生态环境和农业生产条件，增强了抗旱救灾的后劲。

专栏 3－7　　　　　西河乡崔凹村填沟造地确保粮食安全

西河村崔凹村位于阳城县城西十公里处，交通十分便利。全村有 297户，799 口人，耕地 736 亩。

由于该村地处山坪脚下的半山坡，土地质量较差，近年来，由于退耕还林、自然灾害、交通道路等建设用地，使该村耕地逐年减少，特别是 2007年以来，随着阳翼高速公路的开工建设，占用该村耕地 50 余亩，造成了耕地远远不能满足本村粮食安全的紧张局面。

为了从根本上解决这个问题，近年来，村党支部、村委会将农田水利基本建设作为建设社会主义新农村的重点规划项目。特别是 2008 年以来，该村利用西煤公司的建设废渣和乡政府对面施工建设出土的机遇，将本村的黄沟和林沟填平来增加土地，目前这项工程仍在进行中，整个工程预计动用土石方 20 余万方，投资 240 余万元。此项工程完工后，不仅可缓解该村的土地紧张问题，同时对保护水土流失，改变村容村貌，优化该村的人居环境起到了十分重要的作用。

资料来源：http：//www.jcwater.gov.cn/news.aspx？id=143。

### 四　支农惠农：补贴和奖励

1987 年，西河乡共为农业投资 68 万元，其中以工补农资金 20 万元。

---

① 指的是用养殖业的收入来弥补自然灾害对夏粮的影响。

1988年，西河乡为农业共投入资金53万元，其中以工补农资金6万元。20世纪90年代以来，西河乡对于农民负担给予了关注。1999年，为了防治乱收费，乡里统一印发了农民负担卡，并把这些负担卡发放到农民手中。严格执行提留规定，不能私自提高农民所缴纳的提留水平。同时，建立举报电话和信箱，强化群众监督，让农民负担统筹费控制在1.4%以内，这些举措在全市检查和全省抽查中均受到好评和认可。

新世纪以来，为了贯彻党中央和国务院的一系列支农惠农政策，利用本地集体经济发展良好的有利条件，进一步加强了支农惠农的力度。2004年，减免农业税达15.4万元，发放粮食直补金14万元，退耕还林补贴18万元。2005年，减免农业税达15.4万元，发放粮食直补金15.53万元，退耕还林补贴18万元。这些惠农政策的落实，充分保护和调动了农民种粮的积极性。粮食总产量达到5492.41吨，亩产达到355公斤。2006年，全乡投入绿化工程资金400万元；"农字一号"新能源扶持资金300万元；劳动力就业培训资金3万元；发放各类农机具补贴资金3万元；发放粮食直补款53万元。2007年，全乡投入绿化工程资金400万元，"农字一号"新能源扶持资金300万元，劳动力就业培训资金3万元，发放各类农机具补贴资金3万元，发放粮食直补款53万元。同时，实施了蚕桑富民工程，乡里出台扶持奖励政策，共发放扶持奖励基金14万元。支农惠农政策的全面落实，让农民种地的积极性大幅提高，也有利于社会稳定和经济发展。以工补农力度的加大，也让西河乡的农业生产条件日益改善。

2003年，小麦良种补贴是10元/亩，补贴的面积是1856.01亩，补贴金额为18560.1元。小麦补助是10元/亩，补助面积6339.42亩，补助金额为63394.2元。2004年，春播玉米补助标准是5元/亩，补助面积6932.74亩，补助金额为34663.7元。复播玉米补助标准同样是5元/亩，补助面积4688.57亩，补助金额为23442.85元。2005年，春谷、春玉米、茬谷、茬玉米的粮食直补标准都是5元/亩，补助的面积分别是1734.8亩、5706.6亩、382亩、6568.6亩，补助金额分别为8674元、28533元、1910元、32843元。小麦的良种补贴是10元/亩，粮食直补是10元/亩，补贴面积分别为951.25亩和7390.8亩，补贴金额分别为9512.5元和73908元。

2007 年，西河乡退耕还林面积达到 1080.61 亩，共发放补助 183703.7 元，其中医疗补助 21612.2 元，粮食补助 162091.5 元，发放给 79 户退耕户。不同行政村的退耕面积不同，宋王、郭河退耕面积较多，分别占 35% 和 27%。而崔凹、阳邑和西沟则分别占 19%、10% 和 9%。2007 年，西河乡新建桑园补助 76290 元（特山一号：补助 13350 元；丰田二号：补助 19920 元；农桑：补助 43020 元），养蚕大棚补助 15600 元（移动式：补助 3600 元；固定式：补助 12000 元），蚕种补助 2891 元（10 张以上：补助 820 元；10 张以下：补助 2071 元），方格蔟补助 14793.9 元。所有补助一共是 109574.9 元。其中，陕庄补助最多，为 64681 元，其次是北任村和上李村，分别补助 16861.25 元和 12542.5 元。2006 年和 2007 年西河乡的粮食直接补贴情况见表 3 - 7。

表 3 - 7          2006 年和 2007 年西河乡粮食直补情况

| 品种 ＼ 年份 | | 2006 | 2007 |
|---|---|---|---|
| 小麦 | 每亩补贴金额（元/亩） | 10（粮食直补）＋ 10（综合直补） | 30 |
| | 面积（亩） | 6956.03 | 6270.6 |
| | 总金额（元） | 139120.6 | 188118 |
| 玉米 | 每亩补贴金额（元/亩） | 5（粮食直补）＋ 7（综合直补） | 19 |
| | 面积（亩） | 12378.2 | 13292.93 |
| | 总金额（元） | 148538.4 | 252565.7 |
| 谷子 | 每亩补贴金额（元/亩） | 5（粮食直补）＋ 7（综合直补） | 15 |
| | 面积（亩） | 1958 | 1613.01 |
| | 总金额（元） | 23496 | 24195.15 |
| 杂粮 | 每亩补贴金额（元/亩） | 5（综合直补） | 15 |
| | 面积（亩） | 920 | 375.4 |
| | 总金额（元） | 4600 | 5631 |

资料来源：西河乡经管科。

2008 年，西河乡支农惠农的措施进一步加大，共发放各类农机具补贴资金 6 万元；发放粮食直补款 95 万元；发放退耕还林款 17 万元。从 2004 年到 2008 年，西河乡的粮食直补金增长了 6 倍多，见图 3 – 19。

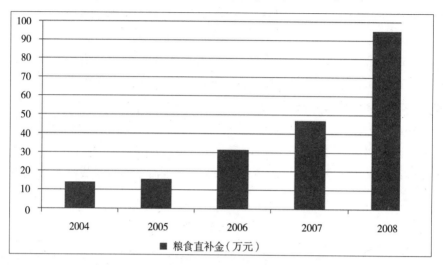

**图 3 – 19　2004—2008 年西河乡粮食直补金的变化**

资料来源：西河乡经管科。

　　为了深入贯彻中央一号文件精神，加快农民增收的步伐，进一步推动西河乡农村产业结构调整向规模化、产业化和效益型、质量型健康发展，本着鼓励先进、以工补农、以财促农、推动发展的方针，坚持优先发展、重点扶持的工作思路，着力提高调产标准和水平，为努力做好农村稳定、农业增效、农民增收目标打下坚实的基础，2005 年，西河乡制定了促进农业调产的资金奖励办法。奖励对象和范围是在农业生产结构调整中具有特色，并形成一定的生产规模，产生较好的经济效益，得到有关部门认可或在当地产生影响力的村或种植养殖经营户。奖励年限为 2005 年 1 月至 2008 年 12 月。具体奖励办法如下。

　　第一，种植业。农户经营优质干果经济林在 100 亩以上（承包经营合同必须经乡经管站签证）或农户承包经营土地在 100 亩以上（承包经营合同必须经乡经管站签证），且产生较好的效益和影响力的给予经营户一次性奖励每百亩 0.5 万元。蔬菜生产：以村为单位新建温室大棚（300 平方米以上）10 栋以上，奖励村 2 万元，奖励个体经营户每栋 3000 元。林业育苗：繁育苗木 10 亩以上，具有优良品种特性，适宜本乡本土推广发展的，给予一次性奖励每 10 亩 0.5 万元。

第二，养殖业。养猪园区：积极支持以村为单位创办养殖园区，入园户在5户以上，年出栏三元或双杂交商品育肥猪5000头以上（以检疫证为准）一次性奖励园区创办单位5万元；入园户在8户以上，年出栏三元或双杂交商品育肥猪10000头以上（以检疫证为准）一次性奖励园区创办单位10万元。规模养猪户：入园养殖户饲养二杂母猪50头以上，年出栏三元或双杂交商品猪1000头以上（以检疫证为准）给予养殖户一次性奖励0.5万元，饲养二杂母猪100头以上，年出栏三元或双杂交商品育肥猪2000头以上（以检疫证为准）给予一次性奖励1万元。非入园养殖户饲养二杂母猪100头以上，年出栏三元或双杂交商品育肥猪2000头（以检疫证为准）给予养殖户一次性奖励1万元。养牛园区：入园养殖户在5户以上，年出栏肉牛（400千克）500头以上，一次性奖励园区5万元。规模养牛户：优质肉牛繁殖场存栏能繁母牛100头以上，有规范化牛舍，有相应的饲草饲料加工储藏设施，实行优质肉牛改良的，给予一次性奖励5万元。规模养鸡户：蛋鸡存栏在5000只以上且设施规范，鸡舍固定，合理实施排污处理的，给予一次性奖励0.5万元。

第三，蚕桑。农户新建优质桑园（陕桑305）10亩以上并实施大棚养蚕的给予一次性奖励0.3万元；新建优质桑园（陕桑305）20亩以上并实施大棚养蚕的给予一次性奖励0.6万元。

这些办法促进了西河乡的以工补农和以财促农，保证了农业产业结构的调整。

2006年，为进一步推动西河乡蚕桑生产的专业化、规模化、产业化，实现优桑、优种、优茧和省力化的"三省一优"，旱地变水地、稀植变密植、劣种变良种的"三变"，培育大村、大户、使之成为西河乡农业产业结构调整、解决农民、企业下岗工人再就业、促进农民增收的新亮点，结合西河乡实际和全国实施"东桑西移"的战略举措，决定对新发展栽桑养蚕实行如下扶持办法。

第一，新建桑园。包括当年新栽桑园100亩以上的村；栽桑5亩以上的专业大户；栽植密度为水地每亩1500株以上、旱地每亩1000—1200株以上的，符合上述标准，成活率在90%以上，栽植陕桑305，特山一号优良品种的每亩补助300元，栽植农桑系列新品种的每亩补助200元。

第二，养蚕大棚。当年新购置1栋简易活动标准大棚（大棚长8米，宽3.5米）并用于养蚕的，每栋补助200元。当年新建1栋固定式大棚（230

平方米以上），并用于养蚕的，每栋补助 3000 元。

第三，蚕种补助。凡一年养蚕 10 张以下（包括 10 张），每张补助 5 元，10 张以上专业大户每张补助 10 元。

第四，蔟具补助。新购置并使用纸板方格蔟的养蚕户，按蔟片购买价格的 50% 予以补助。

第五，节水灌溉桑园。凡配套实施节水灌溉的桑园，每亩补助水利设施款 300 元。

以上办法有力地促进了蚕桑事业的发展。

2009 年，为了进一步深化农业产业结构调整，加快农民增收步伐，西河乡出台了《促进农业调产资金奖励扶持办法》。具体奖励办法如下：

第一，农民专业合作社。乡政府对作用发挥好，符合示范工程标准，在县工商局注册、农业局备案的农民专业合作社，奖现金 2000 元。

第二，农业园区。农业园区建设：达到水、电、路通，排污处理措施得当，景观绿化适宜，仓储、圈舍规划合理，技术指标先进，防疫、组织管理到位的，以村为单位，年出栏 5000 头以上的养猪园区，给予建园单位 10 万元的扶持奖励；年出栏万头以上的养猪园区，给予建园单位 20 万元的扶持奖励；年存栏 10 万只以上的蛋鸡园区，给予建园单位 10 万元的扶持奖励；新建高标准蔬菜温室大棚 20 栋以上（每栋 400 平方米），给予建园单位 20 万元的扶持奖励。

第三，规模种养殖户。1. 种植业。奖励标准：（1）农户经营优质干、水果经济林或特色农产品在 100 亩以上，且产生较好的效益和影响力，给予经营户一次性奖励每亩 50 元。（2）以村为单位新建高标准蔬菜温室大棚 10 栋以上（每栋 400 平方米），每栋补助 5000 元；引进智能化、设施化的高标准蔬菜大棚，按投资的 10% 给予补助。（3）农户发展桑园 10 亩以上，补助苗木价格的 50%；新增固定式大棚且实施一棚（每栋 240 平方米以上）两用（种菜、种菇）的每栋补助 3000 元。

2. 养殖业。养猪奖励标准：（1）年终存栏能繁母猪达到户均一头的村，奖励所在村委现金 5000 元（户以上年底派出所统计户为准）。（2）养殖户当年新建规模养猪场，能繁母猪达到 10 头以上，存栏达到 100 头，出栏达到 150 头，奖现金 5000 元。（3）养殖户新增能繁母猪 10 头以上，存栏达到 300 头，出栏达到 400 头，奖现金 2000 元。（4）养殖户新增能繁母猪 20 头以上，存栏达到 500 头，出栏达到 600 头，奖现金 4000 元。（5）养殖户新增能繁母猪 30 头以上，存栏达到 800 头，出栏达到 1000 头以上，奖现金 6000 元。

养牛奖励标准：（1）当年新发展 10 头以上、30 头以下的能繁母牛规模养牛场，有规范的牛舍和相应的青储及饲草加工设施，实行优良品种改良和程序化免疫的，给予养殖户补助 5000 元。（2）当年新增能繁母牛 5 头，存栏达到 30 头以上，出栏达到 10 头以上，奖励养殖户 2000 元。

养鸡奖励标准：（1）当年新建规模养鸡场，存栏鸡达到 2000 只以上，奖励养殖户现金 2000 元。（2）新增存栏鸡达到 3000 只以上，出栏达到 2000 只，奖励养殖户现金 2000 元。（3）新增存栏鸡 5000 只以上，出栏 4000 只，奖励养殖户现金 3000 元。

3. 特种养殖业。农户经营特种养殖，在上级有关部门认证许可的前提下，能够起到示范带动作用，且经济对比效应可观的，视情况给予经营户适当补助奖励。

总之，按照统筹城乡经济社会发展，构建和谐社会目标的总要求，西河乡继续坚持"多予、少取、放活"的方针，深化农村改革，强化对农业的支持保护，进一步完善对种粮农民的各项补贴措施。在长期稳定以家庭承包经营和统分结合的双层经营体制基础上，鼓励农民在不改变土地使用性质的前提下，按照"依法、自愿、有偿"的原则流转土地承包经营权，逐步发展适度的规模经营，乡里也将对种植粮田 100 亩以上和种植经济林 100 亩以上的种植大户给予一定的资金补助；在畜牧养殖业方面，乡政府也制定了一系列优惠措施，加大对规模养殖户的扶持力度，以规模养殖为目标，规划建设千头养牛场，万头养猪场，十万只养鸡场，并依托华强屠宰厂这一畜产品加工龙头企业带动西河乡畜禽养殖上规模、上档次。对各类养殖大户和畜产品加工企业分别达到一定规模的，将给予一定的资金扶持。乡信用社也为各类规模种养殖户优先提供贷款，支持西河的种养殖业迅速发展壮大，使之成为带动农民增收的新途径。

# 第四章

# 第二产业的发展与转型

西河乡位于山西省境内的煤田覆盖区域内，由于地理位置和资源禀赋的特殊性，其第二产业从其起步之日起，就以煤炭工业为支柱产业。煤炭工业发展的好与坏、快与慢，关乎西河整个乡级经济的兴与衰。同时，西河的煤炭产业，又是在集体所有制的基础上发展起来的，集体经济的绝对优势和私营经济的不发达，既是西河经济历史发展的结果，也是未来西河经济改革与发展的基点。

## 第一节　第二产业发展概况

西河乡第二产业出现较早，人民公社时期就开办了开采煤炭的社队企业。改革开放初期，第二产业开始起步，主要从事煤炭生产。20 世纪 80 年代到 90 年代，以煤炭企业为主的第二产业发展曲折。2000 年经过整合后，第二产业的发展进入快车道。为改变单一煤炭经济格局，乡政府开始调整产业结构，发展地面企业。目前，虽然第二产业结构调整已初见成效，但仍然面临不少困难。

### 一　第二产业的起步

山西多产煤，其煤炭储量占全国三分之一。西河濒临山西东南省界，毗邻河南焦作。西河乡面积只有 38.4 平方公里，地域不是很大，但其煤炭蕴藏量却非常丰富。据勘测，截至 2009 年 8 月，西河全乡煤矿井田面积 8.5473 平方公里，煤炭保有储量亦有 2700 多万吨之多。西河第二产业就是依托当地丰富的煤炭资源发展起来的。

由于境内多山，交通不便，加之人多地少矛盾突出，所以为了解决吃饭就业问题，西河第二产业早在人民公社时期就已经发展起来，但那时企业的形式主要限于煤矿企业，也有零星的村办小型企业等，如砖厂、陶瓷厂等。由于当初这些社办、村办企业都是公社和大队用集体资金建设的，这种所有制模式也对今天西河的乡镇企业发展模式产生了深远的历史影响，"路径依赖"特征显著。在计划经济体制下，公社一级将煤炭发展作为一项产业，而大队则主要作为副业。到改革开放前后，西河公社比较著名的企业有上甲煤矿、下甲煤矿、裕则煤矿、日用陶瓷厂等。改革开放前西河社队企业发展情况如表4－1所示。

表4－1　　　20世纪70年代末期西沟公社企业情况表　　　　单位：万元

| 年份 | 公社办的企业 | | | 大队办的企业 | | |
|---|---|---|---|---|---|---|
| | 企业数量（个） | 企业收入 | 企业固定资产总值 | 企业数量（个） | 企业收入 | 企业固定资产总值 |
| 1978 | 8 | 57.80 | 30.24 | 50 | 74.57 | 131.37 |
| 1979 | 7 | 65.37 | 26.57 | 56 | 87.33 | 147.55 |

资料来源：阳城县历年统计年鉴。

20世纪80年代，改革开放的政策全面铺开，全国经济特别是沿海地区经济快速发展。此时，由于受历史因素和内陆地区产业结构和基础设施的限制，西河乡基础产业——农业，囿于山多地少的客观原因未能实现大踏步地快速发展。虽然当时在西河第二产业中，形成了以煤炭为支柱的产业发展模式，但由于煤炭严重依赖买方市场，而市场环境和商业信用又非充分发展，市场机制远未健全，在此宏观经济背景下，西河第二产业尚处于起步阶段，未能实现异军突起。所以，在全国经济发展较快的八九十年代，西河其乡域经济一直处于平稳但发展不快的一种状态。

## 二　第二产业的曲折发展

进入20世纪90年代，在邓小平"南方谈话"和中共十四大精神的影响下，中国经济进入了一个新的发展时期。除去煤炭经济快速发展以外，西河乡抢抓时机，提出"一矿带一厂，一村办一企"的口号，大干快上了一批项目。但由于项目仓促上马，属于"大轰大嗡"，并没有经过充分的市场调研和严密的科学论证，所以这批企业注定命途多舛。其中的一些企业还在建设过程中，就因为各种条件的变化无疾而终。即使坚持下来的企业也大多半死不活。2000年以后，最终没有一个企业能站稳脚跟并发展壮大起来。

表4-2　　　　　　20世纪90年代西河乡乡镇企业发展情况表

| 年份 | 原煤（万吨） | 生铁（万吨） | 青砖（万块） | 预制件（m³） |
|---|---|---|---|---|
| 1990 | 40.45 | 0.37 | 2400 | — |
| 1991 | 45.72 | 0.32 | 3500 | — |
| 1993 | 47.1 | 0.39 | — | — |
| 1994 | 48.2 | 0.31 | — | — |
| 1997 | 46.9 | 0.40 | — | — |
| 1999 | 45.0 | 0.61 | 3520 | 2700 |
| 2000 | 50.0 | 0.48 | 3500 | 6300 |

资料来源：西河乡政府历年工作报告。

在中共中央确立了社会主义市场经济目标取向以后，国内经济进入新一轮增长周期。经济的快速扩张，带动了对能源和原材料的巨大需求，以煤炭为支柱产业的西河乡级经济也由此快速发展起来。

但是，1997年前后经济情况又出现了变化。1997年席卷亚洲的金融危机虽然没有对中国实体经济造成特别严重的冲击，但其灾难性的后果促使中国政府领导人下定加快国企改革步伐的决心。同时，国内买方市场的出现、暂时的市场疲软、产业结构的调整，加之国家宏观政策层面要治理市场秩序，调整经济结构，几种因素的叠加和综合，促使国家迫切改变以往粗放型的资源管理政策。为了改善经济结构，整顿市场秩序，国家对属于先行工业的煤炭行业进行了整顿，特别是对部分小煤窑，实行关井压产的政策。这样一来，西河乡的煤炭经济受到了影响。

1999年，是西河乡企业创业史上最为艰难的一年。当时国家实行关井压产政策，限制小煤窑和煤炭产量总量的控制。面对国家所下达的削减产量的任务，阳城县政府所采取的政策，从总体上来讲，是先二轻系统所属煤矿后乡镇所属煤矿。也就是说，尽量保证县第二轻工业局所属的煤炭企业的生产，而压缩乡镇所属企业的煤炭产量。阳城县实行关井压产政策后，分配给西河乡的煤炭生产指标只有10万吨，不及上年产量的1/5，砍掉近4/5。这对以煤炭为支柱产业的西河乡来说，是一次严峻的考验。

挑战与机遇并存。针对当时客观的经济环境和政策环境，西河乡借助这次煤炭生产企业调整的机会，下大力气进行改革。一是减员增效。减少地面非生产人员，充实生产第一线。对于快到离退休年龄的职工，办理离退休手续。二是开辟新的市场。既然煤炭产量被紧紧的卡死，那么就在产品的深加工上下工夫。西河乡适应市场需求，创办了煤球加工厂。三是添置了筛选设备，提高了炭块率。四是千方百计抓销路，充分利用铁路的优势，在严峻的市场竞争条件下，做到生产多少，就销售多少，库存无积压。五是抓了生产成本管理，降低原材料的消耗，各矿、班组实行消耗定额管理，使生产成本明显下降。六是在开源节流上做文章。在原材料采购方面，货比三家，比价格、比质量、比服务；在控制非生产性开支方面，控制出差补助、电话费、小车费用、医药费用，特别是控制招待费，仅此一项就比上年节约十多万元。七是加强财务审计工作。定期召开矿长、会计例会，进行财务分析，成本核算，并通报情况，相互监督。经过多方面的努力，西河乡将经济增长的负面影响降到了最低。

就在第二产业艰难度日之时，煤炭行业又一次遇到考验。2001年6月13日，国务院办公厅发出紧急通知，决定所有乡镇煤矿（含国有煤矿以外的各类小煤矿）一律停产整顿，并要求立即执行。这对西河而言，又是一次严峻的煎熬。这次停产整顿前后共计四到五个月的时间。除去集体经济的损失不算，单就职工损失就苦不堪言。全乡1600多工人，再加上其他从事煤炭运输、服务的相关从业人员，总数接近两千人，而全乡人口不过14000多人，波及人数几近占了全乡总人口的1/7。这对西河经济的影响非常大。这一时期，在20世纪90年代初期发展起来的一些企业，由于经营不善，也相继陷入困境。虽有个别私营工业企业创业和发展，但无论是在吸纳就业人数还是在产值方面，都不能起到很重要的作用。这一时期第二产业情况如表4－3所示。

表 4 - 3　　　　　　　　西河乡工业情况统计表　　　　　　单位：个，万元

| 年份 | 工业企业个数 | | 工业企业职工人数 | | 工业产值 | | 工业增加值 | |
|---|---|---|---|---|---|---|---|---|
| | 集体 | 私营 | 集体 | 私营 | 集体 | 私营 | 集体 | 私营 |
| 1997 | — | — | — | — | 8772 | 0 | 2100 | 0 |
| 1998 | 27 | 1 | 2027 | 30 | 8390 | 1400 | 2394 | 606 |
| 1999 | 23 | 3 | 2050 | 90 | — | — | 2625 | 643 |
| 2000 | 21 | 2 | 2000 | 60 | 7320 | 280 | 2182 | 18 |
| 2001 | 20 | 2 | 1870 | 150 | 6350 | 1300 | 2120 | 63 |

资料来源：阳城县历年统计年鉴。

### 三　第二产业的快速发展与结构调整

自煤矿整顿以后，西河经济的发展驶入了快车道。因为全国范围内小煤矿的停产与整顿，使得一段时期内全国煤炭产量、市场供应量相对减少；同时，中国国内市场经济的迅速发展，对能源需求越来越大，促使能源价格，也包括煤炭的价格迅速上涨。经过整顿后的西河乡煤炭产能，得到显著加强。从 2002 年开始，煤炭价格又持续上涨，这两方面的因素，将以煤炭为支柱产业的西河经济，推进到一个迅速发展的新阶段。

2002—2006 年，西河乡的工业产值以每年 30% 左右的速度递增。到 2007 年，虽然由于西河 5 个矿井中的 2 个处于整合和建设时期，影响了产能，但仍比 2006 年增加了 10% 左右。表 4 - 4 显示了西河乡第二产业迅速发展的情况。

西河的经济虽然迅速发展起来了，但"靠煤吃饭"的资源禀赋刚性制约，以及西河乡产业结构单一的现实，使得西河经济摆脱不了"单打一"，"靠政策吃饭"的窘境。所以，在以煤炭为支柱的集体经济迅速发展，有了一定的资本积累和财力保障后，西河乡政府将调整产业结构、促进劳动就业等工作提上议事日程。2002 年中共十六大以后，从中央政府到地方政府，力求践行科学发展观，以人为本，实现经济与社会的可持续发展。这一指导思想，促使西河乡政府在全国乡镇煤矿企业整顿以后，重点抓了三方面的工作。

表 4 - 4　　　　　2000—2008 年西河乡第二产业发展情况表　　　　单位：万元,%

| 年份 | 第二产业社会生产总值 | 比上年增幅 | 工业产值 | 比上年增幅 | 建筑业产值 | 比上年增幅 |
|---|---|---|---|---|---|---|
| 2000 | 18030 | — | 12440 | — | 5590 | — |
| 2002 | 13555 | 21 | 9948 | 35 | 3607 | - 6 |
| 2003 | 17145 | 26 | 13161 | 32 | 3984 | 10 |
| 2004 | 20810 | 21 | 16642 | 26 | 4168 | 5 |
| 2005 | 26750 | 29 | 22036 | 32 | 4714 | 13 |
| 2006 | 31484 | 18 | 25479 | 16 | 6005 | 27 |
| 2007 | 36780 | 17 | 30293 | 19 | 6487 | 8 |
| 2008 | 60638 | 65 | 54122 | 79 | 6515 | 0.4 |

资料来源：西河乡统计科汇编的相关统计资料。

一是抓了煤炭生产。2004 年，西河乡煤炭企业始终坚持"一手抓投入，一手抓培训"，两手抓，两手硬。全乡 6 个煤炭企业累计投入 1800 余万元完成双回路供电工程，投资 1400 余万元，改造了矿井上下的安全生产设施；投资 390 余万元，重点治理了工业污染，使西河的煤炭生产环境大为改观。此外，2004 年，西河乡全年累计培训煤炭企业干部职工 3000 余人次，处罚违章职工 50 余人次，确保了在 2003 年煤炭企业在停产 2 个多月的不利情况下，产量达到 70 万吨，创历史最高水平。

二是抓紧了招商引资的工作。按照工作计划，从 2003 年开始，西河乡政府采取"借鸡下蛋"的办法，下大力气开展招商引资，积极与外商、沿海地区商家合作，力图兴建几个大中型地面企业。西河乡政府提出与实施调整产业结构的构想时，恰逢阳城县政府努力投资建设陶瓷工业园区的机遇。西河乡政府通过组织人员去北京、广东进行考察和各方面的努力，最终在 2004 年与广东佛山彭曙光先生签订了合作协议，投资 2500 万元建成了第一条建筑陶瓷生产线，并创下了当年建厂、当年投产、当年见效的业绩。

三是积极拓宽就业渠道。随着国家宏观紧缩政策和对煤炭生产的严格管理，企业在招募职工方面要求的素质越来越高。同时，科技的进步和设备的改善，对工人素质的要求也越来越高，对工人数量的需求却相对减少。煤矿企业的数目又在不断减少。如何吸纳富裕的劳动力，促进农民增收，成为西河乡政府必须认真对待的一个问题。

2004 年，西河乡投资 200 万元建成的型煤生产线投入生产，年可实现转化末煤 3 万—5 万吨。当年还为一中分校承担了 1800 万元的后勤设施工程，工程完成后西河乡组建了一中后勤服务中心，不仅每年有稳定的投资回报，还可安置本乡一定数量的剩余劳动力就业。就业渠道的拓宽，打破了西河单纯"靠掏煤搞副业"的局面。

2005 年，是西河乡煤炭经济快速发展的一年。这一年全乡完成原煤产量 76.09 万吨，占年计划的 94%，占上年统计的 109%；煤炭产业完成现价产值 24185 万元，占年计划的 85%，占上年同期的 138%；煤炭产业完成总收入 24079 万元，占年计划的 85%，占上年同期的 146%，同比增长 46%，实现利税 7578 万元。陶瓷行业完成内墙砖 200 余万平方米，完成建筑陶瓷产值 2000 余万元，完成总收入 1700 余万元。全乡煤炭产业、建筑陶瓷产业共完成总产值 2.65 亿元，完成总收入 2.59 亿元，实现利税 7978.5 万元。

2006 年，在煤炭企业面临严峻形势，全县煤炭产量大幅度减少的情况下，西河全乡各项经济指标保持了持续增长的发展态势。2006 年，完成了煤炭、建瓷工业总产值 3.15 亿元，同比增长 12%；完成总收入 3.03 亿元，同比增长 10%。企业服务中心所属企业增加值完成 5620 万元，实现利税 9506 万元，同比增长 8.5%。其中，煤炭产业全年完成原煤产量 72 万吨，工业总产值达 2.63 亿元，总收入达 2.61 亿元，实现利税 8831 万元。新天地陶瓷有限公司完成产量 450 万平方米，产值为 4928 万元，收入达 4185 万元，实现利税 670 万元。

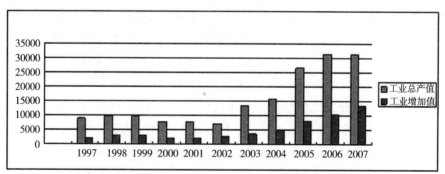

**图 4-1 西河乡工业生产情况表（单位：万元）**

资料来源：阳城县历年统计年鉴。

煤炭是西河乡的主导产业，是其经济打基础、搞建设、抓改革和发展各项社会事业的主要财源。面对国家逐步缩减和关闭小型煤炭企业的严峻形势，2006 年西河乡根据县委、县政府的有关指示，科学、合理推进煤炭资源整合工作，加快煤炭行业节能降耗。为把煤炭企业"做大、做强、做精、做长"，采取了四方面措施。

一是根据县委、县政府关于煤炭企业改革的实施意见，对全乡 5 个煤矿全部进行了股份制改革，明确了企业产权，规范了企业管理。

二是在 2005 年关闭 3 个煤矿的基础上，又关闭孔坪一号井和上李煤矿。

三是狠抓了煤炭安全管理，使全乡煤矿实现了全年安全生产无事故的目标。

四是动员全乡上下各方面力量，筹集资金 6241.625 万元，按时上缴了国家的煤炭资源价款，确保了该乡煤炭生产的正常运行。

2007 年，西河乡加快了煤炭资源整合力度，力促煤炭企业增产增效。在保证安全、高效的前提下，西河乡政府狠抓煤矿成本销售及现场管理，在煤矿企业数目日趋减少的情况下，确保全年煤炭产量保持持续增长的发展态势。西河乡政府实施煤炭翻番工程，狠抓产业提升、安全生产、经营管理、改建改制、复产换证等工作。全乡 5 个矿井，其中 3 个正常生产，另外两个属于整合和建设矿，尚不能生产，在此条件下，2007 年西河乡仍共计完成原煤产量 70 万吨。

在陶瓷工业方面，西河乡政府在巩固发展"新天地陶瓷有限公司"两条高中档墙地砖生产线的基础上，又与广东美尔美陶瓷有限公司达成了投资 8200 万元新建"金方圆陶瓷有限公司" 2×600 万平方米墙地砖生产线的合资协议，并于 2007 年 7 月开工建设。到年底，共生产建瓷 500 万平方米，产值 7500 万元，实现利税 520 万元。

2008 年 10 月，西河乡斥资 4000 万元，在确保"金方圆陶瓷有限公司"第一条生产线正常投产的基础上，积极开工建设第二条内墙砖生产线。同时，在传统红砖厂面临资源和环境因素的双重制约下，为了适应新的市场需要，西河乡政府决定投资 1500 万元，建立以煤矸石为原料的新型环保砖厂，该项目目前仍在筹建之中。2008 年也是西河煤炭经济加紧整合的一年。西河乡政府在抓好 3 个煤矿安全生产的同时，加紧对孔坪、郭河两个整合矿井的建设。孔坪煤矿经改造建设，2008 年年底建成 30 万吨矿井。郭河煤矿主井建设已经见到 15 号煤，井底车场建设和地面设施建设已完毕，于 2009 年完工。

2008 年，西河乡完成原煤产量 69.09 万吨，煤炭工业总产值 4.2 亿元，完成总收入 4.05 亿元，实现利税 1.2 亿元。陶瓷工业完成总产值 7875 万元，总收入 4364 万元，实现利税 300 万元。

随着金融危机在我国蔓延，宏观经济缩紧，国家加强了产业结构调整的步伐。2009 年年初，国家和山西省相继出台了提高煤炭行业准入和开采的门槛，西河境内的煤矿也随即进入停产整顿、重组整合时期。2009 年 8 月，庄头煤矿列为阳城县永久性关闭的六个矿井之一，余下的陕庄和石门沟煤矿也陆续停产，核资清产，准备兼并重组。但煤矿要求不停通风、不停抽水、不停瓦斯监控、不停人员值班，管理费用亏空 1000 多万元。截至 2009 年 9 月，煤矿的整合重组工作仍未完成。

专栏 4 - 1　　　　　　　　　阳城县煤矿企业兼并重组情况

2009 年 6 月，依据《国务院关于促进煤炭工业健康发展的若干意见》中"打破地域行业和所有制界限，加快培育和发展大型煤炭骨干企业和企业集团，使之成为优化煤炭工业结构、建设大型煤炭基地、平衡国内煤炭市场供需关系，参与国际市场竞争的主体"的要求，山西省政府发布晋政发[2009] 10 号《山西省人民政府关于进一步加快推进煤矿企业兼并重组整合有关问题的通知》，要求到 2010 年，全省矿井数量控制目标为 1000 座，兼并重组整合后煤矿企业规模原则上不低于 300 万吨/年，矿井生产规模原则上不低于 90 万吨/年，且全部实现以综采为主的机械化开采。按照此文件精神，阳城县县政府对全县 68 座煤矿进行兼并重组。由山西煤炭集团、晋城煤业集团、阳城阳泰煤业集团、皇城相府集团和山西省国有资产经营公司五大主体把上述煤矿打成 27 个包，形成 27 个新的矿井。在这 27 个包当中，其中单独保留矿井 9 座。剩下的 59 个煤矿被打成 18 个包，形成 18 个新的矿井。

西河乡现有煤矿的重组涉及整合后的第 11 号和第 12 号矿井。按照阳城县煤炭企业兼并重组整合方案草案的设想，石门沟煤业有限公司将隶属于第 11 号矿井，郭河煤业有限公司、孔坪煤业有限公司和陕庄煤业有限责任公司隶属于第 12 号矿井。经营主体进入以后，其最低持股比例不低于 51%，而余下的股份则由当地各级政府、村委会及私人持有。由于西河乡煤矿皆为集体企业，此次的兼并重组将对西河乡的财政收入和人员安置等产生很大影响。西河乡的不同群体对此亦看法不一。

# 第二节　第二产业结构

在西河乡的第二产业发展中，工业一直占据着主导地位，建筑业基本上为满足当地村民修建房屋的生活需要，尚不能形成品牌和规模。西河乡工业行业是靠资源而发展起来的，无论是传统的煤炭工业，还是新兴的陶瓷工业，依托的都是当地丰富的自然资源。

## 一　煤炭工业

煤炭工业作为西河乡的传统产业，在陶瓷产业形成以前，在整个乡级经济的发展中占有绝对重要的地位。由于煤炭工业是地下矿产资源采掘业，煤矿又主要以井工方式开采，因而具有某些独有的行业特点。

煤炭工业生产不同于其他行业，其生产场所是相对短时期固定的，随着煤炭的不断开采，工作面不断向前推进。而一旦采完，就要开掘新的巷道。开采和建设二者之间存在时间差，所以，采掘和建设工作一定要衔接好，保证工作面、采区的正常接替，可以说是煤炭生产的一个重要环节。另外，煤炭开采投资大，建设周期长。同时，煤炭工业也是劳动强度较大、劳动条件非常艰苦的行业之一，所以，保证矿井和人身安全是煤矿生产过程中的首要任务。煤炭工业的上述特点，决定了煤炭工业生产、建设、经营、管理的复杂性和艰巨性，这也是西河乡在发展煤炭工业时所面对的挑战和考验。但是，困难归困难，发展还是第一位的。煤炭经济在西河乡，无论是对政府的财政收入而言，还是对实现农民增收、农村富裕而言，都是最根本的经济基础，煤炭是西河的钱袋子、命根子。

从西河乡煤炭工业的发展历史来看，除严重依赖当地的资源禀赋外，煤炭价格乃至整个国内市场环境的影响也是巨大的。这可以从一组数据中得以证实。1996年，西河乡开工生产的煤矿大大小小共计有9个，产量45万吨左右，但利润却只有162.1万元。甚至在1999—2001年，出现了全行业的整体亏损。具体情况如表4-5所示。

表4-5                    西河乡煤炭企业基本情况表              单位：人，万元

| 年份 | 企业个数 | 企业人数 | 工业总产值 | 工业销售产值 | 总收入 | 利税 | 利润 |
|------|---------|---------|-----------|------------|-------|------|------|
| 1996 | 9 | 1535 | 3811.7 | 3881.1 | 3740 | — | 162.1 |
| 1997 | 9 | 1690 | 5220.2 | 5092.2 | 3694.0 | — | 134.8 |
| 1998 | 9 | 1605 | 3800.0 | 3400.0 | 3910.0 | — | 39.9 |
| 1999 | 8 | 1615 | 4353.5 | 4240.2 | 4154.7 | — | -119.3 |
| 2000 | 8 | 1610 | 4265.3 | 4227.6 | 4390.8 | 377.2 | -160.8 |
| 2001 | 9 | 1470 | 2983.8 | 3259.9 | 3744.3 | 388.6 | -45.6 |
| 2002 | 7 | 1580 | 5710.8 | 8290.9 | 8260 | 2271.37 | 1332 |
| 2003 | 7 | 1583 | 10231.0 | 5501.6 | 9487.0 | 2197.9 | 1464.5 |
| 2004 | 6 | 1530 | 14760 | 14730 | 16436 | 4406 | 2527 |
| 2005 | 6 | 1658 | 19628 | 18444 | 24076 | 7577 | 4705 |
| 2006 | 6 | 1658 | 21695 | 21947 | 25621 | 11603 | 8540 |
| 2007 | 5 | 1260 | 23620 | 23360 | 22718 | 7787 | 4187 |
| 2008 | 4 | 1320 | 35257 | 39129 | 37626 | 12333 | 7469 |

资料来源：阳城县历年统计年鉴。

但在2002年，煤炭产量增加幅度并不大，却很快扭亏为盈，而且利润总量相当于过去十年利润的总和。在这么短的时间内，为什么西河乡的煤炭工业却发生了如此巨大的变化？原来，与煤炭质量、煤炭价格的变化等因素分不开。

从西河乡的煤炭生产来看，在整个20世纪90年代，由于开采技术的落后和市场需求因素的制约，煤炭总产量徘徊在50万吨左右。据表4-6的不完全统计，大体可以判断出在西河乡原煤产量中炭多煤少。20世纪90年代，西河煤与炭比例维持在1：3左右，21世纪初期，则变为1：2左右。这种产出结构的变化，对于提高西河煤炭经济的整体经济收入是有利的。而且，西河煤炭的产量最近几年也在持续上升，2004年为50万吨左右，2005年和2006年为年产70万吨左右，2007年则达到了70多万吨。如果国家不出台限制政策的话，到2008年年末，按照改造和扩建后的产能估算，其煤炭生产总量将趋近于100万吨的目标。但由于经济危机的影响和国家在能源开采方面的管理和限制，西河乡2008年煤炭总产量只有60万吨左右。

| 表4-6 | 1990—2009年西河乡煤炭生产情况表 | | 单位：万吨 |
|---|---|---|---|
| 年份 | 煤产量 | 炭块产量 | 总计 |
| 1990 | — | — | 46.24 |
| 1991 | — | — | 45.72 |
| 1992 | — | — | 47.45 |
| 1993 | — | — | 47.09 |
| 1994 | 8.60 | 39.71 | 48.31 |
| 1995 | | | 50.47 |
| 1996 | 13.02 | 32.44 | 45.46 |
| 1997 | — | — | 43.97 |
| 1998 | — | — | 45.08 |
| 1999 | — | — | 52.26 |
| 2000 | — | — | 59.69 |
| 2001 | — | — | 42.01 |
| 2002 | — | — | 59.33 |
| 2003 | 24.10 | 26.10 | 50.20 |
| 2004 | 17.70 | 36.80 | 54.50 |
| 2005 | 19.22 | 50.88 | 70.10 |
| 2006 | 19.68 | 48.06 | 67.74 |
| 2007 | 21.31 | 52.13 | 73.44 |
| 2008 | 16.89 | 43.4 | 60.29 |
| 2009年1—8月 | 5.24 | 12.73 | 17.97 |

资料来源：西河乡煤炭结算管理中心相关报表。

伴随着煤炭产量的逐年提升，煤炭价格的逐步上涨，特别是2000年以后煤炭价格一路走高，刺激了以煤炭产业为支柱产业的西河经济快速发展起来。2001年，煤的价格在每吨30元以下，到了2003年煤价翻番。到了2004年，煤均价在170元左右，更是比2001年翻了5倍还多。从2000年到2008年，煤价翻了15倍，炭价翻了11倍。1990年以来西河乡历年煤与炭的价格大致如表4-7所示。

表 4 - 7  1990 年以来西河乡煤炭价格表  单位：元/吨

| 年份 | 煤价 | 炭价 |
|---|---|---|
| 1990—1995 | 15—20 | 35—37 |
| 1996—1998 | 28—32 | 70—78 |
| 1999—2000 | 26—28 | 60—62 |
| 2001 | 28 | 70 |
| 2002 | 45 | 108 |
| 2003 | 60 | 145 |
| 2004 | 170 | 422 |
| 2005 | 192 | 472 |
| 2006 | 252 | 512 |
| 2007 | 272 | 520 |
| 2008 | 404 | 702 |

资料来源：西河乡煤炭结算管理中心相关统计资料。

随着国家加强煤炭生产管理，截至 2008 年 8 月，西河乡矿井由从最多时候的 9 个减为 5 个。开采历史较早的裕则煤矿、阳邑煤矿、下甲煤矿和上李煤矿由于煤炭资源枯竭，都于 2007 年前陆续关闭。尚存的 5 个煤矿中，陕庄、石门沟和庄头 3 个煤矿能正常生产。在 2009 年 10 月以前，孔坪和郭河煤矿一直处于整合和建设状态中，始终未能正常生产。西河煤矿情况如表 4 - 8 所示。

表 4 - 8  西河乡煤炭企业情况表  单位：万吨

| 原有名称 | 现在情况 | 年设计产量万吨 |
|---|---|---|
| 陕庄煤矿 | 2007 年改为山西阳城西河陕庄煤业有限责任公司 | 30 |
| 石门沟煤矿 | 2007 年改为山西阳城西河石门沟煤业有限公司 | 15 |
| 庄头煤矿 | 2007 年改为山西阳城西河庄头煤业有限公司（2009 年 8 月底关闭） | 15 |

续表

| 原有名称 | 现在情况 | 年设计产量万吨 |
|---|---|---|
| 孔坪煤矿 | 2007 年改为山西阳城西河孔坪煤业有限公司（整合矿，未能正常生产） | 30 |
| 郭河煤矿 | 2007 年改为山西阳城西河郭河煤业有限公司（改扩建当中，不能生产） | 30 |
| 上李煤矿 | 2006 年 8 月关闭 | — |
| 下甲煤矿 | 2006 年 7 月关闭 | — |
| 阳邑煤矿 | 2002 年 6 月关闭 | — |
| 裕则煤矿 | 2001 年 6 月关闭 | — |

资料来源：西河乡企业服务中心资料，2008 年 9 月 1 日。

在正常生产的三个煤矿中，以陕庄煤矿规模和产量为最大。而石门沟矿安全生产和管理比较好，投入也比较大，产能不断增加。庄头煤矿由于规模较小，产量很低，按照县煤炭工业局的统一安排和部署，已于 2009 年 8 月永久性关闭。

专栏 4-2　　　　　　　　　陕庄联营煤矿

阳城县陕庄联营煤矿位于山西省阳城县以北 10 公里的霍山脚下，是一家乡村联办集体所有制企业，由西河乡人民政府、陕庄村、崔凹村投资兴建，矿区交通便利，距陵沁公路 2 公里，距八甲口集煤站 15 公里，矿区人文、地理条件优越，资源充裕。

煤矿设办公室、调度室、安监科、通风科、机电科、财务科等科室，井田面积 2.5422 平方公里，地质储量 1632.8 万吨，可采储量 790 万吨，矿井生产能力为 30 万吨。煤矿始建于 1984 年 9 月，于 1991 年投产，现有固定资产 3000 余万元，从业人员 420 人，是阳城县重点骨干企业，也是百万元以上的利税大户。

近年来，在各级党委、政府和上级主管部门的正确领导下，陕庄煤矿坚持"与时俱进、科学管理、开拓创新、争先发展"的企业理念，依靠科技进步，大胆改革创新，实施技改工程，提升生产能力，瞄准正规化、标准化矿井不断迈进，多次受到上级部门表彰奖励，获得"安全生产先进集体"、"税收贡献先进单位"等荣誉称号，被省、市、县评为"质量标准化矿井"。根据市政府提出的"关小、改中、建大"方针，煤矿先后投资760余万元，完成了皮带运输系统、瓦斯监控系统和通风能力改造等一系列技改工程，将原来的串车运输改为皮带运输，彻底解决了过去主斜井行车、行人难及容易发生运输事故的问题，减少运输人员40余人，炭块率由原来的45%提高到现在的55%，既有效解决了安全生产过程中的运输难题，又提高了经济效益。安装2台55千瓦轴流式通风机，维修了风门、风道，增大了矿井供风量；安装了瓦斯监控系统，实现了四级联网，做到24小时不失控，增加了一个长壁工作面，使生产能力由过去的21万吨/年提升到现在的30万吨/年。2004年，根据市、县政府提出的安全质量标准化矿井建设要求，投资750余万元，完成了双回路电源建设工程和中央变电所、采区变电所、井下主水仓的质量标准化建设，完成采、掘、机、运、通、地测防治水等单项的质量标准化达标工作，经过市、县、乡验收，达到二级标准。2004年全年完成原煤产量22.75万吨，完成产值5600万元，实现利润915万元，上交税金1500万元，圆满完成了上级下达的工作目标和经济指标，实现了安全效益双丰收的好成绩。

专栏4－3　　　　　　　　　石门沟矿的历史

受访人：张虎善，工会主席，51岁；郭江红，总工程师，41岁。

石门沟矿，是1982年5月1日剪彩投产的。最初的坑口就在现在沟矿的中部。后来由于资源的限制，封闭了。1993年，作为接替井，就是现在井口的位置。

该矿主要生产3号型煤。煤矿分布有1.13平方公里，4米多厚的煤层，大约有420多万吨的储量。现在的煤炭年产量是15万吨。所生产的煤，基本上都是运往阳城电厂。

现在该煤矿是一个股份制企业，新天地陶瓷公司占90%的股份，私人股占10%。2002年，煤炭价格上升，大概每吨70—80元左右，但煤炭企业效益也千差万别。由于石门沟矿的煤质不是很好，属于高瓦斯矿（所谓高瓦斯矿，就是每吨煤瓦斯超过10立方米以上）。所以相对于其他煤矿而言，利润空间较小。企业现有职工290多人。实行两班倒的生产制度。共有矿领导10名。分别负责安全、生产、机电、技术、销售、会计、党务、工会等事宜。

如果关井，将涉及二三百个家庭。由于西河乡地少，人均不到一亩地。关井以后，职工的生计就成了问题，也会产生一系列的社会问题。

由于是集体企业，煤矿非常重视安全生产方面的管理和投入。迄今为止没有发生较大的生产安全事故，没有发生死人事件。

### 二　陶瓷工业

产业结构调整是农村经济发展的必由之路，招商引资是"借鸡下蛋"的良好举措。自 2004 年 1 月，"新天地陶瓷有限公司"成立后，西河乡政府一直想方设法把建筑陶瓷这块"蛋糕"做大做强。

2006 年，西河乡政府克服重重困难，加大了招商引资力度。经过与合作伙伴——广东企业家彭曙光先生的研究讨论，双方达成了投资 1000 万元新上与墙地砖生产相配套的腰线及玻璃马赛克生产线的合资协议，并于 2006 年 9 月试产成功，其产品质量已通过国家对行业的标准认证，达到国标要求。陶瓷工业主要产品有内墙砖、地砖及玻璃马赛克三大类，内墙砖有 250mm×330mm、300mm×450mm 系列，地砖有 300mm×300mm、600mm×600mm 系列，以及亚光、仿古、水晶、耐磨等品种。玻璃马赛克有 100mm×100mm、50mm×50mm、25mm×25mm 系列，"惠尔美"、"罗马之星"、"亚欧瓷达"三大商标已日渐成熟，产品主要销往中原、西北、华北、东北等地区，得到广大客户的认可。截至 2006 年，公司已有两条墙地砖生产线，总投资 5500 余万元，年生产能力达到 800 万平方米，实现产值 1.5 亿元，利税 1500 万元，同时为 400 个农民提供了稳定的就业岗位。

为了扩大陶瓷产业的规模经济，自新天地陶瓷公司两条生产线全部建成投产后，西河乡政府于 2007 年再投资 4000 万元，同广东佛山美尔美陶瓷有限公司合资新建了"金方圆陶瓷有限公司"。该厂概算投资 8200 余万元，将年产高中档墙砖 1200 万平方米，于 2009 年年底建成。投入运营后，可实现年产值 2.4 亿元，利税 2500 万元，同时可安排 800 人就业。西河乡陶瓷工业情况见表 4-9。

表 4-9　　　　　　　　西河乡陶瓷工业生产情况表

| 年份 | 产品产量（万平方米） | | 产值（万元） | 总收入（万元） | 利税（万元） |
|---|---|---|---|---|---|
| | 墙地砖 | 玻璃马赛克 | | | |
| 2005 | 200 | — | 2000 | 1700 | 300 |
| 2006 | 450 | — | 4928 | 4185 | 670 |
| 2007 | 500 | 2 | 7500 | 7380 | 520 |
| 2008 年 1—6 月 | 240 | — | 3200 | 3100 | 375 |

资料来源：西河乡企业服务中心历年工作总结。

按照西河乡政府的产业发展规划，这两家陶瓷生产企业共有4条生产线（2008年9月已有三条投入生产），全部投产后，全乡每年生产高中档墙地砖2000万平方米，产值将突破4亿元，利税4000多万元，就业人数可达1000人左右，将成为西河乡新的支柱产业。

### 三　其他工业企业

除煤炭和陶瓷工业外，西河乡也有一些其他类型的工业企业，但规模不大。由于生产和生活的需要，西河乡各村都有砖厂（具体情况如表4－10所示）。但有的村砖厂已经关闭，例如西丰、上庄头现在就不再有砖厂了。由于传统的红砖制作工艺较为落后，加上制砖原料浪费宝贵的土地资源，所以，西河乡政府已经将淘汰红砖的生产计划列为议事日程。现在正准备上用煤矸石做原料的新型砖厂项目。

表4－10　　　　　　　　西河乡其他工业企业生产情况

| 企业名称 | 企业所在地 | 性质 | 产品 | 年产量 | 职工 | 淘汰年限 |
|---|---|---|---|---|---|---|
| 裕则砖厂 | 裕则村 | 集体 | 红砖 | 200万块 | 27 | 2010 |
| 北任砖厂 | 北任村 | 集体 | 红砖 | 250万块 | 27 | 2010 |
| 晨光砖厂 | 孙沟村 | 集体 | 红砖 | 200万块 | 19 | 2010 |
| 阳邑砖厂 | 阳邑村 | 集体 | 红砖 | 200万块 | 25 | 2010 |
| 陕庄砖厂 | 陕庄村 | 集体 | 红砖 | 200万块 | 25 | 2009 |
| 雄善砖厂 | 宋王村 | 民营 | 红砖 | 200万块 | 24 | 2010 |
| 王曲砖厂 | 王曲村 | 集体 | 红砖 | 200万块 | 20 | 2008 |
| 郭河砖厂 | 郭河村 | 集体 | 红砖 | 350万块 | 34 | 2009 |
| 预制厂 | 裕则村 | 民营 | 预制件 | —— | 58 | |
| 世纪鞭炮厂 | 上庄头村 | 集体 | 烟花 | | 34 | 2008 |
| 兴胜针织厂 | 上庄头村 | 民营 | 袜子 | 1500万双 | 600 | |
| 华晋锅炉厂 | 西沟村 | 集体 | 水暖五金 | 100吨 | 16 | |

资料来源：西河乡企业服务中心。

在西河乡地面企业中，发展势头比较好的，当属庄头村的兴胜针织袜业厂。除袜业厂外，庄头村还有世纪鞭炮厂[①]和位于县城商业区的一栋三层的商业大楼。鞭炮厂每年的承包费大概在 80 万—100 万之间，商业大楼的租金每年在 60 万元左右。因此，从上述收入情况来看，在整个西河，庄头村的地面工业和第三产业是走在全乡前列的。

专栏 4-4                       庄头村兴胜织袜厂

受访人：李三林，48 岁，织袜厂厂长。

1995 年在河北石家庄买了手工的织袜机，手工作坊式的经营。后去邯郸、新乡参观小袜子厂，在河南新乡定了十几台手工织袜机，一台大概一天能产四十双左右，一天四百双的产量。当时生产的主要是弹力丝袜，虽然结实，但穿起来不舒服，容易产生臭味儿。干了两三年的光景，最后停止了生产。

庄头村有集体煤矿，属于资源性的地下企业。为了长远打算，当时的村领导打算建立一个地面企业。李先生由于原来有生产袜子的经历，2003 年被村领导派到山西省平遥、浙江省考察袜业。最后，他从上海市第一针织机械厂预订了 12 台电脑式织袜机。据当时亲办此事的该厂厂长李三林回忆说，当时他自己爱摆弄机械，但看到这个织袜机，头都大了。上海的工程师说"天上飞机，地上袜机"。织袜机有两千多个零部件。李三林听不懂上海话，上海的师傅也听不懂他说的山西话。他只能把自己的问题写在纸上，好在汉字是统一的。克服了语言不通、水土不服等重重困难，李三林在厂里待了三个月，了解了织袜机的基本构造原理和各个零部件后，方才返回村里。但适逢"非典"时期，按照国家规定，他必须被隔离半个月。而此时小麦正值收割时期，李三林的家里没有其他劳动力。当时，在村支书的带领下，许多村民帮助李三林家收割小麦。织袜机到货后，上海方面来了两个工程师，帮助安装、调试机器。但人家走后，面对机器的故障，还是缺乏技术力量加以解决。后来不得不从河南南阳聘请了技工。

刚开始生产的时候，困难重重。一切都在摸索中前行。好不容易生产出来的袜子，却由于技术、操作等问题，生产出来的袜子质量不高。后来经过逐步的摸索，情况才一点一点地好起来。

袜子生产出来后，销售又成了大问题。由于没有名气，不为外人所知，

---

① 庄头村的世纪鞭炮厂已于 2008 年年底关闭。

厂里派人在公共汽车上兜售，在庙会、集市上设点推销。后来，有了一点点知名度之后，各地陆续有人上门来订购。2005年，厂里从韩国进口了10台双针织袜机。经过陆陆续续的改建与扩建，到2008年，已经有小电脑织袜机126台，大电脑织袜机72台，共计198台机器设备，年产袜子1500多万双。到2008年9月止，该厂基本上走上了正轨，成为目前山西省境内规模最大，产量最多，设备最先进的织袜厂。

西河乡其他一些地面企业，无论从规模、产值、营业收入和职工就业人数等方面都比较差，但作为行业的发展方向，其存在还是有一定的市场空间和生命力。现在西河所面临的一个问题是：如何做大做强这样的地面企业？解决企业发展的瓶颈问题，首先是要摸清企业发展所遇到的困难，找出根源，并积极开拓思路加以解决。西沟村华晋锅炉厂的案例是否能带给西河工业发展一些启示呢？

专栏4-5　　　　　　　西沟村华晋常压锅炉厂

受访人：张祥善，40岁，厂长，西沟村村委会委员。

该厂创立于20世纪70年代，当时名字叫西沟常压锅炉厂，原为该村的农业机械修配厂。1992年，张祥善出任该厂厂长，上了锅炉项目。当时，主要是给西河乡的煤矿做些小的设备，比如拉煤的矿车。属于集体企业，为村办性质。到目前为止，产值大约每年三四百万元。刚刚接手的时候，企业一无资金，二无原材料，只能赊欠钢材。当时产品的资金回笼出现了问题，债主上门讨债，张祥善还因此差点挨了打。邓小平南方谈话以后，全国经济大上快上，1995年以前，经济环境比较乱，强买强卖的事情时有发生。企业最困难的时候，是靠着工人集体集资垫付材料款，才得以勉强运转。

最近这几年，企业主要是生产政府机关、学校和煤矿使用的供暖锅炉。由于是本地企业，大家彼此有个诚信问题。而且一旦发生质量问题，还可以及时解决，所以该企业的锅炉还是卖的比较好的。现在该厂有工人二三十人，都是本村村民。目前该厂有两台手动车床，是从太原买的。其他的设备，除去电机、电焊机等以外，剩下的如卷板等设备，都是自己制造的。每年生产大约20台锅炉，也定做其他乡镇来定做的锅炉。平均一年收入差不多有一到两万元，每年上交村里10万元。

对于村办企业，目前也面临着一些问题。如经济环境较差，企业无资金、无来源，无人管。而一旦企业效益较好的时候，许多人就害了红眼病。街头混混、地痞流氓敲诈勒索，再加上一些政府部门的摊派和罚没款，使得企业不堪重负。村办企业难以实施有效的激励管理。虽为村办企业，但企业的资金、设备、产品的销售，村里一般不管。但由于不是个人的企业，企业管理者又缺乏积极性和创造性，企业难以做大做强。而实施企业的改制难度又很大，一方面村里不同意，另一方面村民也难以接受。这两个问题可以说是企业面临的重要问题。

## 第三节　政府对工业的支持

西河的农业特别是种植业有着"靠天吃饭"的自然依赖，而工业发展同样也依赖自然资源。资源，成为西河经济发展的首要前提。无论是产业结构的调整，还是农民就业渠道的拓展，抑或是财政收入的增加，西河政府都是从本地区的资源禀赋出发，来形成工业发展的思路，并逐步付诸实践。

### 一　调整产业结构和产业布局

西河乡产业结构的调整首先面临的问题就是煤炭工业比重过大和过于单一的局面。产业结构调整要想迈出新步伐，就必须紧紧抓住调产这条主线，大力改造传统产业，积极培育新兴产业。

首先，传统产业进一步提升。面对国家政策的限制和管理的加强，西河乡实施了煤炭翻番工程，狠抓产业提升、安全生产、经营管理、改建改制、复产换证等工作，全乡现有的5个矿井，有3个正常生产，2007年全年完成原煤产量70万吨。煤炭企业实现了可持续发展。按照"关小、改中、建大"的原则，关闭了4个资源枯竭、生产条件不具备的矿井，实现了全乡煤炭资源的新整合。累计投资1.5亿元，按照质量标准化矿井的要求，对煤矿进行了全面系统的技术改造，使煤炭资源回收率由25%提高到70%以上，安全生产条件达到了根本的改变。

其次，优势产业进一步壮大。面对传统产业的"一黑"，西河乡政府大力发展了新兴产业"一白"——陶瓷业。从2004年初到2008年，西河乡政府抓住县政府建设建瓷工业园区的机遇，利用煤炭生产积累的资金，加大招商引资力度，先是投资5600万元建成了"西河乡新天地陶瓷有限公司"两条建瓷生产线，新上了与墙地砖相配套的腰线及玻璃马赛克生产线，建瓷产业三年迈出三大步，三年实现三跨越，形成年产 800 万平方米的高中档墙地砖生产规模，成为我国北方陶瓷生产企业中设备最先进、单线产量最大、产品档次较高、经济效益较好的现代化陶瓷企业，每年可创产值 1.5 亿元，实现利税 1500 万元。后又投资 4100 多万元，在二期园区新建了"金方圆陶瓷有限公司"。在 2008 年底又新建成二条生产线，将实现墙地砖年产 1200 万平方米的目标，产值 2.5 个亿。到 2009 年年初，西河乡全乡将生产高中档墙地砖 2000 万平方米，产值将突破 4 亿元，年创利税 4000 多万元，提供 1000 多个工作岗位，将成为西河乡的新的经济增长点。

再次，第三产业积极稳步发展。2007 年，西河全乡第三产业个体、私营企业达到 246 家，从业人员达到 1237 人。随着县城的西移，第三产业将成为该乡经济发展的新亮点。西河乡政府投资 500 余万元，承担了一中分校的后勤设施工程，投资工程完成后，西河乡政府将组建一中后勤服务中心，不仅每年有稳定的投资回报，还可以安置本乡 200—300 人的劳动力就业。

专栏 4 - 6　　　　　　　西河企业的发展及经济产业结构的调整

受访人：王建龙，原中共西河乡党委书记（2008 年年底离任）

西河乡地域面积不是很大，只有 38.4 平方公里，人口 1.5 万人。但从经济上来讲，却又是一个资源大乡。煤炭是支柱产业。阳城县每年煤炭产量在 2000 万吨左右，西河乡产量在 200 万吨左右，占全县产量的 1/10。1983—1984 年，改革开放初期，大上项目。当时在 80 年代有 9 个煤矿 10 个坑口。

从 2001 年开始，小煤矿资源逐步枯竭，陆续关闭了 3 个煤矿 4 个坑口。2006 又关掉了上李庄煤矿。也就是说，到 2006 年，西河乡的井口有一半已经关闭了。

煤炭产业对西河乡的经济发展至关重要，是关乎西河乡经济命脉的产业。无论是建设社会主义新农村、还是安置就业、农民增收等方面，煤炭产业的发展都至关重要。

对于西河乡产业结构特别是工业产业结构单一的问题，早在 20 世纪 90 年代初期，西河乡的领导就将有关设想付诸实际。并针对煤炭经济全部是地下企业的现实，他们当时提出"一矿带一厂，一村办一企"的工作思路。当时正值邓小平南方谈话以后，各村都兴起了大办企业的高潮。西河乡当时兴办了不下20个项目，但很多企业根本没有建成，建成的也没有投产，最后剩下的更是惨淡经营，最后全部倒闭了。各个村委的负债就是那个时期形成的。

我是1999年来西河乡担任乡长的。当时是9个矿10个坑口，年产40万吨煤炭。记得当时开劳模表彰会，除去经联社主任外，看不到一个来自地面企业的代表，而经联社主任虽为地面企业的负责人，但还是管煤矿的。西河乡由于煤炭企业最初皆为集体企业，民营经济没有实现资本积累的经济和政策环境。针对西河乡经济，特别是民营经济不发达的实际情况，我当时向县里领导汇报时说，要发展西河的地面企业，必须从本地的资源禀赋出发。西河的资源有煤炭、陶土、铝矾土、硫黄等矿产。

当时，我对乡村两级干部提出，衡量我们工作是否做好的标准有两条，第一条就是在煤炭资源枯竭、矿井关闭的时候，我们能不能创办企业，来吸纳失业的工人；第二条就是煤炭经济衰退和退出后，能不能找到新的财源？

随着国家产业政策的紧缩和规范，我们抓紧了地面项目的考虑和运作。通过上陶瓷项目，吸纳了800多人就业，袜子厂安排600多人，一中西校区的后勤服务中心安排了300多人就业。现在西河乡的产业结构正逐步发生变化。目前我们正在进行煤矿石砖厂项目的前期准备工作。

不仅西河的产业结构需要调整，而且产业的分布也有需要解决的问题。由于煤矿分布的天然局限，西河乡村与村之间的经济实力差距很大，居民收入差距也很大。在西河乡的行政村中，陕庄和孙沟两村经济实力比较强。这是因为陕庄和西沟两村都有煤矿，有煤就有钱。为了解决这种村与村之间、各村村民之间收入差距逐步扩大的问题，在煤炭企业改制的过程中，西河乡政府加强了这方面的工作，采取了一些措施来调节和平衡收入分配工作。如陕庄煤矿在改为股份制的过程中，阳城县欣昌资产经营投资有限公司用资源价款分成部分作为投资，占股份的17.6%，西河乡集体占27.47%，陕庄村民委员会占27.47%，剩下的股份，则分给了毗邻的村。其中，崔凹村民委员会占13.73%，阳邑村民委员会占13.73%。这种分配方案，体现了西河乡政府力图解决产业分布所带来的种种问题。西河各村第二产业分布情况如表 4 – 11 所示。

表 4 – 11　　　　2007 年西河乡第二产业分布情况表　　　　单位：万元

| 村庄 | 合计 | 第一产业 | 第二产业 | | 工业 | 建筑业 | 第三产业 |
|------|------|----------|----------|------|------|--------|----------|
| | | | 总计 | | | | |
| 合计 | 59699.99 | 1816.99 | 37956 | 100% | 32094 | 5862 | 19927 |
| 西沟 | 5526.35 | 126.35 | 2530 | 6.7% | 1650 | 880 | 2870 |
| 阳邑 | 1904.6 | 73.6 | 585 | 1.5% | 156 | 429 | 1246 |
| 郭河 | 4775.8 | 73.8 | 1105 | 2.9% | 556 | 549 | 3597 |
| 庄头 | 7458.19 | 73.19 | 1980 | 5.2% | 1770 | 210 | 5405 |
| 北任 | 840.57 | 162.57 | 320 | 0.8% | 200 | 120 | 358 |
| 峪则 | 1868.93 | 96.93 | 1030 | 2.7% | 800 | 230 | 742 |
| 王曲 | 3146.6 | 140.6 | 1256 | 3.3% | 960 | 296 | 1750 |
| 上李 | 969.14 | 125.14 | 430 | 1.1% | 193 | 237 | 414 |
| 孙沟 | 2358.27 | 168.27 | 1417 | 3.7% | 122 | 1295 | 773 |
| 宋王 | 594.56 | 198.56 | 233 | 0.6% | 155 | 78 | 163 |
| 崔凹 | 1019.78 | 53.78 | 673 | 1.8% | 145 | 528 | 293 |
| 陕庄 | 3978.09 | 218.09 | 2590 | 6.8% | 2130 | 460 | 1170 |
| 西丰 | 599.39 | 175.39 | 310 | 0.8% | 260 | 50 | 114 |
| 中寨 | 2022.72 | 90.72 | 900 | 2.4% | 400 | 500 | 1032 |
| 乡级 | 22597 | — | 22597 | 59.5% | 22597 | — | — |

资料来源：西河乡企业服务中心统计资料

## 二　加强安全生产

安全是煤炭生产的重中之重。自 2007 年，苗匠"3·18 事故"、洪洞

"黑砖窑"和临汾"12·5 事故"以及 2008 年襄汾溃坝事件的相继发生①，使得阳城县和西河乡更加重视安全生产工作，进一步加大了对安全生产的管理力度，使西河乡安全生产到达一个"新起点"。

首先，健全机构，全力构建安全保障体系。

2003 年 4 月，西河乡重新组建了乡安监站，选拔了 8 名人员充实到安检站工作，同时配备了 5 名驻矿安监员。充实调整了乡政府安委会领导机构，成立了特种办、质检站、非煤科，实行了乡党政领导包安全责任制，并与各村、各企业、各单位主要领导签订了安全目标责任状，制定了安全目标考核办法，层层分解落实安全责任，初步形成了个人、班组、区队、矿级四级安全责任网络。煤矿企业每月 27 日的安全例会制度雷打不动。

其次，强化安全教育培训，全力构建职工素质保障体系。

按照国家安全生产监督管理总局 3 号令《生产经营单位安全培训规定》、省局《生产经营单位安全培训实施细则》，全乡对非煤矿山、烟花爆竹等企业的主要负责人、安全管理人员、特种作业人员和其他从业人员进行岗前强制性安全培训达 500 余人次，保证从业人员具备岗位安全操作、自救互救及应急处置所需要的知识和技能。

西河乡政府把煤矿职工安全教育培训放在安全工作的首位，突出抓了以下几个方面工作：一是规范劳动用工行为，提高劳动者素质，对职工进行了文化、安全知识考试，择优录取，提高了煤矿职工的准入门槛，全乡劳动用工备案率、合同签订率、工伤保险率、全员培训合格率均达 100%。二是开展多种形式的培训和教育活动。三是加大投入，全力构建安全装备保障体系。

---

① 2007 年 3 月 18 日 18 时 30 分左右，山西省晋城市城区西上庄办事处苗匠煤矿发生瓦斯爆炸事故。因矿主瞒报并破坏现场，抢险救援时间被延误，给抢救和善后工作造成极大的困难。2007 年 5 月 27 日，山西省洪洞县警方破获一起黑砖场虐工案，成功地从一座黑砖窑当中，解救出 31 名被非法拘禁、强迫劳动的农民工。而在此之前，400 多位失踪儿童的父母在网上联名发帖，寻找被拐黑砖场打工的孩子。同时，河南省公安机关也把山西黑窑场强迫未成年人做窑工的情况紧急上报了公安部，解救在黑砖窑受奴役的孩子。2007 年 12 月 5 日 23 时 15 分，山西省洪洞县瑞之源煤业有限公司新窑煤矿井下发生特别重大瓦斯爆炸事故，共有 105 名矿工在此次事故中遇难。

2008 年 9 月 8 日 8 时许，位于山西省临汾市襄汾县陶寺乡的新塔矿业有限公司塔儿山铁矿，其尾矿库发生溃坝事故。该尾矿库总库容约 30 万立方米，坝高约 50 米。尾砂流失量约 20 万立方米，沿途带出大量泥沙，流经长度达 2 公里，最大扇面宽度约 300 米，过泥面积 30.2 公顷。截至 9 月 14 日 18 时，已经确认 254 人死亡，34 人受伤。经初步调查，导致事故发生的主要原因是，企业违法违规生产和建库，隐患排查治理走过场，安全整改指令不落实，当地政府及有关部门监督管理不得力。

2007 年，全乡各煤矿按照规定提取安全费用共计为 1083.3 万元，安全投入 1470.1 万元。改造更新系统、购置新的设备。陕庄煤矿支出 675.6 万元，对井下防尘系统运输系统进行了改造。石门沟煤矿投资 228 万元，对瓦斯抽放系统进行了改造，建成了井下标准化中央变电所；完成了主扇风机房上游水库坝的溢洪水渠建设工程；完成了井下北大巷复拱砌墙碹工程。庄头煤矿投资 360 万元，购置配型钢梁 160 余根；更换了部分淘汰设备。孔坪煤矿投资 100 万元，完成 40 米井底车厂改造，总回风大巷扩断面 73 米。郭河煤矿投资 200 万元，开拓主斜井、风井 140 米；购置电器开关、风机 16 台。同时按照阳城县局要求，各煤矿进行了"三条线"①、矿区绿化、储煤场、监控系统升级等重点工程项目的设计、施工建设。现在正常生产的陕庄煤矿、庄头煤矿、石门沟煤矿均达到二级质量标准化矿井，全面夯实了安全工作的基础。

专栏 4-7　　　　　　　　　　煤炭生产的今与昔

受访人：杨小龙，49 岁，石门沟煤矿工人。

杨小龙是西河乡裕则村本地人，至今仍住在老裕则村。村里不过二三十户人家，交通不便，所处地势海拔较高。原来裕则是个大村，人多地多，在吃不饱的年代邻村的姑娘都愿意嫁到这里来。后来的采煤面逐步进入裕则村的下面，使得裕则村地面下陷、房屋开裂。在政府的帮助下，很多村民都搬迁到政府新规划的区域里去了，但尚有二三十户人家没有搬走。

据杨小龙讲，他 19 岁就开始在裕则村的煤矿上当井下工人，至今从业已经 30 年了。六七年前，裕则矿井面临枯竭，他被分到石门沟矿先当瓦斯员，后来又下井，主要是清理散落的煤块，活儿还比较轻。

以前裕则小矿采煤，生产技术还比较落后。主要采取土采法。先是打个洞，然后逐步扩开，然后用木材搭支架，板上留一层炭，采完后再撤掉板，留存的炭层就掉下来。那个时候的生产工具主要是罐车，铁罐，卷扬机，还有人推车，人力机械力并用。矿山大概有四五十号人，一天产煤八九十吨，一年也就三万吨左右。九十年代初期，工资水平每个月三四百元左右，每天工作 8 个小时。

现在的石门沟矿，条件要比以前好得多。现在安全性有保证，液压支架采煤技术正逐步推广。人工打炮后，煤散落在料板上，然后自动传送到传送

---

① 井下通信、压风、防尘供水系统，简称"三条线"。

带上，运送到煤场，然后装入罐车。2008 年 9 月，实行两班倒，每班 10 个小时。工资 2000 元左右。

最后，强化安全监管，全力构建安全生产的预警保障体系。

一是完善应急预案，提高企业防灾抗灾能力。西河乡政府结合企业实际进行了火灾、水灾、矿井反风、停风、停电撤人、恢复通风、排放瓦斯等避灾演习，从而提高了企业的风险防范意识，提高了企业的应急管理和事故处理能力。

二是创新检查方式，加强安全整治。采用常规检查、突击检查、重点检查和专项检查相结合的方式，对资源整合施工建设的郭河煤矿、孔坪煤矿，安监站采用专人驻矿包矿、安监站定期检查，有效遏制了各类事故的发生。仅 2007 年，西河乡共动用车辆 280 余次，投入人力 50 余人，常规检查 190 余次，突击检查 30 余次，专项检查 20 余次，安全大检查 15 次，发现各类事故隐患 1500 余处。

三是严惩"三违"现象，严格追究责任。"三违"是指"违章指挥，违章操作，违反劳动纪律"的简称。对于发现的"三违"现象和重大隐患，严格按照有关规定，层层追究有关人员的责任，绝不心慈手软。2007 年，西河乡安监部门在对全乡各类企业的安全检查中，共查处"三违"人员 806 人次，处罚金达 85470 元，停班人数 60 余人。在对庄头煤矿 3108 回采面检查时，发现其安全员、瓦斯员未严格按照规定执行"三人连锁放炮制度"，立即对相关责任人处以 500—1000 元的罚款，有效地强化了各级安全管理人员的安全责任意识，使煤矿"三违"现象得到了有效制止，做到了按章操作，上标准岗，干标准活，实现了全乡煤矿生产安全无事故。

### 三　改善和强化对企业的管理

为了加强企业的经营和管理，加强政府的可控财力，西河乡先后成立了企业服务中心和煤炭管理结算中心①。

---

①　西河乡企业服务中心的前身是经济联合社。经济联合社成立于 1985 年 12 月。具体负责管理西河乡的乡镇企业。下设科室有办公室、安监科、财务科和内审科。

2006 年底，阳城县政府发文，要求将乡级企业管理机构的名称统一为：××乡（镇）企业服务中心。乡镇企业服务中心在业务上受县中小企业局指导。2007 年 1 月 20 日，西河乡企业服务中心正式挂牌。企业服务中心继承了原来经济联合社的职能，并随着经济的发展又有所调整。

首先是根据煤炭销售形势，出台了全乡煤炭销售价格的有关规定，实行煤炭销售价格审批制度，挂牌经营，明码标价，平衡价格，禁止了低价经销的恶行经营方式，从而保证了全乡煤炭销售价格持续稳定，稳中有升。出台了采购设备物资申报制度，严格控制生产成本。出台了企业干部、工作人员差旅费定额补助和通信费、医疗费、车辆管理等方面的限制性规定，严格控制非生产性开支。通过制定一系列制度安排，有效加强了企业管理，促进了企业规范化经营。

其次是搞好内部审计。加强审计工作的建设，提高审计人员的素质是提升财务管理的重要内容。企业服务中心实行了账前审核、账后审计的办法，着重从会计核算、库存产品、原材料购进、产品销售、企业提留使用、存贷款、债权债务情况等方面进行核查核实。在经营成本方面，着重对生产成本、管理费用、销售费用、财务费用、工资福利的支付是否真实合理进行审计；在经营成果方面，着重审计经营收入、投资收益、税收支出，确保增收增效，正确反映企业的经营成果，严格控制不良资产。在审计监督的同时，还采取了民主监督和审计监督相结合的办法，实行了职工代表大会制度、业务公开制度，使财务工作走上制度化、规范化的道路。

再次是成立煤炭结算管理中心。西河乡通过自下而上、反复讨论，在多方面征求意见的基础上制定出台了西河乡煤炭结算管理办法，成立了煤炭结算中心。

专栏4-8  西河乡煤炭结算管理中心简介

西河乡煤炭结算管理中心成立于2003年10月，隶属于乡企业服务中心（原经济联合社），其主要职责是根据市场行情统一煤炭销售价格，规范煤炭企业账户管理，落实收支两条线，监督煤炭企业资金运转，控制煤炭企业生产成本，促进煤炭企业管理的规范化、制度化。

西河乡煤炭结算中心成立以来，先后制定出台了煤炭价格与资金回收管理、银行账户与现金管理、流动资金管理、专项资金管理使用和重大事项报告、审批等一系列规章制度，实行了收支两条线。煤矿管账不管钱，中心管钱不管账，矿长管签不管审，中心管审不管签，形成了环环紧扣，层层制约的监督管理机制。

煤炭结算管理中心的成立，一方面使煤炭企业资金运转更加高效合理；另一方面使煤炭企业的干部能够腾出更多的精力狠抓安全，企业效益显著提高。乡政府每年可调控的资金由中心成立前的 300 万元提高到 5000 万元左右，从而为西河经济和社会各项事业快速发展提供了强有力的财力支撑。

最后是推行科学管理。在加强对企业的管理方式上，西河乡依靠科技进步，提升管理手段，推行会计电算化管理。西河乡首先在陕庄、孔坪、石门沟等煤矿和结算中心推行会计电算化管理，并邀请专业公司的专业人员对全乡煤炭企业的会计、出纳等人员进行电脑培训，使得参与培训人员基本掌握了会计电算化的基本程序，并在全乡企业中推广开来。

### 四　推进所有制和公司制改革

西河乡的集体经济一头独大，有着其特定的历史原因。在计划经济时期，政府不允许私人办厂开矿，如果想开办企业，就必须在集体的名义下进行。改革开放初期，国家对私营经济的政策还不是很明朗。如此的政策背景，使得西河的煤炭企业在 20 世纪 80 年代都是以集体经济的形式发展起来的。即使在集体的名义下，地面企业也曾进行过承包制和租赁制改革的尝试，但由于所有权和经营权的分离，权责不清，信息不对称，导致了企业发展的许多遗留问题。产业结构的单一和集体经济的一统天下，使得西河乡没有能够形成私营资本的原始积累过程，也没有形成一个有利于私营经济发展的宏观环境。而且，就煤炭经济而言，现在私营资本也很难进入西河市场。但是，在社会主义市场经济条件下，必然存在竞争，也必然会有合作，这样才有利于企业分担风险。2007 年，西河乡根据阳城县委、县政府的有关指示精神，科学、合理地推进煤炭资源整合工作，对全乡 5 个煤矿全部进行了股份制改革，明确了企业产权，规范了企业管理。

对于地面企业，西河乡政府鼓励乡村集体对地面企业通过买断、租赁等形式，进行以明晰所有权为核心的改革，积极推进地面企业民营化。同时，按照三个"一视同仁"，即市场主体地位上一视同仁，市场配置上一视同仁，市场管理上一视同仁，放手发展民营经济，通过切实措施加大改革力度，进一步解放和发展农村生产力，推动民营经济快速发展。2005 年，上庄头村的兴胜针织厂已完成股权的改革，集体和私营资本共同控股，成为一个发展势头较好的地面企业。此外，西河还涌现出如张永红等经营的一批有规模、效益好的私营企业。

在发展新兴产业方面，西河乡政府实行"引进来"和"走出去"两种办法，学会两条腿走路。"引进来"就是紧紧抓住当前产业结构调整的重大机遇，进一步加大招商引资力度，引进外来资本，着力引进新兴产业、高新技术和高级管理人才，改造提升西河乡的传统产业，发展新技术产业，用质的提升来带动量的扩张。2004 年，西河乡人民政府和广东企业家彭曙光先生合资新建新天地陶瓷有限公司，是华北地区最大的墙地砖生产企业，同时也是阳城县产业结构调整的重点企业之一。2007 年，西河乡与韩国大起株式会社及广东佛山美尔美陶瓷有限公司合资新建的金方圆陶瓷有限公司，也是继该乡新天地陶瓷有限公司之后又一个合资大企业。

"走出去"就是要紧紧抓住煤矿企业走规模化、集团化这个根本道路，采取"改小建大"，资源整合，资产兼并等办法，筹备组建西河煤业集团，以增强西河煤炭企业的市场竞争力和抵御市场风险的能力。

专栏 4-9                        西河工业现状与调整思路

受访人：王宽红，主管工业副乡长

现在能正常生产的企业有石门沟矿、陕庄煤矿。孔坪和郭河煤矿现在是整合矿，还不能正常生产。政府投资 1000 多万元，对这两个矿进行了建设。郭河煤矿主要是生产 15 号煤，设计年产量 30 万吨，明后两年将建成。孔坪煤矿主要是烟煤和无烟煤的开采洗选，也要到明后年才能完工。

随着国家关于资源政策的收紧，对煤炭开采提出了越来越高的要求，况且资源不可再生的特点，促使我们加快产业结构调整的步伐。我们目前有 2 个煤矿正常生产，2 个矿改扩建。但到 5 年以后，可能只保留 3 个煤矿了。现在地面企业上的陶瓷厂正在发展中，以后将逐步成为西河的支柱产业。

我们产业调整的思路主要有两方面：一是由单一煤炭经济向陶瓷、煤炭多种经济发展，由地下企业向地面企业发展，现在有袜子厂、锅炉厂，但地面企业的数目屈指可数；二是由集体经济向鼓励民营经济方向发展。现在的民营经济还比较弱，各个村里的企业规模很小，比如建筑业，三五个人凑一起，拉个建筑队，但施工资质和产品质量远不能适应建筑大型房屋的需要，主要还是建民宅，而且季节性（主要是农闲时）和流动性很强。

# 第五章

# 第三产业的发展

改革开放以来，西河乡的第三产业依托煤炭产业的快速增长，得到了平稳发展①。进入新世纪以后，当地农村工业化和城镇化建设的逐步加快，为农村第三产业的发展提供了新的发展空间和动力，特别是交通运输业和商业饮食业的发展迅速。不过，同样是推动农村城市化亟须的第三产业的其他行业，如金融、信息服务、旅游业等发展则仍明显不足。

## 第一节　第三产业发展概况

改革开放后，西河乡第三产业的发展较为平稳，从20世纪80年代西河乡第三产业经济收入变动的具体特征来看，绝对额有相当大幅度的增长。第三产业收入在农村经济总收入中所占的比重虽有所提高，但总体而言，提高幅度还很有限。

### 一　第三产业的平稳发展

首先，从西河乡第三产业经济收入具体数额来看，改革开放至今虽经历

---

　　① 农村第三产业是指农村中为农民生产和生活提供第三产业产品的部门，涵盖了农村经济中除农业、工业和建筑业以外的行业，具体包括商品流通业、交通运输业、服务业、物资仓储业、金融保险业、旅游业、咨询业、房地产管理业、居民服务业、卫生社会福利、科研和综合技术服务、乡镇经济组织管理等行业。农村第三产业作为一个以物流、资金流、信息流等服务于农村经济社会的特殊产业部门，是连接生产与消费的桥梁和纽带，是农村经济的重要组成部分，关系着农村经济的整体发展，也是衡量农村现代化程度的重要标志。发展农村第三产业，是农村经济结构调整的重要方面，也是全面建设小康社会的关键。

了几次起伏，仍保持了较大幅度增长。改革开放初期的 20 世纪 80 年代，西河乡的第三产业收入一直保持在较低水平，基本维持在一二百万元左右。1984 年西河乡的第三产业经济收入只有 157.56 万元，此后一直到 1992 年基本维持逐年小幅度增长的态势。1993 年开始，西河乡第三产业进入了一个大幅度攀升阶段，当年第三产业收入在上年基础上翻了一番，首次超过千万元，达到 1351 万元，此后在整个 90 年代基本保持了这种稳步增长的趋势。进入 21 世纪后，在基数增大的情况下，西河乡第三产业的增长速度有所放缓，前期一直维持在 7000 万元到 9000 万元的水平。2005 年西河乡三产收入达到 1.23 亿元，首次超过亿元。2006 年后又有了进一步增加。见表 5 - 1，图 5 - 1。

表 5 - 1　1984—2008 年西河乡第三产业收入及在经济总收入中所占比重的变动情况

| 年份 | 第三产业收入（万元） | 经济总收入（万元） | 第三产业收入在总收入中占比（％） |
| --- | --- | --- | --- |
| 1984 | 157.56 | 850.5 | 18.53 |
| 1985 | 151.6 | 943.5 | 16.07 |
| 1986 | 182.36 | 1176.17 | 15.50 |
| 1987 | 221.16 | 1475.49 | 14.99 |
| 1989 | 255.35 | 2674.34 | 9.55 |
| 1990 | 333.46 | 2771.89 | 12.03 |
| 1991 | 445 | 3151 | 14.12 |
| 1992 | 698.12 | 4092.08 | 17.06 |
| 1993 | 1351 | 7849 | 17.21 |
| 1994 | 3581 | 11156 | 32.10 |
| 1995 | 5113 | 15498 | 32.99 |
| 1996 | 7049.9 | 17876.4 | 39.44 |
| 1997 | 6514 | 16958 | 38.41 |
| 1998 | 9538 | 23624 | 40.37 |
| 1999 | 7729 | 19491 | 39.65 |
| 2000 | 9363 | 20731 | 45.16 |
| 2001 | 7130 | 17038 | 41.85 |
| 2002 | 9053 | 19636 | 46.10 |

续表

| 年份 | 第三产业收入（万元） | 经济总收入（万元） | 第三产业收入在总收入中占比（％） |
|---|---|---|---|
| 2003 | 8724 | 24364 | 35.81 |
| 2004 | 9358 | 27738 | 33.74 |
| 2005 | 12335 | 36116 | 34.15 |
| 2006 | 13005 | 42193 | 30.82 |
| 2007 | 13779 | 46492 | 29.64 |
| 2008 | 15417.75 | 53717.2 | 28.70 |

资料来源：根据历年《阳城统计年鉴》及西河乡统计工作站提供数据整理得出。其中缺少 1988 年相关统计数字。

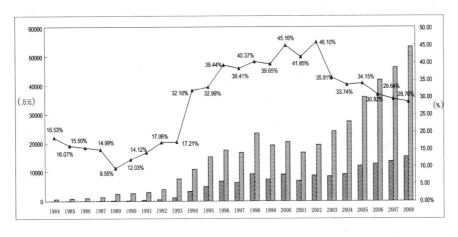

**图 5-1　1984—2008 年西河乡第三产业收入及在经济总收入中所占比重变动趋势图**

资料来源：根据历年《阳城统计年鉴》及西河乡统计工作站提供数据整理得出。其中缺少 1988 年相关统计数字。

　　虽然从绝对值来看，西河乡第三产业有了稳步发展，但是从改革开放以来第三产业收入在农村总收入中的占比看，经历了一个先升后降的过程。从 20 世纪 80 年代中期至 21 世纪初期，西河乡第三产业收入在乡总收入中所占比例的变动情况大体可划分为三个阶段。第一阶段为从 1984 年到 1992 年，西河乡第三产业收入绝对额虽有所增长，但所占比例一直在 9.55% 至 18.53% 间徘徊，增长不太明显。自 1993 年至 2002 年为第二阶段，第三产业的重要程度逐步提升。1993 年第三产业收入在总收入中占比从上年的 17.21%

猛增至 32.10%，此后基本保持逐年增长，至 2002 年达到巅峰值 46.1%。自
2003 年开始进入第三阶段，前期的增长趋势开始逆转，当年第三产业占比降至
35.81%，此后总体呈现逐年下降，至 2008 年已降至只占 28.70%。西河乡第
三产业收入在三次产业收入中占比的变动过程显示，改革开放以来西河乡第三
产业有了一定发展，但在三次产业中的相对地位变动尚不十分明显。

西河乡第三产业变动轨迹的形成并非偶然，特别是其在 20 世纪 90 年代
初期开始的快速发展，有着深刻的宏观经济和政策背景。这一阶段，随着社
会主义市场经济体制的确立，生产力的解放，不仅推动了农村经济乃至整个
国民经济的持续高速增长，而且促进了当地农村经济结构的快速变革。随着
改革开放力度的明显加大，经济市场化的深入推进，以煤炭经济为主的乡镇
企业和包括第三产业在内的农村非农产业的发展环境明显改善，市场需求对
农村第三产业发展的导向作用显著增强。此外，尤其重要的是，1991 年 10
月发布的《国务院关于加强农业社会化服务体系建设的通知》和 1992 年发
布的《中共中央国务院关于加快发展第三产业的决定》，都标志着农村第三
产业发展的政策环境趋于宽松。

除经济收入外，西河乡第三产业产值的变动情况，同样印证了进入新世
纪以后西河乡第三产业发展呈现出总量增长而占比下降的发展状况。

表 5-2  2000—2008 年西河乡社会总产值与第三产业产值变动情况  单位：万元，%

| 年份 | 社会总产值 | 第三产业产值 | 第三产业产值增长率 |
|------|-----------|-------------|------------------|
| 2000 | 29041 | 9729 | — |
| 2001 | 22362 | 10536 | 8.29 |
| 2002 | 25403 | 10842 | 2.90 |
| 2003 | 30087 | 11731 | 8.20 |
| 2004 | 34617 | 12472 | 6.32 |
| 2005 | 44545 | 16456 | 31.94 |
| 2006 | 51775 | 18845 | 14.52 |
| 2007 | 59700 | 19927 | 5.74 |
| 2008 | 83950.4 | 21161.4 | 6.19 |

资料来源：根据西河乡统计工作站提供数据整理得出。

　　2000—2008 年，西河乡的第三产业产值由 9729 万元增长到超过 2 亿元，总量翻了一番多。在产值的递增速度方面，2005 年和 2006 年的增长比较突出，增长率达到了两位数，其中 2005 年增速更是达到了将近 32%，其他年份则都保持了个位数的增长。见表 5 - 2。

　　而从第三产业产值在社会总产值中的占比来看，如图 5 - 2 所显示，几年中，除 2001 年和 2002 年的第三产业产值在西河乡社会总产值中的占比超过 40% 以外，一般年份都维持在 35% 左右，并自 2001 年起总体趋势逐步下降，其中，2001—2004 年和 2006—2008 年两个时间段下降趋势更为明显，这表明新世纪以来西河乡第三产业在三次产业中的重要性在不断降低。特别是 2008 年，虽然西河乡社会总产值在上年的基础上猛增了 64.85%，达到 83950.4 万元，但由于第三产业产值只增长了 6.19%，在社会总产值中所占的比重下降至进入新世纪以来最低的 25.21%，这显示出近年来西河乡第三产业相对重要性不断降低的趋势还没有扭转的迹象。

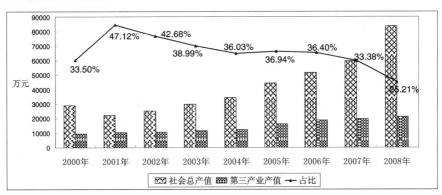

**图 5 - 2　2000—2008 年西河乡社会总产值与第三产业产值变动情况**
资料来源：根据西河乡统计工作站提供数据整理得出。

　　西河乡第三产业进入新世纪以来的变动轨迹与这一时期西河乡第二产业的变动趋势密切相关。

## 二　第三产业内部结构的变化

　　从内部结构来看，自 20 世纪 80 年代至今，由于当地煤炭外运的需要，交通运输业在西河乡第三产业中居于主导地位，经济收入在第三产业经济收入中所占比重比较稳定，一直保持在 50% 以上，个别年份甚至接近 70%。

在西河乡的各村当中，郭河村和庄头村凭借各自的优势成为西河乡第三产业发展的领头羊。

1. 第三产业内部各部门结构变动情况

西河乡运输业以煤炭运输业为主，这与西河乡煤炭工业在地方经济中的强势地位密不可分。位居其次的是商业饮食业。20 世纪 90 年代，西河乡商业饮食业发展一直比较平稳，进入新世纪后一度有所下滑，但很快企稳回升，特别是近两年，商业饮食业的发展有加速迹象。如图 5－3 所示。

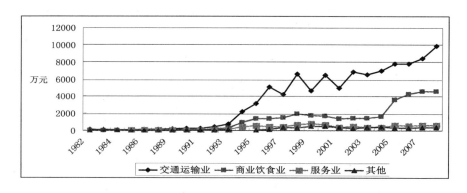

**图 5－3　1982—2008 年西河乡第三产业内部各部门经济收入变动情况**

资料来源：根据历年《阳城统计年鉴》及西河乡统计工作站提供数据整理得出。其中缺少 1988 年相关统计数字。

西河乡的服务业和第三产业内部的其他产业经济收入在进入 20 世纪 90 年代后也有所增长，但近 10 年来的总体变动趋势可以用稳中有降来概括，落后于交通运输业和商业饮食业的发展，特别是服务业在第三产业内部的重要性下降比较明显。见图 5－4。

近年来，西河乡第三产业内部各部门的产值变动情况与经济收入变动情况也大体相仿。从产值的增长幅度来看，商业部门表现最为突出，由 2002 年的 1565 万元增长至 2008 年的 5241 万元，增幅为 2.35 倍；同期运输业产值由 8146.1 万元增长至超过 1.4 亿元，增幅为 75.9％；饮食业产值由 513.5 万元增至 536 万元，增幅为 4.38％；服务业由 500.5 万元增至 834.3 万元，增幅为 66.7％；其他第三产业部门由 117 万元增至 219 万元，增幅为 87.2％。见表 5－3。

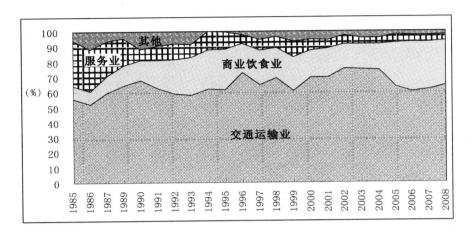

**图 5 - 4　1985—2008 年西河乡第三产业内部各部门经济收入所占比重变动情况**

资料来源：根据历年《阳城统计年鉴》及西河乡统计工作站提供数据整理得出。其中缺少 1988 年相关统计数字。

表 5 - 3　　2002—2008 年西河乡第三产业内部产值结构变动情况　　单位：万元,%

| 年份 | 合计 | 运输业 | 占比 | 商业 | 占比 | 饮食业 | 占比 | 服务业 | 占比 | 其他 | 占比 |
|---|---|---|---|---|---|---|---|---|---|---|---|
| 2002 | 10842.1 | 8146.1 | 75.13 | 1565 | 14.43 | 513.5 | 4.74 | 500.5 | 4.62 | 117 | 1.08 |
| 2003 | 11731.4 | 8739.5 | 74.50 | 1649.5 | 14.06 | 644.5 | 5.49 | 613.7 | 5.23 | 84.2 | 0.72 |
| 2004 | 12472 | 9520 | 76.33 | 1610 | 12.91 | 608 | 4.87 | 607 | 4.87 | 127 | 1.02 |
| 2005 | 16455.2 | 10995.8 | 66.82 | 3886.7 | 23.62 | 655 | 3.98 | 727 | 4.42 | 190.7 | 1.16 |
| 2006 | 18845.2 | 12029 | 63.83 | 4964.7 | 26.34 | 753 | 4.00 | 866 | 4.60 | 232.5 | 1.23 |
| 2007 | 19927 | 12874 | 64.61 | 4982.8 | 25.01 | 788 | 3.95 | 929.2 | 4.66 | 353 | 1.77 |
| 2008 | 21161.4 | 14331.1 | 67.72 | 5241 | 22.86 | 536 | 4.05 | 834.3 | 4.55 | 219 | 1.13 |

资料来源：根据西河乡统计工作站提供数据整理得出。

　　与产值增长速度的变动趋势相呼应，近年来，尽管交通运输业在市场内部的优势地位没有动摇，但所占比重已从 2002 年的超过 75% 降至 2007 年的不足 65%，2008 年略有恢复，占到 67.72%。与之相对照，2002 年商业产值在第三产业内部所占份额不足 15%，2005 年以后的几年，这一比重基本占到四分之一左右，表现突出。第三产业内部其他部门的重要程度都相对较低，且几年来变动不明显。见图 5 - 5。

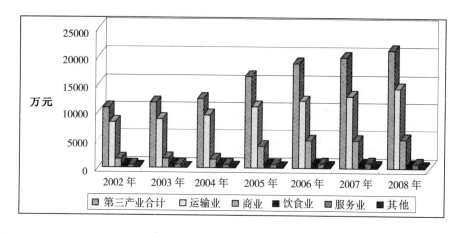

图 5 - 5　西河乡 2002—2008 年第三产业内部产值结构变动情况图

资料来源：根据西河乡统计工作站提供数据整理得出。

2. 各村第三产业发展状况

由于村中其他产业发展程度不一致、所处地理位置存在差异等方面因素的影响，西河乡各村第三产业的发展并不均衡。

首先，从西河乡各村第三产业产值来看，在新世纪初期的 2002—2004 年，郭河村的第三产业产值一直在全乡居于首位，占到四分之一左右，紧随其后的分别是西沟村和王曲村。郭河村是西河乡人民政府所在地，其他一些重要的文教、卫生、金融等部门，如西河乡初级中学、西河乡派出所、西河乡卫生站及西河乡信用社都集中分布在这里，因此郭河村第三产业的发展与其他村相比有着得天独厚的区位优势。

从 2005 年开始，前几年在全乡第三产业产值中所占份额不足 10% 的庄头村异军突起，当年第三产业产值在全乡占比从上年的 8.02% 猛增至 29.84%，2007 年和 2008 年略降，仍达到 27.12%，取代了郭河村成为全乡第一。这一时期，庄头村第三产业迅猛发展的势头与该村发展战略向地面企业调整有关。当年该村兴办了旭东商贸有限公司，这是一个主营家电的大规模商业企业，拥有一座位于县城商业区的三层商业大楼。此外，这一时期村中一些地面工业企业，如兴胜针织厂和世纪鞭炮厂的发展和扩张，也直接带动了该村物流及服务等第三产业部门的发展。第三产业发展一直相对较为滞后的分别是西丰村和宋王村，两个村几年来第三产业产值在全乡合计中的占比都不超过 1%。见表 5 - 4。

表 5 - 4　　　　2002—2008 西河乡各村第三产业产值变动情况　　　单位：万元,%

| 村庄 | 2002 年 | 占比% | 2003 年 | 占比% | 2004 年 | 占比% | 2005 年 | 占比% | 2006 年 | 占比% | 2007 年 | 占比% | 2008 年 | 占比% |
|---|---|---|---|---|---|---|---|---|---|---|---|---|---|---|
| 合计 | 10842.1 | 占比% | 11731.4 | 占比% | 12472 | 占比% | 16455.2 | 占比% | 18845.2 | 占比% | 19927 | 占比% | 21161.4 | 占比% |
| 西沟 | 1806 | 16.66 | 2058 | 17.54 | 1781 | 14.28 | 2322 | 14.11 | 2721.8 | 14.44 | 2870 | 14.40 | 3270 | 15.45 |
| 阳邑 | 696 | 6.42 | 765 | 6.52 | 1192 | 9.56 | 964 | 5.86 | 1162.3 | 6.17 | 1246 | 6.25 | 1384 | 6.54 |
| 郭河 | 2848.6 | 26.27 | 2766.6 | 23.58 | 3076 | 24.66 | 2912.2 | 17.70 | 3126.8 | 16.59 | 3597 | 18.05 | 3678.4 | 17.38 |
| 庄头 | 872 | 8.04 | 898 | 7.65 | 1000 | 8.02 | 4910 | 29.84 | 5709.1 | 30.29 | 5405 | 27.12 | 5738 | 27.12 |
| 北任 | 260 | 2.40 | 310 | 2.64 | 310 | 2.49 | 360 | 2.19 | 422.7 | 2.24 | 358 | 1.80 | 360 | 1.70 |
| 峪则 | 462 | 4.26 | 540 | 4.60 | 545 | 4.37 | 589 | 3.58 | 684.9 | 3.63 | 742 | 3.72 | 782 | 3.70 |
| 王曲 | 1195 | 11.02 | 1145 | 9.76 | 1232 | 9.88 | 1322 | 8.03 | 1582.2 | 8.40 | 1750 | 8.78 | 1934 | 9.14 |
| 上李 | 208 | 1.92 | 163.3 | 1.39 | 191 | 1.53 | 280 | 1.70 | 357.4 | 1.90 | 414 | 2.08 | 487 | 2.30 |
| 孙沟 | 538 | 4.96 | 1058 | 9.02 | 922 | 7.39 | 501 | 3.04 | 614 | 3.26 | 773 | 3.88 | 1310 | 6.19 |
| 宋王 | 102 | 0.94 | 131 | 1.12 | 125 | 1.00 | 126 | 0.77 | 150.5 | 0.80 | 163 | 0.82 | 140 | 0.66 |
| 崔凹 | 208 | 1.92 | 209 | 1.78 | 203 | 1.63 | 226 | 1.37 | 273.3 | 1.45 | 293 | 1.47 | 297 | 1.40 |
| 陕庄 | 1026.5 | 9.47 | 917.5 | 7.82 | 937 | 7.51 | 1084 | 6.59 | 1083.2 | 5.75 | 1170 | 5.87 | 1170 | 5.53 |
| 西丰 | 40 | 0.37 | 55 | 0.47 | 80 | 0.64 | 99 | 0.60 | 104 | 0.55 | 114 | 0.57 | 110 | 0.52 |
| 中寨 | 580 | 5.35 | 715 | 6.09 | 878 | 7.04 | 760 | 4.62 | 853 | 4.53 | 1032 | 5.18 | 501 | 2.37 |

资料来源：根据西河乡统计工作站提供数据整理得出。

　　以西河乡各村第三产业产值的上述分布格局和变动趋势，对照第二产业的发展状况，不难发现，西河乡各村第三产业的发育程度与第二产业发展的强弱有着密切的关联，第三产业比较发达的村，通常也是第二产业实力较强的村，这充分反映了以煤炭工业为支柱产业的西河乡，煤炭工业的发展状况对关联产业有着强烈的带动作用，即所谓"一业兴则百业兴"的显著特点。

　　从各村第三产业经营单位的数量来看，根据 2007 年西河乡的统计，全乡 14 个村中，王曲村、郭河村及西沟村三产经营单位数量最多，分别为 40 个、36 个和 34 个，3 个村合计占到全乡第三产业经营单位数的 77.5%，其余 11 个村第三产业经营单位数量都不超过 10 家，上李村和西丰村甚至还是空白，显示了村与村之间第三产业经营企业分布密度差别比较悬殊，而且这一分布状况与各村产值分布状况可以互相得到印证。见表 5 - 5。

表 5 - 5　　　　　2007 年西河乡各村第三产业经营单位分布情况　　　　　单位：个

| 村庄 | 餐饮 | 蔬菜批零 | 零售日杂 | 运输 | 理发 | 冷饮 | 肉铺 | 修理服务 | 药店 | 诊所 | 总计 |
|------|------|----------|----------|------|------|------|------|----------|------|------|------|
| 西沟 | 4 | 2 | 7 | 12 | 4 | 1 | 1 | 3 | — | — | 34 |
| 阳邑 | — | — | 1 | — | — | — | — | — | — | — | 1 |
| 郭河 | 2 | — | 10 | 11 | — | — | — | 13 | — | — | 36 |
| 庄头 | — | — | 1 | — | — | — | — | — | — | — | 1 |
| 北任 | — | — | — | 1 | — | — | 1 | — | — | — | 2 |
| 峪则 | — | — | 2 | 3 | — | — | — | — | — | — | 5 |
| 王曲 | 6 | 2 | 19 | 6 | 2 | — | — | 2 | 3 | — | 40 |
| 上李 | — | — | — | — | — | — | — | — | — | — | 0 |
| 孙沟 | — | — | 3 | — | — | — | — | — | — | — | 3 |
| 宋王 | — | — | 1 | — | — | — | — | — | — | — | 1 |
| 崔凹 | — | — | 2 | 4 | — | — | — | — | — | — | 6 |
| 陕庄 | — | — | 3 | 4 | — | — | — | — | — | — | 7 |
| 西丰 | — | — | — | — | — | — | — | — | — | — | 0 |
| 中寨 | — | — | 2 | — | 1 | — | — | — | 1 | 2 | 6 |
| 总计 | 12 | 4 | 51 | 41 | 7 | 1 | 2 | 18 | 4 | 2 | 142 |

资料来源：根据西河乡统计工作站提供数据整理得出。

在总体格局大致稳定的情况下，各村第三产业企业的数量变动比较频繁。根据 2009 年西河乡集体民营企业基本情况的统计，在不包括从事运输的第三产业企业的情况下，全乡第三产业企业的数量达到 149 个，总体数量有所增加。在各村中，首先是郭河村从事第三产业的经营单位数量最多，达到 53 个，占全乡汇总的三分之一强，其次是西沟村和王曲村。西丰村、宋王村和崔凹村三个村则基本没有从事第三产业的企业，弱势依旧。造成第三产业企业数量变动频繁的主要原因是，西河乡从事第三产业的企业规模都比较小，经营比较灵活，一旦市场环境发生变动，就会很快作出相应调整。见表 5 - 6。

西河乡大多数第三产业企业的规模较小，在上述 149 家第三产业企业中，有 99 家投资规模在 1 万—5 万元之间，占了绝大多数。其余 50 家企业中，投资规模小于 1 万元和投资规模在 6 万—1500 万元之间的各有 25 家。见表 5 - 6。

表 5 – 6 　　　　　　　2009 年西河乡集体私营三产企业汇总表 　　　　　单位：个

| 村庄 | 餐饮 | 批零贸易业 | 洗浴美发 | 修理、服务 | 诊所药店 | 总计 |
|---|---|---|---|---|---|---|
| 西沟 | 5 | 14 | 5 | 2 | 1 | 27 |
| 阳邑 | 1 | 6 | — | — | — | 7 |
| 郭河 | 7 | 28 | 2 | 15 | 1 | 53 |
| 庄头 | 1 | 8 | — | 1 | — | 10 |
| 北任 | — | 2 | — | — | — | 2 |
| 峪则 | — | 3 | 1 | 2 | — | 6 |
| 王曲 | 3 | 7 | 2 | 4 | — | 16 |
| 上李 | — | 4 | — | — | — | 4 |
| 孙沟 | 2 | 4 | 2 | — | — | 8 |
| 宋王 | — | — | — | — | — | 0 |
| 崔凹 | — | — | — | — | — | 0 |
| 陕庄 | 2 | 6 | — | — | — | 8 |
| 西丰 | — | — | — | — | — | 0 |
| 中寨 | 2 | 5 | — | — | 1 | 8 |
| 总计 | 23 | 88 | 12 | 24 | 3 | 149 |

资料来源：根据西河乡经管站提供数据整理得出。表中未包括运输类企业。

从各村第三产业企业的经营内容看，经营商业批发零售的数量最多，2007 年达到 51 家，占全部 142 家第三产业经营单位的三分之一强，其他比较重要的依次是运输业、修理服务业和餐饮业。2009 年，这种格局未发生大的变化，经营批发零售的企业占到除运输业外其他第三产业企业总量的一半以上，位列其后的是修理服务和餐饮业。值得一提的是，除传统的第三产业部门外，西河乡出现了一些新的经营业态。如随着无线通信业务在农村的普及和发展，一些从事相关业务的企业也应运而生。在郭河村，不仅有零售手机的阳城西河赵磊手机经销部、维修手机的阳城西河知己通信，而且有办理全球通入网业务的阳城移动西河通信服务部，实现了一条龙配套服务。

### 三 第三产业劳动力就业情况

第三产业是吸纳农村劳动力就业的重要渠道。20 世纪 70 年代末以来，西河乡第三产业在吸纳农村就业方面取得了一定进展，第三产业就业人数总量 1978 年为 637 人，次年增至 1006 人，1980 年又猛降至 269 人，此后三年第三产业从业人员的数量变动幅度亦较大，这主要是因为在改革开放初期西河乡农村第三产业的发展刚刚起步，还没有发展成为一个相对独立的产业部门，从业者在产业间的转换也比较频繁。80 年代中期以后，第三产业从业人员的数量基本稳定下来，一直保持在 1000 人左右；最多的一年是 2005 年，达到 1264 人，此后第三产业就业劳动力数量略有下降，2008 年在第三产业就业的劳动力数量为 1242 人。第三产业从业人员在西河乡从业人员总数中所占份额的变动趋势也是如此。1978 年西河乡三产就业者占全部就业的 11.40%，1979 年上升至 18%，然而 1980 年这一比例骤降至 4.75%，1981 年恢复到 1979 年代水平，1982 年重又降至 7.66%。此后这种剧烈起伏的现象没再出现，第三产业就业数量在全部就业中所占比例一直在 15%—20% 之间小幅波动，没有超过全部就业人数的五分之一。图 5 - 6 中描述了 1978—2008 年间第三产业就业的变动情况。

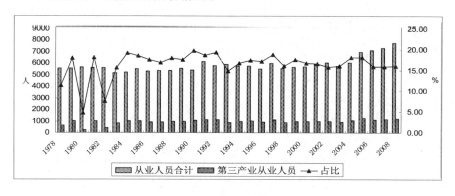

**图 5 - 6 1978—2008 年西河乡第三产业就业情况表**

资料来源：根据 2008 年《阳城统计年鉴》及西河乡统计工作站提供数据整理得出。

在第三产业内部各部门就业结构变动方面，囿于历年统计数据口径不尽一致，这里将第三产业内部就业结构粗略划分为交通运输邮电业、商业饮食业和第三产业其他部门三部分。从 20 世纪 80 年代以来，从第三产业内部就业结构来看，80 年代中后期西河乡交通运输业、邮电业在吸纳就业方面的重要性一直比较突出，自1985年起在交通运输及邮电部门就业的劳动力人数一直占西河乡第三产业就业总数的一半左右，2005年所占比例最低，也达到41.4%。其余部分为商业饮食业和第三产业其他部门所平分。在2000年以来的大多数年份里，商业饮食业就业者占比略超第三产业其他部门的就业。见图5-7。

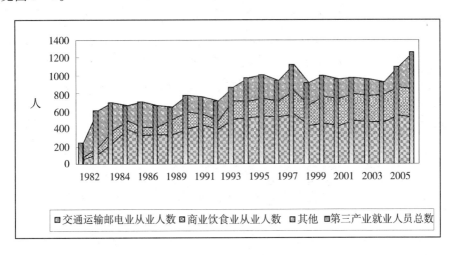

**图5-7　西河乡第三产业内部就业结构变动情况**

资料来源：根据历年《阳城统计年鉴》整理得出。其中缺少1988年相关数据。

除上述总体变动趋势外，2009年西河乡各村集体私营企业基本情况汇总资料更为具体地反映了第三产业经营单位吸纳就业的实际情况。根据该项统计，在不包括运输业的149家第三产业企业中，从业人员共有511人，平均每家企业为3.4人，但由于在旭东商贸有限公司一家就业的就达200人，所以其余企业平均每户只有2.1人。这些企业中除3家从业人员在10人以上外，其余145家中有123家经营单位的就业人员只有1—2人，说明总体来看每个三产经营单位吸纳就业的规模或数量还比较有限。

**四　政府在第三产业发展中的作用**

第二产业特别是煤炭开采业一直是西河乡的支柱产业，这种一产独大的畸形产业结构不可避免地制约着西河乡经济发展的可持续性。进入新世纪以后，面对发展过程中产生的种种问题，西河乡政府开始有意识地调整产业结构，将经济发展战略从过度依赖"地下经济"逐步向开发"地上经济"转移，除大力发展陶瓷、纺织等工业企业外，还积极推动当地第三产业的发展，加大了对第三产业的投资力度，阳城县一中西校区的后勤社会化改革是其中具有代表性的一项。

西河乡从2004年开始开展学校后勤服务社会化的尝试，以阳城县一中西校区为例，当时作为两个不同的投资主体，阳城县政府负责学校教学部门的投资，而西河乡政府则承担了学校后勤设备、设施的投入与建设，并成立了后勤服务中心。至2009年，西河乡政府投资总计约3500万元。学校2005年12月开始招生后，在后勤服务中心的组织、规划和管理下，将服务内容面向社会招标，几年来极大地带动了全乡、特别是紧邻学校的中寨村第三产业的发展和人员就业。

专栏5-1　　　　　阳城一中西校区的后勤社会化改革

受访人：阳城一中西校区后勤服务中心 李经理

阳城一中西校区开展后勤社会化改革以来，尝试将学校的超市、餐厅、学生寝室管理、书店、浴室、开水房、药房等工作采用招标发包的方式承包给公司或个人，引进了竞争机制，以利用市场经济体制管理学校后勤工作，同时带动当地服务业发展和人员就业。

目前学校内有两家超市，其中一个是除本校外在阳城县开办了15—16家连锁店的锁胜超市，解决了8—9人就业，基本为中寨村村民。另一家名为晶晶超市，由一名中寨村村民承包经营。两家超市都是封闭式经营，只面向校内学生，实行卡式消费（饭卡），年营业额能达到40万以上，上交学校后勤管理部门9万。两家超市之间存在一定竞争，可以使学生得到一些实惠。

学校一共建有4栋宿舍楼，学生的住宿按省物价局的规定收费，每个学生每年500元，宿舍为6人1间，住宿的学生共有2900名左右。每栋楼有6个工作人员，负责管理、清洁卫生工作等。

学校的餐厅是一栋三层楼，每层为一个独立经营的餐厅，其中位于一楼的一餐厅和位于二楼的二餐厅经营者都是面向社会公开招标确定下来的，位于三楼的三餐厅是由学校的后勤部门自己经营。学校后勤部门对三个餐厅按照位置的不同按不同比例从营业额中提成，作为管理费。一餐厅因为楼层低比较便利，客源多，营业额一天能达到6500元至7000元左右，提成比例为15个点。二楼位置略差，一天的营业额在4500元至5500左右，提成比例为12个点。三餐厅每天的营业额在2000元至3000元左右，提成比例为 8 个点。三个餐厅为满足学生们的不同需求提供了条件，不过在经营过程中学校后勤部门也感觉到个人承包过程中存在的一些问题，其中最主要的就是在利润最大化的目标下，餐厅为节约成本在食品卫生安全方面的投入不到位。由于合同的有效期限为 5 年，目前也只能在现有框架内加强管理和督促。

学校有 2 个书店，都是承包经营，其中一家的承包人是中寨村村民。两个书店每年只需根据经营面积大小，向后勤部门缴纳分别为 1300 元和 2000 元房租。1 个理发室，每年上交 5000 元房租。1 个洗衣房，由 2 个本地人经营，每年上交房租 4000 元，电水费按表另算。学校还开办有一个浴室，洗浴的费用是每次 3 元，比社会上的价格略低。2008 年浴室的收入是 47000 元，但是由于支出比较大，每年的设备维修需要 2 万元，负责卖票、烧水的 5 名工作人员的工资每人每月 400 元，每年 3 万元，加上水、电等支出，实际收不抵支。

此外还有一个茶炉，每天中午 12 点至 1 点和晚上 10 点至 10 点半免费提供开水，每年需要用煤 120 吨左右。每年 11 月 15 日开始，有两个大锅炉负责全校的冬季供暖（共 6 万多平方米），需雇用 10 个工人，耗煤 1000 吨左右。前几年由政府协调，一般都可以每吨 100 元左右的优惠价格购得本地煤炭，此次煤炭资源整合后，煤的来源也成了问题。

药房由学校后勤部门与中寨村卫生所签订协议，为学生提供医疗服务，每年只收 1000 元房租，共有 2 名工作人员。

总体看，后勤部门一年收回 200 万元，管理费支出将近 150 万元（后勤管理人员工资、工具、维修支出），盈余 50 万元左右。目前存在的主要问题是由于投资主体的不同，二者间利益分配在某些方面还存在一定冲突，需要加强协调。

# 第二节　交通运输、商业与餐饮业

自 20 世纪 80 年代以来，在西河乡第三产业中，交通运输业一直占据主导地位。随着城镇化的推进，人们生活水平的提高，西河乡与居民生活密切相关的商业、饮食业也得到很大的发展。

## 一　交通运输业

公路建设大大促进了西河交通运输业的发展。由于资源丰富，特别是煤炭储量丰富，山西省成为全国的能源重化工基地和能源外调大省，这直接带动了服务于煤炭等资源外运的运输业的发展。随着经济实力的增强和促进煤炭外运的客观需要，西河乡一直比较重视对乡村道路的建设，近年来具有城郊型特点的新农村建设的开展，进一步推动了当地乡村道路的硬化与联网。主干道陵沁公路南北纵越西河境内，村村通路网建设也基本完成，投资2500万元完成了西校路建设工程，不仅方便了群众的出行，也为当地交通运输业的发展创造了良好的条件。此外，正在规划建设中的阳城至垣曲二级公路将进一步打通西河与外界的交通联系。根据山西省"十一五"路网规划，公路全长51公里，起点位于西河乡峪则村，与省主干道陵沁线相接，建成后既可贯通阳城、运城垣曲两县，又使晋东南和晋西南有了新的运输通道，完善了山西省南部地区的公路网布局，这对于进一步改善西河乡的交通条件和投资环境无疑具有积极意义。

表5-7　　　2002—2008年西河乡各村交通运输业产值分布状况表　　　单位：万元，%

| 村庄 | 2002年 | | 2003年 | | 2004年 | | 2005年 | | 2006年 | | 2007年 | | 2008年 | |
|---|---|---|---|---|---|---|---|---|---|---|---|---|---|---|
| | 数额 | 占比 | 数额 | 占比 | 数额 | 占比 | 数额 | 占比 | 数额 | 占比 | 数额 | 占比 | 数额 | 占比 |
| 合计 | 8146.1 | 100 | 8739.5 | 100 | 9520 | 100 | 10995.8 | 100 | 12029 | 100 | 12874 | 100 | 14331.1 | 100 |
| 西沟 | 1050 | 12.89 | 1083 | 12.39 | 986 | 10.36 | 1161 | 10.56 | 1372 | 11.41 | 1439 | 11.18 | 2015 | 14.06 |
| 阳邑 | 660 | 8.10 | 724 | 8.28 | 1148 | 12.06 | 919 | 8.36 | 1104 | 9.18 | 1180 | 9.17 | 1290 | 9.00 |
| 郭河 | 2608.6 | 32.02 | 2528 | 28.93 | 2684 | 28.19 | 2430.8 | 22.11 | 2083 | 17.32 | 2627 | 20.41 | 2837.1 | 19.80 |
| 庄头 | 520 | 6.38 | 525 | 6.01 | 595 | 6.25 | 2560 | 23.28 | 3054 | 25.39 | 2800 | 21.75 | 2950 | 20.58 |
| 北任 | 220 | 2.70 | 281 | 3.22 | 280 | 2.94 | 300 | 2.73 | 354 | 2.94 | 300 | 2.33 | 317 | 2.21 |
| 峪则 | 280 | 3.44 | 301 | 3.44 | 340 | 3.57 | 361 | 3.28 | 423 | 3.52 | 458 | 3.56 | 495 | 3.45 |
| 王曲 | 800 | 9.82 | 770 | 8.81 | 832 | 8.74 | 920 | 8.37 | 1084 | 9.01 | 1200 | 9.32 | 1326 | 9.25 |
| 上李 | 167 | 2.05 | 148 | 1.69 | 189 | 1.99 | 257 | 2.34 | 328 | 2.73 | 386 | 3.00 | 458 | 3.20 |
| 孙沟 | 440 | 5.40 | 880 | 10.07 | 810 | 8.51 | 420 | 3.82 | 471 | 3.92 | 588 | 4.57 | 1110 | 7.75 |
| 宋王 | 32 | 0.39 | 35 | 0.40 | 35 | 0.37 | 40 | 0.36 | 48 | 0.40 | 53 | 0.41 | 60 | 0.42 |
| 崔凹 | 175 | 2.15 | 188 | 2.15 | 182 | 1.91 | 196 | 1.78 | 232 | 1.93 | 248 | 1.93 | 240 | 1.67 |
| 陕庄 | 773.5 | 9.50 | 761.5 | 8.71 | 789 | 8.29 | 901 | 8.19 | 898 | 7.47 | 970 | 7.53 | 970 | 6.77 |
| 西丰 | 20 | 0.25 | 25 | 0.29 | 30 | 0.36 | 30 | 0.27 | 41 | 0.34 | 44 | 0.34 | 45 | 0.31 |
| 中寨 | 400 | 4.91 | 490 | 5.61 | 620 | 6.51 | 500 | 4.55 | 537 | 4.46 | 581 | 4.51 | 218 | 1.52 |

资料来源：根据西河乡统计工作站提供数据整理得出。

在西河乡第三产业中，交通运输业自20世纪80年代以来一直占据主导地位。从绝对值来看，西河乡交通运输业经营收入从 1982 年的 100 万元增长到 2008 年的 9868 万元，增长超过 80 倍。从图 5－8 可以直观看出，西河乡运输业经济收入的迅猛增长于 20 世纪 90 年代中期开始启动，这一时期恰逢社会主义市场经济体制得到确立，为运输业、特别是私营运输业的发展创造了良好的外部条件。

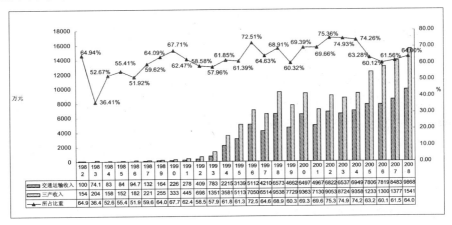

**图 5－8　1982—2008 年西河乡交通运输业经营收入变动趋势图**

资料来源：根据历年《阳城统计年鉴》及西河乡统计工作站提供数据整理得出。其中缺少 1988 年相关统计数字。

不过，总体来看，运输业在第三产业内部所占比重变动不大。1982 年运输业在第三产业中占比为 64.94%，次年这一比例猛降至 80 年代以来的最低值 36.41%，此后运输业经营收入在第三产业内部所占比重一直在 50%—70% 间横向波动。

由于运输业是西河乡第三产业中的支柱产业，各村运输业的发展状况与前面分析的第三产业发展的总体情况基本相吻合。2002—2008 年各村交通运输业产值分布显示，2004 年以前，郭河村的交通运输业在西河乡独占鳌头，最高的 2002 年该村交通运输业产值在全乡占比达到 32.02%。2005 年开始庄头村异军突起，由前几年的在全乡占 6% 左右猛增至超过 20%，取代郭河村，成为近年来全乡交通运输业产值最高的村。此外，西沟村、阳邑村的交通运输业产值也相对较高，在全乡占比基本保持在 10% 左右。宋王村和西丰村则是全乡运输业发展最为薄弱的村，几年来在全乡产值中的占比都不足 1%。见表 5－7。

专栏 5-2                           西河乡陕庄村的运输业

　　受访人：村书记毕小廷；运输从业人员陕阳峰、陕小雄、陕锋兵

　　西河乡陕庄村位于县城西七公里处，陵沁公路穿村而过，交通便利，煤炭资源丰富。村集体拥有陕庄联营煤矿、综合服务公司、家具厂等多个村办企业，不仅带动了本村运输业的发展，而且吸引了不少村外人员来此从事运输业。目前村中从事运输业的人员有百余人，其中一些人以前是煤矿工人。许多从事运输业的村民通过贷款等方式自己购买了东风、福田、红岩等运输用车，目前全村有从事客、货运的车辆约五六十辆。

　　煤炭运输一直是村运输业的大头，目前主要是运往豫西北和晋东南的物资集散地、晋煤外运的重要通道——河南济源。80 公里左右的路程通常是一天来回。2008—2009 年每吨煤的运价在 55—60 元，一辆载重 20 吨左右的货车往来一次的毛收入约为 1300 元，扣除汽油费、沿途缴纳的 200 余元路桥费、一次性缴纳后分摊下来的养路费和大车保险费、支付给司机等人员（雇用司机的月工资为 2000 元左右，本地跟车人员为 1000 元，在长时间没有活时还要支付司机生活费每月 300—400 元）的劳务费用，以及一些汽车维修、交警罚款等不确定的费用后，一趟下来的净收入约为 300—400 元。如按通常情况下每月跑 10 趟左右计算，每个运输户一年的收入在 3 万—5 万元。事实上，煤炭运输的业务量和收入水平并不稳定，几年来随着煤炭市场供求形势的变化而时有起伏。据受访者介绍，2006 年和 2007 年的煤炭运输市场比较红火，2008 年下半年和 2009 年上半年，由于当地煤炭市场受到全球性金融危机的波及和山西煤炭资源整合的影响，业务锐减，2009 年下半年又开始有所恢复。


## 二　乡村商业发展状况

　　改革开放以前，西河供销合作社曾经是为当地百姓提供日常生产、生活资料的主要物资分配和商业流通机构。改革开放以后，随着市场经济体制的建立和工农业产品销售市场的放开，集体、民营商业企业日渐增多，这些企业在经营上的灵活性带来的独特优势，使供销社在竞争中已不再能够保持昔日一家独大的地位。目前位于西沟村的西河供销社综合批发部投资规模只有 5 万元，经营一些针织用品、预包装食品、五金交电及日杂百货，年营业收入为 8 万元，从业人员只有 2 人。

　　改革开放后，西河商业出现了快速发展。从 1982 年到 2007 年，西河乡

商业、饮食业经营收入从 25 万元增长到 44610 万元，特别是 2005 年和 2006 年，增长更为明显，2007 年后增长势头开始放缓。与此同时，商业饮食业在第三产业内部重要地位也有所提升，从 1982 年的占 16.23% 增长至 2006 年的占 32.81%，2008 年略降至 29.63%。见图 5 - 9。

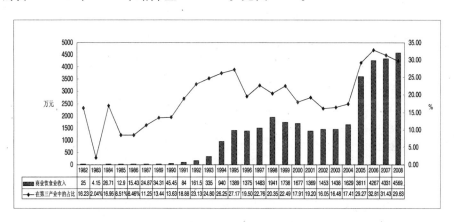

**图 5 - 9　1982—2008 年西河乡商业、饮食业经营收入总体变动趋势**

资料来源：根据历年《阳城统计年鉴》及西河乡统计工作站提供数据整理得出。其中缺少 1988 年相关统计数字。

进入新世纪以后，西河乡的商业流通业出现了跳跃式发展。2004 年以前历年产值在 1600 万元左右，2005 年猛增至近 4000 万元，此后一直保持在 5000 万元左右。从各村来看，2004 年以前，西沟村的商业产值在全乡占到四分之一左右，居于首位。2005 年，庄头村旭东商贸有限公司开业，使得该村农村商业产值突飞猛进，由上年的 265 万元猛增至 2300 万元，在全乡商业产值中的比例从 14.85% 猛增至 59.18%，2008 年进一步增长至 2720 万元，占比虽略降，为 51.08%，但仍超过全乡商业产值的一半，从而彻底取代了西沟村，坐上了西河乡商业产值的头把交椅。相比较而言，北任村、上李村、崔凹村和西丰村的农村商业发展比较滞后。见表 5 - 8。

目前西河乡的商业企业从经营方式和经营内容看，涵盖了多种商业形态，其中主要包括：

1. 大型综合性商业企业，如庄头村开办在阳城县的旭东商贸有限公司注册资金达到 1500 万元，2008 年销售收入 3800 万元，成为阳城县首批得到授权的家电下乡销售网点。

2. 注册资金从几千元到几十万元不等的中、小型商业批发、零售企业和便利超市。随着城镇化建设的不断推进，特别是开展新农村建设以后，西河乡越来越多的农民住上了当地统一规划建设的二层连栋住宅，这些新建住宅面积较大，一般都是上下二层小楼，顶上还有一个阁楼。一些居住条件比较宽裕的临街住户便将一层开发为铺面房，自己经营或出租给他人开办小超市，经营一些与村民生活密切相关的柴米油盐等食品、日杂用品和服装等。这些小店铺方便了当地农民的生活，不足之处是由于在进货渠道等方面的管理还不是十分规范，一些假冒伪劣商品混迹其中，对日后进一步加强这方面的管理提出了要求。

表 5 - 8　　　　2002—2008 年西河乡各村商业产值分布状况　　　　单位：万元，%

| 村庄 | 2002 年 | | 2003 年 | | 2004 年 | | 2005 年 | | 2006 年 | | 2007 年 | | 2008 年 | |
|---|---|---|---|---|---|---|---|---|---|---|---|---|---|---|
| | | 占比 | | 占比 | | 占比 | | 占比 | | 占比 | | 占比 | | 占比 |
| 合计 | 1565 | 占比 | 1649.5 | 占比 | 1610 | 占比 | 3886.7 | 占比 | 4964.7 | 占比 | 4982.8 | 占比 | 5241 | 占比 |
| 西沟 | 447 | 28.56 | 505 | 30.62 | 364 | 22.61 | 473 | 12.17 | 560 | 11.28 | 594 | 11.92 | 900 | 17.17 |
| 阳邑 | 28 | 1.79 | 32 | 1.94 | 35 | 2.17 | 36 | 0.93 | 46 | 0.93 | 52 | 1.04 | 60 | 1.14 |
| 郭河 | 153 | 9.78 | 156.5 | 9.49 | 282 | 17.52 | 382.7 | 9.85 | 877 | 17.66 | 760.8 | 15.27 | 674 | 12.86 |
| 庄头 | 230 | 14.70 | 245 | 14.85 | 265 | 16.46 | 2300 | 59.18 | 2594.1 | 52.25 | 2545 | 51.08 | 2720 | 51.90 |
| 北任 | 30 | 1.92 | 25 | 1.52 | 20 | 1.24 | 20 | 0.51 | 23 | 0.46 | 20 | 0.40 | 15 | 0.29 |
| 峪则 | 40 | 2.56 | 54 | 3.27 | 41 | 2.55 | 50 | 1.29 | 63 | 1.27 | 69 | 1.38 | 50 | 0.95 |
| 王曲 | 260 | 16.61 | 215 | 13.03 | 230 | 14.29 | 240 | 6.17 | 293 | 5.90 | 320 | 6.42 | 348 | 6.64 |
| 上李 | 41 | 2.62 | 14 | 0.85 | 2 | 0.12 | 15 | 0.39 | 20 | 0.40 | 21 | 0.42 | 23 | 0.44 |
| 孙沟 | 66 | 4.22 | 140 | 8.49 | 60 | 3.73 | 58 | 1.49 | 112.8 | 2.27 | 152 | 3.05 | 150 | 2.86 |
| 宋王 | 20 | 1.28 | 35 | 2.12 | 35 | 2.17 | 35 | 0.90 | 41.5 | 0.84 | 80 | 1.61 | 50 | 0.95 |
| 崔凹 | 21 | 1.34 | 7 | 0.42 | 12 | 0.75 | 15 | 0.39 | 22.1 | 0.45 | 26 | 0.52 | 30 | 0.57 |
| 陕庄 | 119 | 7.60 | 96 | 5.82 | 90 | 5.59 | 106 | 2.73 | 126 | 2.54 | 135 | 2.71 | 135 | 2.58 |
| 西丰 | 10 | 0.64 | | 0.00 | 20 | 1.24 | 6 | 0.15 | 6.2 | 0.12 | 10 | 0.20 | 10 | 0.19 |
| 中寨 | 100 | 6.39 | 125 | 7.58 | 150 | 9.32 | 150 | 3.86 | 180 | 3.63 | 198 | 3.97 | 76 | 1.45 |
| 乡级 | 4 | 0.26 | | | 4 | 0.25 | | | | | | | | |

数据来源：根据西河乡统计工作站提供数据整理得出。

3. 农产品收购和销售网点，经营饲料销售、粮食收购、粮油、蔬菜、生鲜肉、副食的销售等，一般经营规模都比较小，其中规模最大的是西沟村的张学锋饲料销售部，投资规模和年营业收入分别达到 20 万元和 30 万元。

4. 药店，如西沟村、郭河村和中寨村各有一个经营中药饮品、中成药及抗生素等的药店，投资规模和销售收入都只有几万元。

5. 小型电器、建材商店，主要销售手机、电脑配件、五金建材等，经营规模通常在几万元。

6. 殡葬用品商店，经营殡葬用品、花圈纸扎等，这样的店铺共有 4 家。

为了顺应农民消费升级的新趋势，发挥财政政策对扩大农村消费的职能作用，从 2007 年 12 月开始，财政部、商务部在山东、河南、四川三省开展了财政补贴家电下乡产品的试点工作，对农民购买补贴品种内的家电产品给予产品销售价格 13% 的财政资金直补。试点取得了显著成效，对于健全农村家电流通网络、改善农村消费环境，实现财政政策与生产、贸易政策的结合都产生了积极效果。在此基础上，财政部、商务部开始加快推进家电下乡，继 2008 年年底将内蒙古、辽宁等 14 个省、自治区、直辖市及计划单列市推广地区范围后，从 2009 年 2 月 1 日起，包括山西在内的其余省、自治区、直辖市、计划单列市以及新疆生产建设兵团也全面开展了家电下乡，全国范围内统一实施的家电下乡补贴品种也从初期的彩电、冰箱（冰柜）、洗衣机、手机 4 类产品扩大至包括摩托车、电脑、热水器、空调、微波炉和电磁炉在内的 10 大类产品。西河乡家电下乡补贴情况见表 5-9。

表 5-9 中乡财政所提供的统计数字只包括 2009 年 7 月底以前的情况，2009 年 8 月以后领取补贴改为在县财政办理。由于得到授权的家电下乡经销商大多集中在阳城县城，此举是为了使农民能够更加便捷地拿到财政兑付的家电下乡补贴。

专题 5-3　　　　　　　　西河乡家电下乡推广情况

受访人：西河乡财政所曹所长

为了促进家电下乡的顺利开展，2009 年年初开始，西河乡加大了对家电下乡的宣传力度，财政局印刷了一户一张相关政策和规定的宣传材料，向村民每家每户发放，发放共计 3000 余张。据乡财政所介绍，村民对此项政策的理解也由一个从刚开始的心存疑虑到逐渐认同的过程。从该乡家电下乡补贴情况可以看出，在家电下乡推广初期的 4、5 月份，购买入围家电产品的数量还比较有限，补贴额也比较少。随着农民真的从中得到了实惠，体验到了这项政策给他们带来的实实在在的好处，从 5 月下旬开始，购买量迅速上升，补贴额也从前段时期的每半个月不足千元，增加到 4000 余元，7 月下半月更达到 6000 余元。从购买电器的种类来看，冰箱（及冰柜）最受当地村民欢迎。据介绍，由于西河乡在开展新农村建设过程中，对于村里规划建设

表 5－9　　　　　　　　　　西河乡家电下乡补贴情况汇总报表

| 序号 | 月份 | 彩电 | 冰箱（含冰柜） | 手机 | 洗衣机 | 空调 | | 热水器 | | | 电脑 | 微波炉 | 电磁炉 | 合计（台） | 合计金额（元） | 备注 |
|---|---|---|---|---|---|---|---|---|---|---|---|---|---|---|---|---|
| 1 | 3月 | — | — | — | — | — | — | — | — | — | — | — | — | — | — | 县财政兑付 |
| 2 | 4月上半月 | 1 | 2 | — | 1 | — | — | — | — | — | — | — | — | 4 | 728.91 | 县财政兑付 |
| 3 | 4月下半月 | 3 | 1 | — | — | — | — | — | — | — | — | — | — | 4 | 923.39 | 县财政兑付 |
| 4 | 5月上半月 | 1 | 1 | — | 1 | — | — | — | — | — | — | — | — | 3 | 421.07 | 乡财政兑付 |
| 5 | 5月下半月 | 5 | 10 | 1 | 3 | — | — | — | — | — | 1 | — | — | 20 | 4518.54 | 乡财政兑付 |
| 6 | 6月上半月 | 2 | 10 | 2 | 2 | — | — | — | — | — | 3 | — | — | 19 | 4721.6 | 乡财政兑付 |
| 7 | 6月下半月 | 1 | 4 | — | 3 | — | — | 1 | — | — | 1 | — | — | 11 | 2491.71 | 乡财政兑付 |
| 8 | 7月上半月 | — | 12 | — | 1 | — | — | — | — | — | 1 | — | — | 14 | 3829.02 | 乡财政兑付 |
| 9 | 7月下半月 | 2 | 12 | — | 2 | 1 | — | — | — | — | 4 | — | — | 21 | 6133.79 | 乡财政兑付 |
| 10 | 8月上半月 | — | — | — | — | — | — | — | — | — | — | — | — | — | | 乡财政兑付 |
| 11 | 8月下半月 | — | — | — | — | — | — | — | — | — | — | — | — | — | | 乡财政兑付 |
| 12 | 9月上半月 | — | — | — | — | — | — | — | — | — | — | — | — | — | | 乡财政兑付 |
| 13 | 9月下半月 | — | — | — | — | — | — | — | — | — | — | — | — | — | | 乡财政兑付 |
| 14 | 10月上半月 | — | — | — | — | — | — | — | — | — | — | — | — | — | | 乡财政兑付 |
| 15 | 10月下半月 | — | — | — | — | — | — | — | — | — | — | — | — | — | | 乡财政兑付 |
| 16 | 11月上半月 | — | — | — | — | — | — | — | — | — | — | — | — | — | | 乡财政兑付 |
| 17 | 11月下半月 | — | — | — | — | — | — | — | — | — | — | — | — | — | | 乡财政兑付 |
| 18 | 12月上半月 | — | — | — | — | — | — | — | — | — | — | — | — | — | | 乡财政兑付 |
| 19 | 12月下半月 | — | — | — | — | — | — | — | — | — | — | — | — | — | | 乡财政兑付 |
| 20 | 2010年1月上半月 | — | — | — | — | — | — | — | — | — | — | — | — | — | | 乡财政兑付 |
| 21 | 2010年1月下半月 | — | — | — | — | — | — | — | — | — | — | — | — | — | | 乡财政兑付 |
| | 累计 | 15 | 52 | 4 | 13 | 1 | 0 | 1 | 0 | 0 | 10 | 0 | 0 | 96 | 23768.03 | 0 |

资料来源：西河乡财政所提供。

的新房，每户奖励 1 台彩电（通常每台 3200 元，每年共发放 200 台左右，最近 5 年乡财政每年为此支付 60 万—70 万元财政补贴），因此减少了村民自己购买彩电的需求，不然的话，在家电下乡的统计中，购买彩电的数量还会更多。再过 3—4 年，新房规划基本完成后，这一惠民政策也会终止。

### 三　餐饮业的发展

近年来，随着农民生活水平的提高和消费观念的逐渐改变，西河乡的餐饮服务业得到了越来越大的发展空间。从近年来西河乡各村饮食业发展的具体状况看，2002—2007 年表现最为突出的是西沟村，期间该村饮食业产值在全乡所占比重逐年增长，从 31.74% 增长至 47.48%。位居其次的是王曲村，约占四分之一左右。2008 年，王曲村的产值占比增加到 31.72%，取代了西沟村的地位。见表 5 - 10。

表 5 - 10　　　2002—2008 年西河乡各村饮食业产值分布状况　　　单位：万元，%

| 村庄 | 2002 年 | 占比 | 2003 年 | 占比 | 2004 年 | 占比 | 2005 年 | 占比 | 2006 年 | 占比 | 2007 年 | 占比 | 2008 年 | 占比 |
|---|---|---|---|---|---|---|---|---|---|---|---|---|---|---|
| 合计 | 513.5 | 占比 | 644.5 | 占比 | 608 | 占比 | 655 | 占比 | 753 | 占比 | 788 | 占比 | 536 | 占比 |
| 西沟 | 163 | 31.74 | 253 | 39.26 | 244 | 40.13 | 301 | 45.95 | 354 | 47.01 | 375 | 47.59 | 60 | 11.19 |
| 阳邑 | 2.5 | 0.49 | 2.5 | 0.39 | 3 | 0.49 | 3 | 0.46 | 4 | 0.53 | 5 | 0.63 | 14 | 2.61 |
| 郭河 | 45 | 8.76 | 38 | 5.90 | 50 | 8.22 | 28 | 4.27 | 33 | 4.38 | 49 | 6.22 | 46 | 8.58 |
| 庄头 | 45 | 8.76 | 50 | 7.76 | 50 | 8.22 | 20 | 3.05 | 24 | 3.19 | 24 | 3.05 | 28 | 5.22 |
| 北任 | 5 | 0.97 | 3 | 0.47 | 5 | 0.82 | 10 | 1.53 | 11 | 1.46 | 10 | 1.27 | 8 | 1.49 |
| 峪则 | 32 | 6.23 | 55 | 8.53 | 46 | 7.57 | 50 | 7.63 | 59 | 7.84 | 64 | 8.12 | 61 | 11.38 |
| 王曲 | 52 | 10.13 | 105 | 16.29 | 110 | 18.09 | 104 | 15.88 | 133 | 17.66 | 150 | 19.04 | 170 | 31.72 |
| 上李 | — | 0.00 |  | 0.00 |  | 0.00 |  | 0.00 |  | 0.00 |  | 0.00 |  | 0.00 |
| 孙沟 | 20 | 3.89 | 20 | 3.10 | — | 0.00 | 12 | 1.83 | 13 | 1.73 | 8 | 1.02 | 20 | 3.73 |
| 宋王 | 15 | 2.92 | 27 | 4.19 | 25 | 4.11 | 26 | 3.97 | 31 | 4.12 |  | 0.00 |  |  |
| 崔凹 | 8 | 1.56 | 6 | 0.93 | 3 | 0.49 |  | 0.00 | 7 | 0.93 | 10 | 1.27 | 15 | 2.80 |
| 陕庄 | 86 | 16.75 | 30 | 4.65 | 29 | 4.77 | 41 | 6.26 | 22 | 2.92 | 25 | 3.17 | 25 | 4.66 |
| 西丰 | — | 0.00 | 15 | 2.33 | — | 0.00 | 10 | 1.53 |  |  |  | 0.00 |  |  |
| 中寨 | 40 | 7.79 | 40 | 6.21 | 43 | 7.07 | 50 | 7.63 | 62 | 8.23 | 68 | 8.63 | 89 | 16.60 |

资料来源：根据西河乡统计工作站提供数据整理得出。

目前西河乡的餐饮企业主要有饭店、小吃店、快餐店、饺子店、蒸食铺等几类，除西河大酒店等少数几家外，大多数餐饮企业的规模都比较小，投资规模在 5000—5 万元之间，年营业收入也多在几千到几万元，2009 年规模较大的 3 家分别是西沟村的西凤酒店（年营业收入达到 12 万元）、中寨村的文军餐吧和昌源餐吧（年营业收入都为 10 万元）。

专栏 5－4　　　　　　　　　　西河大酒店

受访人：承包人陕某，副经理白学军

距离乡政府约 200 米远的西河大酒店是西河乡比较有代表性的餐饮服务企业。酒店的建筑原本是一个自建成起就没有发过一度电的火电厂，后承包给一个搞工程的人，又转租给现在的承包人从事餐饮、住宿和洗浴经营。

据承包人陕某介绍，他从 2008 年 2 月从别人手中转包了这个酒店，承包款为 8 万元，又投入了万余元，用于购买餐具及装修等。目前酒店的雇工有 30 多人，主要是当地人，其中包括 7 个厨师。从工资水平看，2008 年一般服务业的工资为 500 多元，2009 年增加到 600—700 元。厨师的工资 1000 元，主厨的工资可以达到 2000 多元。

该酒店共有客房 20 多间，标准间的价格为 38 元和 68 元。餐厅最多可供 150 人同时进餐（共有一个大厅和 9 个包间，大厅一次可容纳 8 桌共 80 人，包间均以本乡的村名命名，别具特色，每个可容纳 5—10 人用餐）。顾客主要是当地人，以及一些在此地打工的人。由于西河大酒店是西河规模最大的餐饮企业，有不少新人选择在此操办婚礼。此外，由于离乡政府很近，以往政府招待饭（签单，按季度或半年、一年结清）也是酒店收入来源中的重要一项。

从酒店的效益来看，饭店部分总体情况还可以，2008 年一个月的流水大约有 6 万元，2009 年增加到 6 万—7 万元，盈利能达到 5 千—6 千元。不过由于 2008 年下半年食品价格上涨了百分之十几，造成食品原料和酒水成本上升，不得不上调菜价。2008 年饭店每月按 4 万元缴纳定额税，2009 年基数调低到 3 万元，税率都为 7%。由于大多数前来用餐的顾客都会索要发票，申领发票就要支付更多的营业税，所以实际纳税额每月在 3000 多元。

从住宿的情况看，入住客人多为外地过路者。由于此地离县城很近，交通方便，环境和服务又与城里有一定差距，因此选择在此住宿的客人流量有限。通常入住率不到 30%，很多情况下从住宿部门得到的收入只够支付雇工的工资。

此外，酒店还经营洗浴，由于客人不多，收入不够水费、电费和工资，上半年将洗浴停了 2 个月。2008 年 7 月 1 日洗浴部重新开业，由于客人太少，不挣钱，至 9 月份已经赔了 1 万元，2009 年重新停业。

## 第三节　金融及其他服务业

金融业在农村第三产业的发展中具有特殊地位，对于促进农民增收和推动农村经济发展具有重要作用。西河农村信用社是西河乡唯一的农村金融机构，改革开放以来，在满足当地融资需求的同时，自身也不断成长壮大。农村信用社的进一步发展还存在不少困难。另外，生活服务业、电信业也得到了较快的发展。

### 一　农村金融业

#### （一）西河乡信用合作社的发展轨迹

西河乡信用合作社位于阳城西北 5 公里处，坐落在乡政府旁的 3 层营业楼内。一直是西河乡地域内唯一的正规农村金融机构。由于农村金融部门的对口群体层次比较低，大多无固定收入、风险大、成本高、有贷款需要的主要是个体户、私企等，存在经营不规范和担保难等问题，不好放款，这些都影响了其他金融组织在农村开展业务的积极性，因此商业银行和邮政储蓄等其他金融组织的分支机构目前还止步于阳城县城，没有延伸到西河乡。

西河信用合作社自 1954 年成立以来，在半个多世纪里经历了几个不同的发展阶段和制度变迁：在成立初期的 20 世纪 50 年代，信用社基本属于合作制，资本金由农民入股，干部由社员选举，信贷活动主要为社员的生产生活服务。1959 年至改革开放前，信用社归西沟人民公社管理，变为集体金融组织。1983 年以后，西河信用社成为农业银行的基层机构，人事管理隶属于农业银行，业务仍然独立；1996 年与农行脱钩，转归人民银行托管；2001年划归银监会管理，2006 年开始改归省政府管理，成为省级联社，相应的原来以乡镇为独立法人改制为以阳城县信用联社为统一法人，乡信用社作为分支机构开展经营。改制后，资本金合在一起，资金实力壮大，贷款可以通盘考虑，发挥了规模效应，抗风险能力也得到提高，管理效率和支农资金的运用效益相应增强。不过由于当地对地下经济的依赖过强，结构比较单一，不良贷款过高。

经历了几十年的风风雨雨，西河乡信用社不断发展壮大。信用社现下设 1 个营业部、1 个储蓄所、1 个分社、9 个营销点，共有员工 28 人，固定资产达到 290 万元。员工中营业员 10 人，跑外的信贷员 3—4 人，西沟 3 个人，剩下的员工为行政和后勤人员。除主营机构外，西河乡信用社还设有西沟分社，理论上与主营机构属平级单位，实际由主营业部代管，目前有 3 名职工，经营的业务范围也比较有限，只办理存款。

现在，西河乡信用社在制度上已改制为股份合作制，老百姓、企业均有入股，每股的股金为 1000 元。由于信用社在当地金融业务经营中具有一定的垄断性，股金被作为取得贷款资格的硬性条件，因此入股农户约占全乡农户的四分之一，其中有相当部分是出于获得相应金融服务的目的而被动入股的。一些信用社员工也是股东（大部分认股额为 5 万元，也有多认购的）。2009 年乡信用社的入股份数合计为 1110 户，股金 457.74 万元，其中法人股19 户，股金 239.43 万元，其中投资股 179.5 万元，资格股 59.93 万元；自然人 1066 户，股金 149.90 万元，全部为资格股；职工 25 户，股金 69.21 万元，其中投资股 65.71 万元，资格股 3.5 万元。股金实行保本分红，通常在每年 1 季度末进行，2007 年的税前分红比率为 5.6%，2008 年为 5%，扣税后为 4%，都高于同期银行存款利率的水平。

20 世纪 90 年代后，特别是进入新世纪以来，在规模扩大的同时，西河信用社的业务范围和服务手段也在不断拓展。除传统的存、贷款业务外，在金融服务方面，西河乡信用社配合了地方政府的"支农""惠农"政策的实施和农村社会保障制度的建设。近年来代理业务发展迅速，至 2009 年 9 月，信用社已代理发放农村粮食直补金 4000 余户、农村养老金 1400 余户、低保金 200—300 户，另外，还承担了计生奖励款、家电下乡补贴的发放。在代理工资发放方面，除代理乡政府工资发放外，还为煤矿企业代理工资发放，数量达到 2000 余户，涉及 70 余户企业。这些服务既为地方经济提供了金融便利，又为自己组织了资金，提供了储蓄来源。由于受网点分布、人员素质、硬件水平、维护能力等方面因素的影响，西河信用社的业务全部在柜台办理，ATM 机等自助服务还没有开展，不过数据联网、上线等筹备工作已在进行中。

（二）信用社金融服务发展状况

对于西河乡信用社来说，存、贷款业务构成了其金融业务的主要部分，其变动轨迹也最能反映西河乡信用社金融服务能力。

1. 存、贷款业务历史发展状况

改革开放后至 20 世纪 90 年代初，西河乡信用社的存款数量实现了较大幅度增长，从 1978 年到 1992 年上了两个台阶。1978 年西河信用社的存款余额只有区区 37.5 万元，1982 年首次登上百万元的台阶，达到 105.21 万元；

至 1992 年，存款余额达到 1179.31 万元，首次超过千万元，1998 年进一步
增长至 3551.64 万元。在存款来源结构方面，从图 5-11 可以看出，社员存
款在全部存款余额中占了绝大部分，且所占份额不断上升。20 世纪 70 年代
末 80 年代初，社员存款占到存款总额的三分之一至一半左右，80 年代中期
开始至 90 年代中期，这一比例保持在 50%—80% 之间，自 90 年代中期开
始，社员存款所占比例进一步上升至 90% 左右，此后基本稳定在一个非常高
的水平。见图 5-10。

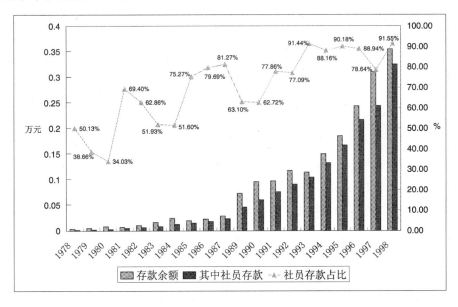

**图 5-10　1978—1998 年西河乡信用社存款变动情况**

资料来源：根据《阳城统计年鉴》历年数据整理得出。其中缺少 1988 年数据。

同期西河乡信用社贷款余额也有大幅度增长。1978 年，西河乡信用社贷
款余额只有 12.1 万元，1984 年首次超过百万元，达到 185 万元，1994 年又
超过千万元，达到 1000.02 万元，1998 年为 2330.33 万元。这期间，西河乡
信用社的贷款对象发生了重要变化，1983 年以前，信用社作为集体金融组
织，贷款方向主要是社队企业的固定资产投资及对社员的贷款等。1984 年以
后，贷款对象开始转向，当年超过 1/4 的贷款发放给了乡镇企业，其余部分
是农户贷款和集体农业贷款。此后，对乡镇企业贷款在贷款余额中所占比例
不断提高，1987—1998 年间一直保持在 50%—60% 左右。

农村资金外流是困扰我国农村金融业发展的长期问题，西河乡也不例

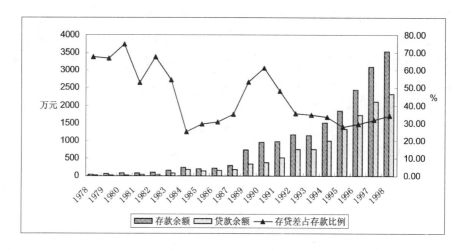

**图 5 - 11　1978—1998 年西河乡信用社存、贷款余额及存贷差变动情况**

资料来源：根据《阳城统计年鉴》历年数据整理得出。其中缺少 1988 年数据。

外。在 1978—1998 年间，随着存、贷款规模的扩大，西河乡信用社的存贷差额也不断增加，从 25.4 万元增至 1221.31 万元。不过，同期存贷差额在存款余额中所占比例总体上呈下降趋势。1978 年西河乡信用社存贷差占存款余额的比例超过三分之二，20 年后的 1998 年，这一比例降至约占三分之一左右。见图 5 - 11。

2. 近 10 年来乡信用社存、贷款变动情况

20 世纪 90 年代末以来，西河乡的存、贷款规模都出现了更大幅度的增长。在存款的构成方面，据信用社负责人介绍，目前当地存款的绝大部分都集中在信用社。在 2008 年 8 月约 1.5 亿元的存款余额中，百姓储蓄为 1.179 亿，其中定期存款 1 个亿，期限以 1—3 年居多，集体存款只有 3200 万。2007 年证券市场行情较好，存款因此流出七八百万；2008 年证券市场行情低迷，存款又开始回流。

在贷款对象方面，主要包括三部分：一是企业（工商类），除国家限制类行业都贷。涉及的通常是规模比较大的贷款项目，2008 年西河信用社的此类贷款主要涉及 3 个企业，包括 2 个陶瓷公司，分别贷了 200 万和 300 万，此外，还向郭河煤矿发放贷款 800 万元。二是个体工商户，除国家禁止类行业，有营业执照的都可以贷款。此项贷款主要针对养鸡、养猪等的养殖专业户，规模均为 2 万—3 万的小额贷款，特点是周期性强，周转快，因为贷款

农户不愿背利息，会想法尽快还贷。三是农户小额信用贷款。根据"贫可贷、富可贷、不讲信用不可贷"的原则，不需要提供担保，依照信用程度和家庭资产评定信用户，规定不同的授信额。小额信用贷款一开始主要集中生产经营方面，后扩大到延伸产业链，如养殖业延伸到肉食加工、运输等。在小额信贷中，除传统的生产性贷款外，生活消费如盖房、看病、读书等也可放贷。总体来说，在信用社当前的实际贷款投向中，企业贷款为 2500 万左右，其余为本乡农户（个体经营）以及小额信用贷款。由于信用环境不好，当地农业达不到集约化经营，不需大的资金，在农业方面的放款很有限。

为了保证贷款回收，信用社加强了制度管理，要求保放、保收、保效益，第一责任人负责调查，负责追收，发生不良贷款，其工资奖金将受到影响。例如 2008 年 4、5 月份开始推行"安贷保"业务，每贷款 1 万块钱投 28 元保费，谁贷款谁投保，遇到贷款人意外死亡等特殊情况，保险公司负责偿贷。这一要求已在运输等高风险行业强制执行，其他行业大部分也已开始实行。正是由于这方面制度措施的保证，信用社的不良贷款比率总体控制在 30%—40% 的水平。目前来看，收回率不高的原因主要有：一是有的项目不能短期见效；二是政府政策因素，如小煤矿的整治。

表 5-11　1999—2008 年西河乡信用社存款、贷款及存贷差变动情况　单位：万元，%

| 年份 | 存款 | 贷款 | 存贷差 | 存贷差占存款比例 |
|------|------|------|--------|------------------|
| 1999 | 4042.28 | 2606.06 | 1436.22 | 35.53 |
| 2000 | 4495.72 | 2862.22 | 1633.5 | 36.33 |
| 2001 | 5055.38 | 3191.27 | 1864.11 | 36.87 |
| 2002 | 6173.71 | 4069.89 | 2103.82 | 34.08 |
| 2003 | 7452.61 | 5115.81 | 2336.8 | 31.36 |
| 2004 | 10109.54 | 6124.05 | 3985.49 | 39.42 |
| 2005 | 11848.55 | 6103.02 | 5745.53 | 48.49 |
| 2006 | 10230.28 | 6698.64 | 3531.64 | 34.52 |
| 2007 | 12497.07 | 6959.42 | 5537.65 | 44.31 |
| 2008 | 14896.52 | 6111.31 | 8785.21 | 58.97 |

资料来源：由西河乡信用社提供数据整理得出。

由于存款余额的增长幅度大于贷款余额增幅，西河乡信用社的存、贷差一直居高不下。1999 年西河乡信用社存款余额 4042.28 万元，贷款余额

2606.06 万元，存贷差额达到 1436.22 万元。至 2004 年，存款余额开始超过亿元，但贷款余额一直在 6000 万元左右徘徊。2008 年，西河乡信用社的存款余额达到 14896.52 万元，而贷款余额仍然止步于原有水平。据介绍，2009 年 8 月底信用社的存款余额 1.6 亿元，贷款余额 5800 万，存、贷间的"剪刀差"有不断扩大趋势。由于缺少好的贷款项目，存贷差只好上解其他商业银行。见表 5－11，图 5－12。

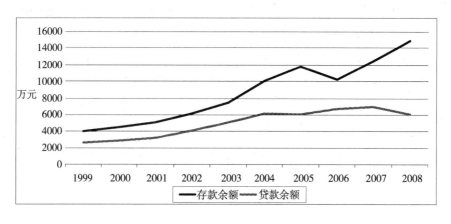

**图 5－12　1999—2008 年西河乡信用社存、贷款规模变动情况**

资料来源：由西河乡信用社提供数据整理得出。

　　更为严重的是，近 10 年来存差在存款余额中的占比有不断增长的趋势。1999 年西河乡信用社存差占到存款余额的 35.53%。此后，存差在存款余额中的比例虽略有降低，但大多数年份里占到三分之一左右。2005 年以来，存差总量及其在存款中的占比再次提升，至 2008 年 8 月，存差额已经超过贷款额，在存款余额中的占比达到 57.65%，严重影响了信用社的资产经营收益。见图 5－13。

　　据信用社负责同志介绍，信用社多年来的这种巨额存差在全县普遍存在。款放不出去的原因主要在于，一方面，年产煤 30 万吨以下的煤矿属于高风险、产业政策不予支持的企业，而本乡镇最大的煤矿不过 30 万吨，全县也只有 4、5 家企业年产超过 30 万吨。加上阳城地区除煤矿采掘外的地面企业数量不多，规模有限，信用社对企业放款受到很大限制。另一方面，由于农业的比较效益差，投资周期长、风险大，资金的趋利性致使农业对资金的吸纳能力不足。

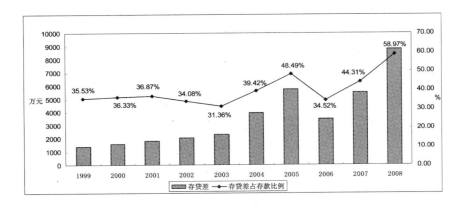

**图 5 - 13　1999—2008 年西河乡信用社存贷差及其占存款比重变动情况**

资料来源：由西河乡信用社提供数据整理得出。

**3. 信贷支农情况**

西河信用社一直是支持当地新农村建设、服务三农经济发展的主要金融机构，2007 年山西省联社推出了"三千三百惠农工程"①，以进一步加大对地方经济金融支持的力度。阳城地区农信社据此开展了改善农村信用环境，不断扩大贷款面，满足农民生产、生活贷款需要，以及扶持涉农龙头企业发展等方面的多项具体措施，其中非常重要的一项内容就是继续加强对农户小额信用贷款的发放。

农户小额信用贷款是以农户信用评级制度为基础的信用证模式，农户申请小额信用贷款不需要提供抵押和担保。在实际操作中，采取"一次核定、随用随贷、余额控制、周转使用"的管理办法，首先由农户信用评定小组对地域内农户根据收入水平、经营内容及信誉状况等进行信用等级评定，评定结果公示无异议后，根据农户的信用评级发放不同等级的贷款证。取得贷款证的农户在有贷款需要时，可持贷款证和身份证直接到信用社办理贷款证核定额度内的贷款。

根据西河乡发放给农户的宣传材料，信用户评定等级共分三级，其中一级信用户的标准是：（1）有本地常住户口和固定住所，遵纪守法，品行端

① 指全省农村信用社累计发放支农贷款 1000 亿元、创建 1000 个省级标准信用村，重点支持 1000 个能带动农民致富的县域经济企业；创建 300 个信用市场，扶持 300 个农民专业合作社，为 300 万户以上的农民提供信贷服务。

正，信用观念强，信誉高；（2）在金融机构和民间组织无不良贷款，贷款（包括为他人提供保证的贷款）5 年内无拖欠记录，贷款本息归还率为100％；（3）拥有可变现财务 1 万元以上；（4）家庭财产 5 万元及以上；（5）有稳定的经济收入，家庭年人均纯收入在 3000 元以上；（6）自有资金占所需资金 50％及以上。二级信用户的标准是：（1）有本地常住户口和固定住所，遵纪守法，品行端正，信用观念强，信誉较高；（2）在金融机构和民间组织无不良贷款，贷款（包括为他人提供保证的贷款）3 年内无拖欠记录；（3）有比较稳定的经济收入，农户家庭年人均纯收入在 2000 元以上；（4）拥有可变现财物 6000 元左右；（5）家庭财产 3 万元及以上；（6）自有资金占所需资金 25％及以上。三级信用户的标准是：（1）有本地常住户口和固定住所，遵纪守法，品行端正，信用观念较强，信誉一般；（2）在金融机构和民间组织无不良贷款，贷款（包括为他人提供保证的贷款）1 年内无拖欠记录；（3）有比较稳定的经济收入，农户家庭年人均纯收入在 1000 元以上；（4）拥有可变现财物 4000 元左右；（5）家庭财产 1 万元及以上；（6）所经营项目具有良好的市场前景，自有资金占所需资金 15％及以上。

当地不同信用等级相应的贷款限额分别为：评定为一级信用户的最高贷款限额单户 3 万—5 万元，评定为二级信用户的最高限额单户 2 万—3 万元，评定为三级信用户的最高限额单户 1 万元。几年来一年期贷款利率的浮动幅度在 7.2％—13％之间不等，2009 年对于入股社员的优惠贷款利率为 8.9％。

自 2002 年开展信用村、信用户评定工作以来至 2008 年，西河乡信用社已评定信用村 3 个、信用户 1752 个，放出小额农贷 3380 万元，为西河乡的农村经济发展起到了积极作用。此外，西河信用社还对当地一些经营上规模的养殖户、种植户及家具、建材厂等提供了贷款规模相对更高一些的贷款，促进了这些农户和企业的发展，有效配合了当地逐步从地下经济向地面经济转移的产业结构调整战略的实施。见表 5 - 12。

4. 信用社发展过程中存在的困难及发展目标

西河乡信用社在发展中还面临着许多困难和挑战。首先，由于当地经济结构比较单一，一定程度上限制了信用社的发展空间。西河乡的经济发展严重依赖于煤炭工业，而煤炭工业又是受国家产业政策影响较大的行业。几次对小煤矿的关、停整顿中，符合贷款条件的煤矿要求从年产煤能力达到 1 万吨、3 万吨、5 万吨的煤矿逐渐提高至 30 万吨，门槛不断提高。一些关掉的煤矿其几十万的贷款只能由信用社买单。此次煤炭资源整合使信用社 1300

万—1400 万元贷款受到影响，利息损失达到 100 多万元。与此同时，农业贷款又存在比较效益低下，贷款成本高等问题。由于特殊的市场定位，信用社承担着服务"三农"的政策性职能，而经过几十年的发展，信用社实际上已经发展成为按市场经济规则运作的商业性金融组织，因此就不可避免地受到利润最大化和政策性金融双重经营目标的困扰。

表 5 - 12　　　　　2008 年 9 月西河乡信用社贷款支农情况

| 用途 | 姓名 | 所在村 | 贷款余额（万元） | 存栏 | 年产值（万元） |
|---|---|---|---|---|---|
| 养猪 | 陕进才 | 西丰村 | 10 | 800 头 | — |
| 养猪 | 张庭容 | 孙沟村 | 5 | 330 头 | — |
| 养猪 | 张学峰 | 西沟村 | 7 | 300 头 | — |
| 养猪 | 张国光 | 北任村 | 4 | 500 头 | — |
| 养猪 | 张顺军 | 崔凹村 | 10 | 40 头（新建） | — |
| 养猪 | 柳小运 | 王曲村 | 5 | 400 头 | — |
| 养鸡 | 宋育锋 | 宋王村 | 3 | 4000 只 | — |
| 养鸡 | 崔新丰 | 上李村 | 3 | 13000 只 | — |
| 养鸡 | 张首兵 | 北任村 | 1 | 5000 只 | — |
| 养鸡 | 陕张兴 | 宋王村 | 2 | 5300 只 | — |
| 养鸡 | 琚国宏 | 陕庄村 | 5 | 10000 只 | — |
| 养兔 | 崔李兵 | 上李村 | 5 | 1000 只 | — |
| 养蚕 | 崔林善 | 陕庄村 | 3 | 30 张 | — |
| 养蚕 | 张军红 | 西沟村 | 7 | 20 张 | — |
| 养蚕 | 赵志强 | 陕庄村 | 2 | 25 张 | — |
| 种树 | 郭学义 | 庄头村 | 20 | 果树 20000 株 生态林 300000 棵 | — |
| 种树 | 宋龙龙 | 宋王村 | 2 | 生态林 10000 棵 | — |
| 梓鑫家具厂 | 陕锁善 | | 50 | — | 300 |
| 建材厂 | 张永红 | | 70 | — | 300 |

资料来源：由西河乡信用社提供数据整理得出

其次，由于历史遗留问题，信用社在发展过程中曾遭遇了几次大规模坏账，如央行票据兑付、20 世纪 90 年代的保值储蓄等遗留下来的问题等。由于信用社自身地位的特殊性，没有像其他商业银行那样得到政府补贴，在改制过程中，主要是通过与各方面进行交涉，在信用社内部对呆坏账加以消化，没有得到地方财政的支持，给信用社的经营造成较大负担。

表 5 – 13　　　　西河信用社总社 2008 年年底按贷款用途分类汇总表

| 贷款用途 | 全部贷款 | | | 正常类贷款 | | | 关注类贷款 | | | 不良贷款合计 | | |
|---|---|---|---|---|---|---|---|---|---|---|---|---|
| | 户数 | 笔数 | 余额 | 户数 | 笔数 | 余额 | 户数 | 笔数 | 余额 | 户数 | 笔数 | 余额 |
| 养殖业 | 55 | 59 | 142.58 | 15 | 16 | 42.26 | 3 | 3 | 9.88 | 37 | 40 | 90.44 |
| 机电五金 | 1 | 1 | 4.9 | — | — | — | — | — | — | 1 | 1 | 4.9 |
| 交通运输 | 1 | 1 | 14 | 1 | 1 | 14 | — | — | — | — | — | — |
| 商业 | 53 | 58 | 612.06 | 13 | 13 | 54.59 | 1 | 1 | 100 | 39 | 44 | 457.47 |
| 工业 | 7 | 11 | 286.9 | 2 | 2 | 62.1 | 1 | 1 | 200 | 4 | 8 | 24.8 |
| 服务业 | 35 | 39 | 128.14 | 22 | 25 | 75.84 | 1 | 1 | 4.5 | 12 | 13 | 47.8 |
| 农业 | 16 | 16 | 71.08 | 14 | 14 | 41.28 | 1 | 1 | 18 | 1 | 1 | 11.8 |
| 绿色食品 | 1 | 2 | 48 | — | — | — | — | — | — | 1 | 2 | 48 |
| 加工业 | 29 | 33 | 259.17 | 3 | 3 | 57.5 | — | — | — | 26 | 30 | 201.67 |
| 开采业 | 8 | 12 | 1509.67 | 1 | 1 | 325 | 2 | 3 | 928.17 | 6 | 8 | 256.5 |
| 种植业 | 23 | 24 | 62.56 | 1 | 1 | 1.95 | 2 | 2 | 10 | 20 | 21 | 50.61 |
| 农资 | 18 | 36 | 607.86 | 2 | 2 | 6.98 | 1 | 2 | 185 | 15 | 32 | 415.88 |
| 农机运输 | 245 | 296 | 1582.42 | 47 | 49 | 560.33 | 4 | 4 | 114.2 | 197 | 243 | 907.89 |
| 生活 | 113 | 162 | 176.52 | 24 | 24 | 49.6 | — | — | — | 89 | 138 | 126.92 |
| 建筑业 | 21 | 22 | 245.47 | 8 | 9 | 88.1 | 1 | 1 | 16 | 12 | 12 | 141.37 |
| 化工业 | 6 | 7 | 59.98 | 1 | 1 | 19 | 1 | 2 | 9.8 | 4 | 4 | 31.18 |
| 轻工业 | 1 | 1 | 300 | 1 | 1 | 300 | — | — | — | — | — | — |
| 合计 | 633 | 780 | 6111.31 | 155 | 162 | 1698.53 | 18 | 21 | 1595.55 | 464 | 597 | 2817.23 |

资料来源：本表数据由西河乡信用社提供。

　　此外，农村地区信用环境较差，不仅农户、企业的信用意识有待进一步提高，甚至政府机构也缺少公信力，西河信用社的一些村镇贷款收不回来。从表 5 – 13 可以看出，西河信用社的不良贷款比例很高。为了把风险降低，信用社放贷不得不越来越谨慎，这又使一些正常的贷款需求得不到满足。为了解决这些问题，信用社也在采取一些应对措施，如当地信用社系统内部已开始对民营企业进行信用状况备案。为了加强内部管理，控制信贷风险，信用社从 2008 年起已对涉农贷款和中小企业贷款执行信贷风险五级分类制度，按照不同比例计提贷款损失专项准备金。

尽管存在各种困难和挑战，西河信用社对未来仍充满信心。其发展目标是成为合作制商业银行和以县为法人单位的地方政府银行，从而进一步提高资产质量。从目前来看，资本充足率的指标还不符合要求。根据西河乡信用社的远景规划，预计到 2010 年末，各项存款余额达到 2.6 亿元，各项贷款余额达到 1.8 亿元，社员股金达到 600 万元，所有者权益余额达到 1000 万元，从而为振兴西河经济作出更大的贡献。

## 二　生活服务业

传统上西河乡生活服务业主要集中在服务于运输业的汽车、摩托车修配，以及满足农民日常生活基本需要的洗浴、理发等方面，此外还有一些家用电器的修理。20 世纪 80 年代以来，特别是 90 年代中期以来，随着当地农民生活水平的提高和城市消费方式的示范效应，当地服务业的经营内容也不断拓展，出现了服装干洗、打字、复印、数码影像、手机维修、手机入网等新型服务形式。随着网络信息业的发展，郭河村的西河新辉煌货运信息开展了有偿提供货运信息的服务。2009 年，庄头村村民还投资 35 万元在阳城步行街开办了舞厅和旱冰场。

图 5 - 15 展示了 1985—2008 年西河乡服务业和其他部门经营收入及其在乡第三产业经营收入总额中所占比例的变动情况，可以看出，20 世纪 80 年代中期以来至 90 年代末，西河乡服务业和其他部门经营收入绝对额基本呈现单边增长之势，从 1985 年的 54.7 万元增至 1999 年的 1329 万元，达到了至今以来的峰值。由于增长速度落后于三产内部的交通运输业和商业饮食业，同期服务业和其他部门收入在第三产业中的占比总体却在下降通道中，1999 年的占比不足五分之一。

进入新世纪以后，服务业和其他部门经营收入增长势头开始放缓并有所下降。2005 年以来的几年中，西河乡服务业经营收入绝对额变动不大，但是在全乡第三产业收入中的重要程度仍在不断下降。2005 年服务业和其他部门经营收入为 918 万元，在第三产业内部占比为 7.44%。到 2008 年，虽然经营收入额略增，达到 980.8 万元，但是在乡第三产业各部门中所占比例却下降到 6.36%。

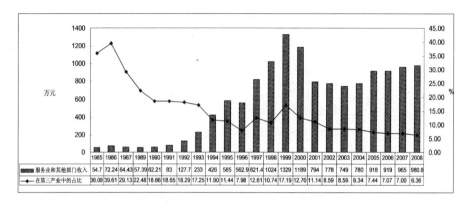

| 年份 | 1985 | 1986 | 1987 | 1989 | 1990 | 1991 | 1992 | 1993 | 1994 | 1995 | 1996 | 1997 | 1998 | 1999 | 2000 | 2001 | 2002 | 2003 | 2004 | 2005 | 2006 | 2007 | 2008 |
|---|---|---|---|---|---|---|---|---|---|---|---|---|---|---|---|---|---|---|---|---|---|---|---|
| 服务业和其他部门收入 | 54.7 | 72.24 | 64.43 | 57.39 | 62.21 | 83 | 127.7 | 233 | 426 | 585 | 562.9 | 821.4 | 1024 | 1329 | 1189 | 794 | 778 | 749 | 780 | 918 | 919 | 965 | 980.8 |
| 在第三产业中的占比 | 36.08 | 39.61 | 29.13 | 22.48 | 18.66 | 18.65 | 18.29 | 17.25 | 11.90 | 11.44 | 7.98 | 12.61 | 10.74 | 17.19 | 12.70 | 11.14 | 8.59 | 8.59 | 8.34 | 7.44 | 7.07 | 7.00 | 6.36 |

**图 5 - 14　1985—2008 年西河乡服务业和其他部门经营收入总体变动趋势**

资料来源：根据历年《阳城统计年鉴》及西河乡统计工作站提供数据整理得出。其中缺少1988 年相关统计数字。

表 5 - 14　　2002—2008 年各村服务业和其他部门产值分布状况　　单位：万元，%

| 村庄 | 2002 年 | 占比 | 2003 年 | 占比 | 2004 年 | 占比 | 2005 年 | 占比 | 2006 年 | 占比 | 2007 年 | 占比 | 2008 年 | 占比 |
|---|---|---|---|---|---|---|---|---|---|---|---|---|---|---|
| 合计 | 617.5 | | 697.9 | | 734 | | 917.7 | | 1098.5 | | 1186 | | 1414 | |
| 西沟 | 146 | 23.64 | 217 | 31.09 | 187 | 25.48 | 387 | 42.17 | 435.8 | 39.67 | 471 | 39.71 | 508 | 35.93 |
| 阳邑 | 5.5 | 0.89 | 6.5 | 0.93 | 6 | 0.82 | 6 | 0.65 | 8.3 | 0.76 | 9 | 0.76 | 10 | 0.71 |
| 郭河 | 42 | 6.80 | 44.1 | 6.32 | 60 | 8.17 | 70.7 | 7.70 | 133.8 | 12.18 | 144 | 12.14 | 176 | 12.45 |
| 庄头 | 77 | 12.47 | 78 | 11.18 | 90 | 12.26 | 30 | 3.27 | 37 | 3.37 | 40 | 3.37 | 40 | 2.83 |
| 北任 | 5 | 0.81 | 1 | 0.14 | 5 | 0.68 | 30 | 3.27 | 34.7 | 3.16 | 38 | 3.20 | 31 | 2.19 |
| 峪则 | 110 | 17.81 | 130 | 18.63 | 118 | 16.08 | 128 | 13.95 | 139.9 | 12.74 | 151 | 12.73 | 167 | 11.81 |
| 王曲 | 83 | 13.44 | 55 | 7.88 | 60 | 8.17 | 58 | 6.32 | 72.2 | 6.57 | 78 | 6.58 | 88 | 6.22 |
| 上李 | 0 | 0.00 | 1.3 | 0.19 | 0 | 0.00 | 8 | 0.87 | 9.4 | 0.86 | 10 | 0.84 | 7 | 0.50 |
| 孙沟 | 12 | 1.94 | 18 | 2.58 | 52 | 7.08 | 11 | 1.20 | 17.2 | 1.57 | 18 | 1.52 | 28 | 1.98 |
| 宋王 | 35 | 5.67 | 34 | 4.87 | 30 | 4.09 | 25 | 2.72 | 30 | 2.73 | 32 | 2.70 | 33 | 2.33 |
| 崔凹 | 4 | 0.65 | 8 | 1.15 | 6 | 0.82 | 15 | 1.63 | 12.2 | 1.11 | 13 | 1.10 | 10 | 0.71 |
| 陕庄 | 48 | 7.77 | 30 | 4.30 | 25 | 3.41 | 36 | 3.92 | 37.2 | 3.39 | 41 | 3.46 | 45 | 3.18 |
| 西丰 | 10 | 1.62 | 15 | 2.15 | 30 | 4.09 | 53 | 5.78 | 56.8 | 5.17 | 61 | 5.14 | 67 | 4.74 |
| 中寨 | 40 | 6.48 | 60 | 8.60 | 65 | 8.86 | 60 | 6.54 | 74 | 6.74 | 80 | 6.75 | 204 | 14.43 |

资料来源：根据西河乡统计工作站提供数据整理得出。

从表 5 - 14 可以发现，2002 年以来西河乡各村中服务业和其他部门产值最高的一直是西沟村，几年来在全乡所占的比重保持在 30%—40% 左右，

2008 年产值超过 500 万元，在全乡服务业和其他部门产值的 35.93%。此外，2008 年中寨村、郭河村和峪则村各自在全乡所占比例都超过了 10%。其他各村服务业在全乡所占的比例都不高，较为落后的是阳邑村、崔凹村和上李村，所占比例都不超过 1%。

### 三 邮政电讯业

邮政电讯业是与百姓生活密切相关的行业。在邮政业务方面，西河乡目前只有一个邮政代办所，现位于西河乡人民政府附近。原来设在中寨村的一个邮政所，由于邮政业务萎缩，改为邮政代办所。邮政所现正式员工只有 1 人，原来是煤矿工人，1997 年来到代办所。他的妻子也常在他忙不过来的时候帮帮忙。营业房间面积也比较小，只有约 10 平方米，每年租金 1000 元，由这名员工自己承担。代办所的营业时间是每天上午 8 点至 12 点，下午时间主要用来送报纸。这名员工每天骑自己的摩托车将邮件投送到各村的收发室，阳城县邮局每年给他补贴 300 元汽油款。

代办所目前承办的业务主要有信函包裹邮寄和投递、报刊订阅与投送、邮政汇兑等。邮政代办所每年投送的信件大约为 1000 封，其中很多是寄往学校的学生间往来信件和一些广告信函。往外寄出的信有 100 封左右。每年的包裹业务往外寄的有 500 件左右，外面寄过来的略多一些，有 700 件左右，目的地和来源地大都在山西省范围内。包裹里邮寄的主要是衣物、小礼品等日用品，如外边亲戚寄来的旧衣服，以及家长给在阳城一中西校区寄宿的学生寄送的衣被、老师购买的书籍等。代办所的汇兑业务量不大，每月大约在 8000 元左右，其中包括一些固定来款，如几名退休人员的工资，其余主要是寄给本地在校学生的汇款和外地打工人员寄回的打工收入。每年的报刊发行额约 17 万元，由于现在其他一些部门也在搞发行，分流的资金大概在 5 万—6 万元。受人手及经营场地等方面条件的限制，一些邮政部门利用网络优势开发的邮政、物流新业务，如特快专递、种子寄卖等，在西河邮政代办所还没有开展起来。

# 第六章

# 城镇化的建设与发展

西河乡地处阳城县西6公里处，东临县城，东西长约7.9公里，南北宽约8.2公里，总面积38.4平方公里。西河境内有一条西小河穿越其间，是属于南北狭、东西长的黄土丘陵区。区内以煤炭和陶瓷产业为主，属典型资源性产业。西河的地理区位与产业结构，成为其城镇化建设的出发点和落脚点。

## 第一节　政府规划

发展小城镇的过程，是农村逐步变为城镇、农民逐步变为市民的过程，这个过程是城乡经济发展、农村社会进步的必然结果。近年来，西河乡坚持以人为本，大力开展小城镇建设。依托本乡的区位优势，以融入县城为目标，加快示范村和达标村建设，着力推进农村城镇化、农民市民化、城乡一体化建设。

### 一　战略定位、发展战略和目标

结合山西省建设成为"国家的新型能源和工业基地"的战略定位及其发展要求，立足西河乡在大区域分工中的地位，通过对本乡发展条件、区位、区域背景、现实基础的综合分析，乡政府确定本乡的区域战略定位为：重要的能源工业基地，重要的商业贸易及生态环境建设区，是以煤炭采掘及加工业为主导的工业崛起区①。

西河乡经济实力较为雄厚，为促进乡域经济的全面发展，政府积极采取发散型的地域开发模式。通过发散式非均衡性的发展，实现区域劳动力、资金、技术等生产要素的优化配置，创造与区域外部对接的良好环境。其具体构思是：培育一级、二级增长极核，构建内环、外向发展轴线和重点建设轴线。规划确定一级增长极为郭河村（乡政府所在地），承担着区域性中心的作用。同时选择西沟、陕庄、庄头、中寨、孙沟、王曲为二级增长极，带动分区的经济发展。

西河乡发展规划将全乡分为中部经济发展片和外部经济发展片，分别担负起内聚和发散的双重作用，中部经济发展片加强优势产业的中心聚集，提高城镇化水平，建设新型城镇经济带；外部经济发展片则提高薄弱产业的经济地位，担负起外部联系和树立全乡形象的作用。沿晋韩公路构建外部经济联系轴线，依托优越的交通优势，形成区域间的发展联系轴，是乡域经济与外部联系的重要通道，也是区内物流南北延伸的重要廊道的组成部分，在规划期内将对乡域经济发展起到关键性推动作用。同时建设完善内聚增长轴线，充分联系乡域内部工业产业增长级核，形成产业的集聚效应与规模效应。郭河和西沟联系起来形成重点建设轴线，形成全乡政治、经济、文化、商贸等多功能中心，增加基础设施和公共服务设施的配套建设，以及生态环境保护，提高宜居性，吸引外来人才加入乡域建设，提高城镇化水平。

为了响应国家全面实现小康、构建环境友好、资源节约和谐社会的总体目标，参照全面小康指标体系，结合西河乡发展实际，西河政府确定经济社会发展的战略目标是：扩大村庄规模，建成阳城县工业生产基地和生态新乡；建成适应农村经济发展特点、城乡一体化协调发展、实现乡域经济社会可持续发展的新型乡镇；建成富裕文明、功能齐全、环境优美、独具特色、共同富裕、全乡经济和各项社会事业同步发展的新型乡镇；全乡工农业总产值年递增不低于 10%，乡财政收入年递增 10% 以上，全乡农民人均纯收入和中心村居民人均收入年均增长 10%，全乡人口自然增长率保持在 3‰

---

① 区域发展定位，主要是要明确西河乡在大区域经济体系中的特色、位置和发展空间，目的是把握乡域经济发展的特色、前景、空间和目标，加快区域经济发展。定位的基本方法是就该区域的资源优势、产业优势、区位优势和发展前景等进行大区域的比较分析。

以内。

具体到微观的经济指标，到 2010 年，西河乡人均纯收入将达到 7000 元，力争社会总产值平均增长达到 12% 以上。农业产业结构调整和农业产业化取得初步进展，第一产业的层次与素质有较大提高，三大产业初步实现规模化、集群化，成为支柱产业；城镇化进程有较快推进，城镇建设和投资环境有较大改善；农村居民收入有较大提高，区域生态环境质量有较大提高。到 2020 年，人均纯收入达到 21000 元，远期社会总产值平均增长达到 10% 以上。农业产业结构调整和农业产业化取得显著进展，"绿色"产业化农业体系基本建立，支柱产业多元化、特色化、规模化、集群化的格局基本形成；城镇化进入加速发展阶段，中心集聚型村庄体系建设逐步成形，城乡居民点结构调整取得明显进展；城乡居民收入有较大提高；区域生态环境质量有明显提高，初步建立起人口、经济、社会和资源、环境协调发展的运行机制。

在建设新农村方面，围绕"规划科学、设施配套、环境整洁、道路通畅、建设规范、村貌美化"的总体要求，组织实施以"四化、四改"为重点的人居环境治理工程，达到"实现八通、具备六有、达到七化"的村容村貌整治标准。"四化"是街巷硬化，基本实现"户户通"；村庄绿化，主要是街道绿化、四旁植树、庭院绿化、培育公共绿地；环境净化，重点整治脏、乱、差，对水沟、水塘、垃圾进行全面清理，做到垃圾集中堆放，统一处理；路灯亮化，达到主要街道安装路灯，配套照明设施。"四改"是改水，要使农民逐步饮用上卫生安全的自来水；"改灶"，加速建设秸秆气化乡，实现用秸秆气取暖、做饭；"改圈"要做到畜圈出村，人畜分离。"改厕"，要消灭露天粪坑，拆除影响村容村貌的坑式厕所，提高水冲厕所的比例和卫生厕所的普及率。"十一五"期末，新农村的村容村貌整治基本实现了水、暖、电、气、路、电话、电视、信息互联网"八通"；具备幼儿园、敬老院、卫生所、文化大院、健身活动场、洗浴美发室"六有"；达到住房舒适化、饮水安全化、污水管道化、能源新型化、街道明亮化、环境整治化、村庄园林化的"七化"标准。要鼓励和引导社会资金投向村庄整治，提倡和支持民营企业家创办农村公益事业，积极探索村企结合建设新农村的路子。

## 二 乡村规划

西河乡新的产业布局不仅要发挥现有产业优势，而且要有较大的外向经济度，推进全乡工业化、市场化的进程。首先，产业布局优化的总体格局为：在不断推进产业技术进步的基础上，逐步建立以农业、粮食生产、畜牧业、煤炭采掘业、陶瓷业、交通运输业为基础的，以加工工业、农副产品深加工、铸造业、新材料、生物工程技术等战略行业为领航的，具有整体优势的产业格局。其次，突出中心村产业集中发展，实现产业集中布局，尽快形成以中心村镇为核心的组织功能。

在乡村居民点规划上，则强化中心镇区，规划期末人口达到8000人，用地规模不断扩大。在规划中，陕庄、庄头、中寨、孙沟、王曲等中心村的建设将得到加强，其规模控制在1000—2000人。同时，基层村的用地要受到控制，原则上不开发新用地，并引导其人口向中心镇区及中心村转移，规划期末人口规模控制在500—1000人。西河乡村镇规模结构分为三级。一级：中心镇区人口规模8000人，用地规模88.75公顷；二级：中心村人口规模1000—2000人，用地规模20—50公顷；三级：行政村人口规模500—1000人，用地规模10—20公顷。

在村庄职能结构规划上，目前，西河境内村庄职能结构较为单一。郭河、西沟、陕庄、王曲等村大部分以煤炭采掘业为主导，其余各基层村均发展农副产品业，因此村庄职能结构处于较为低层次发展阶段，尚难以形成经济上的有机联系和分工合作。规划从总体社会劳动地域分工出发，充分考虑到市场经济条件下村庄职能可能向多个方向发展的新特点，来确定村庄的职能结构，以提高村庄职能结构类型的层次，丰富村庄产业发展内容。

西河乡政府的村庄职能结构规划具体布局表现为：将西沟、郭河两村作为全乡政治、经济、文化中心，以发展商贸服务、交通运输和高新科技加工工业为主的阳城县西北部工贸型片区中心；将陕庄发展为以煤炭工业、农业为主的北部综合型中心村；庄头、北任将成为以发展商贸服务、物流为主的西部片区中心；中寨、峪则、王曲、上李等村则以煤炭工业为主要职能，兼顾交通运输业的片区中心；宋王、孙沟、阳邑等村是以农业生产为主、辅助工业强化的片区中心；西丰村将发展成为以生态保护、农业为主的片区中心。

在西河乡域环境保护规划上，政府要求严格控制乡域内污染企业数量，加强环保意识，坚持环境保护和经济社会发展相协调的原则，实现环境与人口、社会、经济的和谐统一。对有污染的企业，限期治理，力争达到国家规定的环保标准，严禁审批高耗能、高耗水、污染严重的工业项目，对工业污染物及废物垃圾要进行无害化处理，并积极推广有效的科技手段，提高生产技术，控制工业污染排放量。政府还积极控制农村面源污染，提高农业生态环境和区域生态环境，近期地表水已达标二类标准，大气环境达二类质量标准。他们正努力健全环保、监测、管理等机构，发挥监督、执法指导作用，制定环境保护目标，从而实现社会、经济、环境可持续发展。

### 三　镇区规划

为实现全乡经济与社会发展目标，西河乡发展战略重点为：继续巩固第二产业的优势地位，努力发展以科技创新为主导的产业，积极引导工业产品的积聚化，从而带动第三产业的稳步快速增长。为优化产业结构及集镇空间布局，大力发展第三产业，加快各类市场的建设，如各类商品交易市场，扩大各类服务业、旅游业的服务范围等。以规模突破为重点，加快实施工业富乡的战略，科技兴企战略，名牌战略，民族企业战略，以促进产业结构的转型，形成第二、三产业为主的发展局面。实施科教兴镇战略，大力发展科研教育等事业，提高居民整体文化素质。

根据现代化集镇标准，确定镇区发展目标为：打破行政区划、借助外力、发展自身、因地制宜、突出特色、远近结合，使镇区不仅依托自身，更大依托周边集镇的经济辐射，形成阳城中部的工、商、农结合的集镇。根据村庄体系职能结构及社会经济发展目标，确定镇区性质为：全乡的政治、经济、文化中心，是阳城县西北部的工贸型集镇，是区域工业生产和商贸运输的枢纽。

集镇性质既是集镇主要职能的概括，也是集镇重要特色的反映，应体现现状和发展二重内涵。作为阳城县西部的小城镇，西河乡其定位为阳城县工业、商贸服务和交通型集镇，担负着西北部经济增长和产业发展的重要职责。在规划中，将原郭河、西沟二村合并为西河乡镇区，将充分发挥交通优势，有利于西河乡商贸物流产业和集约型工业制造业的发展。根据《阳城县国民经济和社会发展第十一个五年计划》，将有阳（城）侯（马）

高速、济（源）阳（城）高速交会于此，届时西河乡交通条件将更加有利。

乡政府对镇区的定位问题极为重视。集镇定位的核心，是深入分析集镇在一定时期内，在相关区域发展中的作用、职能、角色、地位并加以科学概括和高度提炼，以正确指导集镇发展。镇区的定位不能单纯深化或强化生产功能，而是要围绕集镇的基本功能层面，把镇区放在大区域背景中进行分析和筹划。西河乡镇区定位的要点体现在三个方面：一是全乡政治、经济、文化中心；二是商贸与交通运输业枢纽；三是区域生态建设的典范。首先是乡域中心的作用不容置疑，其次是合并之后优越的交通优势得以充分体现，最后是生态农业以及河流流域的整治必将体现其价值。

集镇的空间定位是以西河乡镇区为腹地，面向晋城地区。未来集镇的空间定位是：晋城地区小城镇兴起的典范。集镇的职能定位是西河乡的政治、经济、文化中心，区域有影响力的商贸服务中心。未来职能发展的两个重点：一是加强各类专业市场的建设，进一步提升区域影响力；二是拓宽物流服务领域，专业化流通带动全方位、全面化产品流通。集镇的产业定位则是以工业为主导的第二产业基地，着重建设商贸、制造两个基地。集镇特色定位是现代化集镇，工业、商贸与生态协调发展的现代化人居环境。集镇的目标定位是充满经济活力的流通型中心集镇。

镇区总体布局规划结构特征为两心、三轴、四区、八组团。两心：在两村中心保留并建设中心综合区，形成以商贸服务主体的中心，同时配合公共绿地，建设环境优良，交通便利的综合中心区；在东南部入口处形成入口核心区，集行政、商业、公共绿地、文化、娱乐于一体。三轴：以中心主干路为依托，形成区域交通带动下的集镇商贸服务轴线。使之成为服务乡内，乃至区域间的商业核心轴线。利用它的区位优越条件，集中发展以商贸为代表的第三产业，服务镇区以及周边地区。四区：根据原有的工业产业布局，引入以高新科技为代表的综合工业制造区，形成由北向南，贯穿镇区的第二产业区。八组团：规划依据原有的居住形态，建设八大居住职能组团，创造宜人的居住环境和设施齐全的现代居住区。西河乡未来的用地具体规划可参见表 6 – 1。

表 6 - 1                                          西河乡的规划用地平衡表

| 序号 | 用地名称 | | 面积（ha） | 用地比例（%） | 人均用地（㎡/人） |
|---|---|---|---|---|---|
| 1 | 居住建筑用地 | | 31.14 | 35.09% | 38.93 |
| 2 | 公共建筑用地 | | 13.86 | 15.62% | 17.33 |
| | 其中 | 行政管理用地 | 1.13 | 1.27% | 1.41 |
| | | 教育机构用地 | 5.56 | 6.37% | 7.06 |
| | | 文体科技用地 | 3.29 | 3.71% | 4.11 |
| | | 医疗保健用地 | 0.31 | 0.35% | 0.39 |
| | | 商业金融用地 | 3.48 | 3.92% | 4.35 |
| 3 | 生产建筑用地 | | 21.46 | 24.18% | 26.83 |
| | 其中 | 一类工业用地 | 11.8 | 13.30% | 14.75 |
| | | 二类工业用地 | — | — | — |
| | | 三类工业用地 | 9.4 | 10.59% | 11.75 |
| | | 农业生产设施用地 | 0.26 | 0.29% | 0.33 |
| 4 | 仓储用地 | | — | | |
| 5 | 对外交通用地 | | — | — | — |
| 6 | 道路广场用地 | | 11.5 | 12.96% | 14.38 |
| 7 | 公用工程设施用地 | | 1.24 | 1.40% | 1.55 |
| | 其中 | 公用工程用地 | 1.19 | 1.34% | 1.49 |
| | | 环卫设施用地 | 0.05 | 0.06% | 0.06 |
| 8 | 绿化用地 | | 9.55 | 10.76% | 11.94 |
| | 其中 | 公共绿地 | 1.26 | 1.42% | 1.58 |
| | | 绿化用地 | 8.29 | 9.34% | 10.36 |
| 9 | 山体及水域 | | 57.3 | 64.56% | 71.63 |
| 合计 | 规划总用地 | | 88.75 | 100.00% | 110.94 |

资料来源：西河乡政府。

## 第二节　城镇化的建设

西河乡的产业特色、产业布局是该乡城镇化的现实出发点，而我国中央政府提出的科学发展观则成为西河乡城镇化布局的重要参考路径。在城镇化的实际建设中，西河乡政府将生态将设放在重要位置，全面践行科学发展观，从而为西河乡未来的发展奠定了良好的基础。

### 一　生态建设

1993 年 10 月，建设部召开全国村镇建设工作会议，确定了以小城镇建设为重点的村镇建设工作方针，提出了到本世纪末我国小城镇建设发展目标。会后，经国务院原则同意，建设部等 6 个部委联合颁发了《关于加强小城镇建设的若干意见》。1995 年 4 月，国家体改委、建设部、公安部等 11 个部委联合下达《小城镇综合改革试点指导意见》，并在全国选择了 57 个镇作为综合改革试点。小城镇建设在全国范围内开始展开。

为了加快城镇化，从 1999 年到 2002 年三年间，西河乡集中精力，投入较大的资金，进一步加大生态环境综合治理的力度。2000 年抓住被列入阳城县实施国家级生态环境综合治理重点县六个乡镇之一的大好机遇，西河乡精心组织，投资 200 余万元，完成了上级下达的林业生态、水利环保、农业生态、草地生态四大类 15 个项目，并通过检查验收，对于改善西河乡的生态环境、提高人民群众的生存质量、巩固农业的基础地位产生了深远的影响。2000 年，郭河村投资 83 万元，建成 600 立方秸秆气化站。郭河村秸秆气化站的建设为节约能源、净化环境闯出了一条新路。2002 年，陕庄村、西沟村两座 600 立方秸秆气化站建成，分别投资 100 万元。生态园林村建设为提高人民生活质量、扎实有效地推进村庄文明建设、农村宽裕型小康建设做出有益的探索，全乡生态园林村建设成果进一步巩固扩大，郭河、西沟取得明显成效。

2003 年，西河乡在完成上级下达的林业生态、水利水保、农业生态、草地建设四大类 15 项生态环境治理项目扫尾工程的同时，投资 120 万元，完成了西沟、郭河两个生态园林村的上档升级；投资近 280 万元，新建了崔凹、陕庄、王曲三个新型生态园林村；投资 183 万元，完成通道绿化 35 公里，共栽植各类树种 5 万余株。同时，紧紧抓住退耕还林的优惠政策，投资

140 万元，完成退耕还林面积 1000 亩，共栽植各类苗木 22800 株，进一步优化了生态环境。2003 年，西河乡以加快农村城镇化进程和促进西河全面发展为出发点和落脚点，千方百计筹集资金 1500 万元，狠抓了基础设施建设，七项重点工程全面告捷：一是投资 900 万元，完成了 25 公里"村村通"水泥路面铺装及水沟浆砌工程；二是投资 220 万元，完成了西沟、陕庄两座 600 立方气化站建设及管道入户工程，仅此一项工程即可满足 860 户村民 24 小时生活用气，每年可节约煤炭 2000 余吨，年减少垃圾排放量 2500 余吨；三是投资 80 万元，完成了郭河村机深井钻探及配套工程，解决了 1500 口人和 100 余头大牲畜的饮水问题，同时，孙沟、宋王联片供水工程深井钻探也已完工；四是西小河郭河段河道治理工程，完成投资 15 万元，清淤河道 250 余米，修建河坝两条；五是投资 180 万元，完成年度林业建设工程，包括两旁植树 10 万株，补植补造 2000 亩，林业育苗 200 亩及陵沁公路西河段第一期绿化任务；六是投资 40 万元，完成了乡中学计算机、多媒体教室装备建设工程，这是全县乡镇中学档次最高的教学设施；七是投资 100 万元，完成了乡信用社办公大楼修建及办公自动化工程；八是投资 30 万元，完成了乡兽医站办公楼的修建及全乡兽医服务网络建设工程。这些工程的实施和完成，进一步提升了西河的小城镇品位，改善了西河乡的人居环境和投资环境。

2005 年，西河乡大搞"生态园林乡"建设，加快了新型环保能源推广使用步伐。2005 年之前全乡已经建成郭河、西沟等村的 4 座秸秆气化站，可满足 1751 户，5357 口人的生活做饭、洗浴、取暖用气，在此基础上，于 2005 年初又铺开了庄头、阳邑、中寨 3 个村的秸秆气化站建设工程，新建的秸秆气化站在原来普通用途的基础上，引入了制炭制气新技术，变以往的福利型企业为营利型企业，实现了环保节能、变废为宝的能源再利用。这些气化站建成后，全乡秸秆气用户将达到 2500 余户，每年节约煤炭可达 8000 余吨，减少垃圾排放 3000 余吨，该项工作受到省、市、县的表扬，不少市县来西河乡参观取经，为资源节约型和环境友好型社会建设和循环经济发展带了好头。

在乡村环境治理方面，乡政府投资 500 多万元，集中治理了煤尘污染。同时开展了以小康路沿线各村各单位为重点，以"六入"、"四出"、"一达标"为内容的环境卫生综合整治，共清理"三堆"3000 多处，修建文明墙 1800 米，修建公厕 70 个。特别是全乡建起了一个可使用 20 年左右的垃圾堆放点，购置了43个可移动垃圾罐和清运车，建立了一整套检查、评比、奖励等激励机制，使全乡主干道及各村主街主路、居民小区垃圾定点定时倾倒，环境卫生得到全天候保洁，极大地改变了群众的生活环境。卫生管理由西河乡公路管护站统一管理，所有小康路沿线的村和单位必须放置储备式垃圾罐，由管护站统一放置，并负责清理、运送、收费和管护，做到定期检查，及时清运，管护站根据有关文件精神核定标准合理收费，其收费标准参见表6-2。

表6-2　　　　　　小康路沿线的村和单位生活垃圾收费表　　　　单位：元

| 单位 | 王曲 | 郭河 | 西沟 | 电信局 | 供销社 | 地税所 | 一中分校 | 信用社 |
|---|---|---|---|---|---|---|---|---|
| 金额 | 6000 | 6000 | 16500 | 1500 | 1500 | 1000 | 3000 | 1000 |
| 单位 | 一中后勤 | 派出所 | 西河大酒店 | 中学 | 经联社 | 医院 | 电管站 | 中心小学 |
| 金额 | 6000 | 1000 | 2000 | 3000 | 2000 | 1500 | 1500 | 3000 |

在绿化建设方面，每年3月利用植树造林的大好时间，集中人力、物力、财力，大搞通道绿化、荒山绿化、矿区绿化和庭院绿化，突出抓了"三路一河"的治理，即晋韩路、小康路、王曲至北任的出境路的通道绿化以及西小河的综合治理，收到明显的社会效果。特别是去年以来，西河乡投资1000万元，完成通道绿化35公里，使三路两旁绿树成荫；投资2700万元，对穿越西河腹地的西小河进行了彻底的根治，完成全部河床约四公里长的蓄水段、清水渠治理任务，同时对河两岸进行了绿化和美化建设，完成片状景观林6万平方米，使这条昔日破败不堪、杂草丛生、灰土充盈、污水横流、臭气熏天的"灾难河"变成了一条流水潺潺、绿茵如带的风景线。

2007—2009年，西河乡以"打造生态园林乡"为奋斗目标，因地制宜，科学规划，加快实施。在绿化整治方面，通过通道绿化、荒山绿化、矿区绿化和庭院绿化，突出抓了"三河一路"的治理，即陵沁路、小康路、王曲至北任的出境路的通道绿化以及西小河沿线进行了精品绿化、亮化。在乡村环境治理方面，投资2700多万元，对流经西河乡八公里的西小河进行了高标准的治理；投资了35个可移动垃圾罐，成立了乡环卫队，实行了每季度一次的环境、卫生综合评比制度，全乡环境面貌大为改观。2007年，随着四个秸秆气化村和三个户用沼气村的建成并投入使用，全乡14村全都用上了新能源。仅此一项，全乡每年可节约煤炭近万吨，减少垃圾排放3000余吨。

专栏 6-1       阳城县西河乡：煤田上打造出来的环境优美乡

黄墙、红顶、窗明几净——新居、绿树、鲜花、姹紫嫣红——新村。7月28日，记者来到阳城县西河乡郭河村，仿佛步入了一个"花园小区"，阳光沐浴之下，绿树环抱之中，该村一栋栋崭新的红瓦黄墙民宅，显得格外秀美。

该村的一位村民告诉记者，郭河村的环境建设，只是西河乡创建环境优美乡的一个缩影。自2002年开始争创省级、国家级环境优美乡开始，6年的苦心经营，西河乡已成为阳城县农村环境建设的样板。

西河乡地处阳城县城西5公里处，交通便利，区位优越。由于地处沁水煤田，该乡几乎村村有煤矿，是阳城县的产煤大乡。特别是近几年来，丰富的煤炭资源让该乡的经济突飞猛进，成为远近闻名的富裕乡。为了让人民共享发展成果，近几年来，该乡把争创全国环境优美乡镇作为提高人民群众幸福指数的主要目标，不惜巨资，奋力推进环境建设和社会主义新农村建设，着力改善人居环境，农村面貌发生了翻天覆地的变化。

"我们乡虽然是产煤大乡，但全乡95%以上农户的生活却完全不用煤"，西河乡的乡长范长胜告诉记者，"单这一项每年除了可节约煤炭15000吨外，还可减少垃圾排放5000多吨"。

的确，在西河乡的农户家里，已经很难见到煤，农户做饭取暖全部用的是方便、节能的秸秆气和沼气。据了解，到去年年底，该乡在推进新型能源建设中已先后投入了1500万元，在全乡14个行政村建成了11个秸秆气化站和3个户用沼气村，成为全国首家"秸秆气化乡"。新型能源的普及推广，从根本上改善了环境，减少了污染，为西河乡的环境综合治理奠定了基础。

农村的环境卫生管理是农村环境卫生工作的一大难题。为了破解这一难题，该乡专门成立了环卫站，并拨出专项经费，负责对全乡环境卫生的综合管理，同时组建了由40人组成的专业队伍，配备了垃圾清运车、洒水车和50个移动垃圾罐，对全乡主要场所和道路的环境卫生进行统一管护。为确保环卫工作抓得实、过得细，几年来，他们严格落实环境卫生长效管理制度，将卫生工作与村干部年终考核挂钩，坚持对全乡各村各单位进行一月一检查、一季一评比，使全乡的卫生工作开展的扎实有效。

"除了卫生，还得生态，还得环保。"为实现这一目标，从2002年开始，该乡在不断完善基础设施的同时，大力实施绿化、硬化、美化、亮化四大工程，着力改善人居环境。几年来，他们坚持每年每人栽植一株风景树、四株普通树和一村一个精品点的做法，大搞植树造林、绿化家园。今年全乡共栽植风景树10万株，普通树种30万株，绿化面积达800亩。见缝插绿、拆墙透绿、身边增绿已成为全乡人民的自觉行动。良好的生态，优美的环境使西河乡早在2005年就被省环保局验收成为"山西省环境优美乡镇"。

### 二 基础设施建设

为了促进小城镇建设，1993年西河乡决定精心组织实施"12411"工程，实现"六个一"。即建成1个小康乡，建成2个明星村，4个明星企业，11个小康村。"六个一"，即：晋韩公路本乡路段及小康路友谊路沿线形成一个综合工业小区，工业企业产值达到6000万元；以晋韩公路为经，小康、友谊路为纬，建立一个商业综合批零市场，商品经营总额达到1000万元；建好一个"双高一优"农业基地；搞出一个村镇全面规划；建成一个科技达标乡；成为一个教育达标乡。1997年，西河乡改善、新开辟旧河道和乡村道路总长度70公里。其中拓宽改造乡村公路4条10公里，为油化硬化打下了基础。晋韩公路拓宽改造第二期工程是重点工程，列入党委、政府工作的重要议事日程，实行领导精力倾斜，铺开了移杆、拆迁工作。并落实任务，动员全乡干部群众上阵。1990年铺装小康路，面积18000平方米，投资240万元。早在1992年，乡财政投资230万元，建成电话乡。到1995年，西河乡又投资210万元，完成村村通闭路电视。1996年，派出所办公楼建成，建筑面积680平方米，投资53万元。1997年，地税所办公楼建成，建筑面积670平方米，投资52万元。这些公共建筑的建设，大大改善了西河乡的城镇面貌。

1998年10月，中共十五届三中全会通过了《中共中央关于农业和农村工作若干重大问题的决定》，提出"发展小城镇，是带动农村经济和社会发展的一个大战略"，进一步提升了发展小城镇的重要地位。2000年7月，中共中央国务院发出《关于促进小城镇健康发展的若干意见》。《意见》指出，加快城镇化进程的时机和条件已经成熟。抓住机遇，适时引导小城镇健康发展，应当成为当前和今后较长时期农村改革与发展的一项重要任务。2000年10月，中共中央在关于"十五"规划的建议中提出："随着农业生产力水平的提高和工业化进程的加快，我国推进城镇化条件已渐成熟，要不失时机实施城镇化战略。"

在这些政策的指导下，1999 年，西河乡把继续为全乡人民办好事办实事既作为检验政府作风的标志，又作为加快基础设施建设，优化经济发展环境的重要手段。年初乡里确定的 12 项重点工程，采取党政领导分工负责、各把一关的办法，除有 5 项仍需继续进行外，其余府前河道建设工程，乡政府大楼维修工程，校舍建设工程，医院住院部建设工程 10 项大都落实兑现。一年来全乡共投入资金 210 万元，围绕基础设施建设办好事办实事 57 件。阳邑、西沟、陕庄等村聘请权威部门对村镇实行全面规划，并通过上级有关部门评审。宋王、中寨等村完成了校舍建设。崔凹村、上李村对村委办公楼进行改建，村民活动条件大大改观。西沟、王曲等村完成河道打坝治理工程。阳邑、陕庄、郭河、庄头等一批村对街道进行治理，下挖水道，街面硬化，植造风景苗木共投资 4 万元，硬化净化街道 5 条，总长度达到 1200 米。峪则村采用耐火砖对村内主要街道全部实行修整铺设。全乡生产、生活条件进一步优化，对两个文明建设起到了积极的推动和促进作用。

1999—2002 年三年来围绕解决全向人民群众普遍关注的生产、生活热点问题，西河乡共投入 2000 万元，铺开农业调产、企业技改、饮水解困、校舍建设、环境治理、公路建设、村镇建设、医院改建扩建等 37 项重点工程项目，除 2001 年确定的奶制品龙头企业没有落实到位外，其余全部落实兑现。三年中先后投入 200 余万元，在北任、庄头、西沟等 6 村铺开了饮水解困工程，共完成 5 眼机深井钻探，使全乡 4000 多口人吃上了安全卫生的自来水。三年来西河乡先后投资 200 万元对乡办中学和宋王、中寨等 4 所小学、完小、幼儿园设施设备进行建设和配套，使全乡标准化校舍建设成果不断得到巩固和提高，三年中先后投入 300 余万元，对环境卫生进行重点治理，完成西沟、郭河以及府前河道环保治理工程，完成乡卫生院部建设工程，人民群众的生存环境、就医环境进一步优化和改善。三年来西河乡还把解决人民群众日常生活中的问题作为当务之急，完成农电整网和小康路与陵沁公路交接处 260 米的油路铺装，所有这些都对全乡经济发展、社会全面进步起到了推动作用。

2004 年，西河乡乡村两级累计投资 500 余万元，完成了五项重点工程。一是投资 110 万元新建了崔凹秸秆气化站，使西河乡的气化站总数达到四个，全乡 1300 余户，4000 多群众用上了方便、干净的秸秆气，每年可节约原煤将近 5000 吨，折合人民币 200 多万元，减少垃圾排放 3000 余吨，照此计算，如果全乡都用上了秸秆气，那么每年就可节省 1.5 万吨原煤，折合人民币约 500 多万元；二是投资 120 万元，完成了西沟村至石门沟 1.8 公里水泥路的工程建设，使西河乡全部实现了村村通、矿矿通水泥路（油路）的目标，全乡的道路环境得以彻底改善；三是投资 140 余万元完成了两眼机深井的钻探与配套工程，解决了孙沟、宋王、中寨三个村的人畜吃水问题，并可以满足一中分校 3000 余名学生、教职工的生活用水，截至目前，西河乡已有 10 个村 1.2 万群众用上了深层自来水；四是投资 60 余万元完成了全乡寄宿制小学规划论证、设计预算、土地审批等前期准备工作；五是投资 80 余万元，完成了乡中学教学楼、宿舍楼的改造工程。这些工程的实施和完成进一步完善了西河乡的小城镇功能，为西河的经济腾飞打下了坚实的基础。

2007—2009 年，西河全乡共投资 2.5 亿元，完成重点工程和涉及群众生活的实事项目 200 余件。投资 500 万元，钻打深井 4 眼，加强了自来水管网建设和水源地管理，使 95% 的群众吃上了优质、纯净的深井自来水。投资 2000 万元，完成一中西校精品路建设和"村村通"水泥路（油路）后续工程，成立农村公路管护站，建立道路管护的长效机制，确保了广大群众安全快捷出行。高度重视教育工作，先后投资 3200 万元，完成寄宿制中心小学建设和乡办中学、职中和一中西校后勤服务中心设施设备配套建设，全乡初步实现了教育的集约化、规模化和优质化，西河乡成为全县唯一一个拥有小学、中学、职校、高中教育齐全的乡镇，为打造阳城教育奠定了基础。

### 三 农民新居建设

为了改善农民的居住环境，西河乡各村加大农民新居建设。多年来，通过兴建新型住宅，使农民的居住条件获得了较大改善。新建住宅面积大，一般都是上下二层小楼，顶上还有一个阁楼。每幢住宅还配有地下室、车库。村中还兴建了大量的公共厕所，过去由于居住房屋过于拥挤，厕所建在路边导致的气味大，现在已经得到很大的改善。每家每户的垃圾也送至公共垃圾站，大大改善了环境。过去农户都是在山坳或者上坡空地上扔垃圾，现在这种现象也不存在了。农民新居建设使得村庄变得漂亮，村容整洁，乡风文明。新农村建设在西河乡落实到了实处。

20 世纪 90 年代以来，随着西河乡域经济的繁荣，带动了当地建筑业的兴旺，特别是一些新建的住宅小区接踵而来，遍布各个村庄。1985—2003 年，阳邑村共建小区住宅 130 套，总占地 40000 平方米，总投资 780 万元。1999—2003 年，陕庄村住宅小区建成住宅 14 套，占地面积 3000 平方米，总投资 60 万元。1990 年，郭河村上河住宅小区建成，占地面积 6600 平方米，住房 30 套，总投资 180 万元。1998 年，郭河村下河住宅小区建成，占地面积 11080 平方，住房 20 套，总投资 120 万元。

为了鼓励农民住进新居，制止违法乱占现象，2006 年开始，西河乡政府还推行了奖励措施，只要依法按规划修建住房，便赠送彩电，目前已有不少农民受益。阳城县西河乡有 14 个行政村，14000 余口人。随着县城西扩，各类占地现象逐年增多，其中大多为村民不按规划修建住宅。对此，该乡乡政府进行了总体规划，并于 2005 年年初决定，凡按规划修建新房者，入住后可获赠一台 34 英寸的彩电或一件大件商品。2007 年春节期间，乡政府出资 60 余万元，购置了 205 台彩电，并逐户送至符合要求的农民家中。截至 2008 年年底，全乡高标准建设居民住宅小区、楼房 1400 多套，奖励彩电 520 台，不仅显著改善了农民的居住条件，而且有力地推动了全乡的新农村建设。

专栏 6-2　　　　　　　　农民新居：旧貌换新颜

　　为了感受西河乡的农民新居，我们走进了一户家庭。该家庭目前只有老两口。女的是郭河村人，男的是另外村子的。我们重点访谈了老汉。老汉名叫于磊库，属鸡的，今年 64 岁，原来是西河乡峪则村村民，后来来到西河乡郭河村。原来老汉住在峪则村，那个房子是个老房子，1953 年修建的。在 2005 年，他住上了郭河村修建的新住宅小区。当时，他买这个房子花了 7 万元，后来装修花了 8 万元，总共花了 15 万，就住上了宽敞、窗明几净的大房子。这个房子当时卖的时候就是成本价，现在花 40 万元都买不到了。老汉说起这个就非常自豪。

　　房子非常宽敞，地面很干净。老汉给我们介绍了这个房子的结构和布局。一共两层，总面积 216 平方米，楼顶上是一个阁楼。一层是一个客厅，一个卧室，隔壁有一个车库。屋内有一个很大的电视、还有一套沙发。暖气都是绿颜色的，非常好看。给人的感觉不像是在农村，而是在城市。

### 四　新能源建设

西河乡是一个仅有 14 个行政村 1.4 万口人的小乡镇，地下煤炭资源比较丰富。近年来，随着经济建设的迅猛发展，该乡党委、政府充分认识到，煤炭资源固然丰富，但储藏量毕竟有限，总有枯竭的一天，加之用煤炭生火不卫生，浪费大，每年全乡单此项就得消耗近 2 万吨煤炭，同时，全乡每年又有近 8000 千吨秸秆被群众白白焚烧，加剧了环境污染，甚至带来火灾隐患。全乡需要考虑新能源问题了。近年来，政府紧紧围绕建设"生态园林乡"的目标，因地制宜，着力开发以"秸秆气化站"为主的新能源，取得了显著成效，协全乡之力建成了全省首家气化乡。

（一）投石问路，以点带面

西河乡是国家商品粮基地，更是国家生态农业开发项目在阳城的重点实施的乡镇。2000 年，面对国家生态农业开发项目中的秸秆气化站建设项目，他们感到生疏而好奇，但确信，开发这一项目，符合本乡实际。于是，他们多方获取信息，及时组织有关人员到当时已建成并运行的河南、山东等地考察了解，亲眼看到了用农作物秸秆造气来满足群众做饭的实际效果，当即决定把这一项目争取下来并付诸实施。当年 7 月，西河乡在县委、县政府的支持下，决定在经济条件好、人口相对集中的郭河村搞试点。经过 5 个月的艰苦奋战，于年底建成并投入运行。整个施工过程，严格按照有关质量标准和图纸设计进行。其工程分土建工程、气化机组、气柜、管网和入户五部分，总投资 83 万元，满足了该村 400 余户村民 24 小时生活用气。

郭河村群众率先在全县用上了秸秆气，在全乡上下引起强烈反响。其反响不仅是因为使用它方便、卫生，更是因为它的经济效益可观。过去做饭用煤，一口人一年至少要用一吨，全村 1420 口人，每年要烧掉 1000 余吨煤炭，按当时价格每吨 60 元计算，差不多一年烧掉一个气化站，同时村里每年至少减少了 400 余吨的生活垃圾，其生态效益、经济效益、社会效益明显。

（二）锁定目标，加快建设

随着郭河村秸秆气化站的示范成功，全乡上下沸腾了，要求建设使用的呼声愈来愈高。2002 年 6 月的乡人代会上，全体代表一致同意把建设气化站作为为民办事的重点工程之一。于是，乡政府做出了用 5 年时间把西河建成全省首家"气化乡"的决定，并因地制宜，分步实施。

从 2003 年到 2004 年，在经济条件较好的西沟、陕庄、崔凹三个村着手建设秸秆气化站。为调动村干部的工作积极性，减少村里经济压力，加快实施步伐，乡政府出台了扶持奖励政策，明确规定，每建一座站，乡政府给予村里补贴 20 万元，这样一来，有力地推动了这项工作的正常进展。到 2004 年年底，这 3 个村的 3 座气化站圆满完成并投入正常运行，总投资约 350 万元，解决了 1283 户 3735 口人的做饭用气问题。

至此，西河乡 4 个村近 5000 口人改变了传统的炉灶生活，用上了干净、节俭的秸秆气。然而，随着这一民心工程的运行和群众生活水平的提高，群众对这一新生事物也提出了新的更高的要求：一是气化站的运行能不能实现自负盈亏，减少费用；二是用秸秆气能否解决取暖问题，彻底让群众生活告别煤炭后，解决好越冬问题。带着这一课题，乡政府工作人员先后几次与北京、山东有关机构，特别是实施这一项目运行良好的河南一家公司进行研究探讨，经数次改革、试验，终于研制成功了用秸秆加工木炭、产气供应群众做饭、取暖的新型造气设备和可用秸秆气做燃料的家用取暖炉。于是，2005年西河乡采取政府每建一站补贴 40 万元的办法，在庄头、中寨、阳邑 3 个村投资 500 余万元，新建了 3 座以制炭为主的气化站，供 3 个村 1005 户3332 口人用气做饭和取暖。这种新型气化站，不仅实施了气化站的自主运行，而且每站可解决劳动力十余人就业。

经过 4 年多的努力，全乡 14 个村 14880 口人中已有 7 个村 8487 口人用上了秸秆气。但接下来要在一年内实现"气化乡"，工作难度太大。因为剩余的 7 个村，虽然人口不多，但经济基础不好，自然条件差。乡政府召集这7 个村的党员干部进行专题讨论，研究实施对策，做出更加优惠的扶持补助办法，在市、县补助的基础上，每站乡里补贴 50 万元，准备新建 4 个气化站、300 户户用沼气，全面完成了"气化乡"的建设任务。

（三）新型能源，效益可观

秸秆气化站的运行和发展，不光使广大群众从中尝到了甜头，看到了希望，而且其经济效益、生态效益和社会效益更是令人振奋！

1. 经济效益。全部工程到位后，按照原先每人每年无偿供应 1 吨混煤计算，全乡 14880 口人，共需供煤 14880 吨，加上冬季取暖用煤，每年要消耗掉 2 万吨煤炭，每吨煤按现行价格 400 元计算，全乡每年要烧掉约 800 万元，两年烧掉的足够建设气化站的费用。实现"气化乡"后，用秸秆气做燃料，原材料就地取材，几乎不花一分钱。

2. 生态效益。全乡群众用上秸秆气后，可生产清洁能源（秸秆气）600多万立方米。境内的每年约 10000 吨秸秆近一半可达到合理使用，焚烧现象达到了有效控制，同时由于燃气取代了煤炭，减少了垃圾排放 5000 吨，有效地改善了人民群众的生产生活和生存环境。

3. 社会效益。燃气取代煤炭在大大降低群众劳动强度的同时，为解决农村劳动力再就业提供了可能，同时村内的煤堆、灰堆、土堆等现象在农村大街小巷基本消失，村容村貌得到大的改变，为全面实施的新农村建设提供了有力支持和保障。

专栏6-3 "两气"让产煤大乡不用煤——山西首家"气化乡"
　　　　　　阳城县西河乡见闻

　　空气清新，街道整洁，绿树成荫……这是记者来到山西阳城县西河乡的第一印象。作为一个村村有煤矿的产煤大乡，西河目前已经建设成为山西首家"气化乡"——秸秆气和沼气这两种新能源，正在改变着村民们的生活。

　　"有了秸秆气，我家做饭、洗澡就不用烧煤了。"西河乡郭河村村民张福顺拧开秸秆气灶，火苗一下就蹿了出来，一壶水烧开只用了10分钟。"这不仅火力足，而且干净、省劲，比起从前烧起煤来烟熏火燎的时候，不知方便了多少倍。"张福顺说。

　　记者在郭河村秸秆气化站看到，秸秆被送入机组锅炉，经过无氧燃烧、过滤冷却等一系列工序，生成的秸秆进入巨大的气罐，再通过管道输送到各家各户的灶头。这被村民们形象的称为"一家烧火，全村做饭"。

　　村支书张二都告诉记者，村民们用起秸秆气来十分便宜：每年每人交给村里200斤秸秆，就可以免费用气；或按每立方米5分钱来收费，这对人均年收入4000多元的西河乡根本不是负担。

　　与秸秆气一样便利的还有沼气。以牲畜粪便、生活污水为原料生产出来的沼气，可供做饭、洗澡；此外，沼液可以喂猪，沼肥还是上佳的绿色肥料。

　　一个村民掰着指头给记者算账：一个10立方米的沼气池，基本可以满足一个四口之家的生活所需，他家一年可以省下燃料费800元，减少化肥、农药开支200元，用沼液喂猪节约饲料15%，施用沼肥后粮食产量提高两成……对于数百立方米以上的大型沼气站来说，综合效益更加可观。

　　"在我们乡，95%以上的农户可以做到日常生活完全不用煤。"西河乡副乡长白红魁介绍说，采用财政补贴、村里筹资的办法，到目前为止已在全乡14个行政村建成了11个秸秆气化站和3个用沼气村，而每户平均只需掏两三百元的灶具费。仅这一项，就可以让全乡每年节约燃煤15000吨，减少有害气体和垃圾排放5000多吨，同时每年近万吨的秸秆、粪便等也有了去处，解决了农村脏乱差的顽疾，空气质量明显提高，全年二级以上天数可达260

天以上。

"用上沼气和秸秆气后，各村都集中兴建了村民住宅，进行街道绿化，统一规划公厕和垃圾存放点，村容改造成绩突出的郭河村还获得了全国'园林绿化示范村'的称号，"白红魁说。

来自农业部的专家告诉记者，在有条件的农村地区发展秸秆气、沼气等新能源是完全合适的，西河乡的经验值得推广；同时也提倡因地制宜，把发展养殖业、种植业与推广沼气、秸秆气结合起来，互补互利，注意秸秆贮存防火，研究新技术以解决秸秆气焦油净化等问题，让更多的"气化乡"成为新农村建设中的亮点。

　　资料来源：《太行日报：晚报版》，2008 年 8 月 19 日。

# 第三节　城镇化特点分析

农村城镇化是农村社会生产力发展到一定阶段后出现的变传统落后的乡村社会为现代先进的城市社会的自然历史过程。由于城镇化的内涵十分丰富，它不仅包括农村人口向城镇人口转化，生产方式与生活方式由乡村型向城市型转化，传统的农村文明向现代的城市文明转化等，它还是一个国家和地区经济社会现代化程度的重要标志。西河乡在多年来的城镇化建设过程中取得了一定的进步，体现出自己的一些特点。这些特点有助于丰富对农村城镇化建设的认识，有助于因地制宜地进一步推动西河的城镇化水平。

## 一　城镇化水平处于起步阶段

国际上一般将城镇化进程分为三个阶段：城镇化率在 30% 以下为初级阶段，30%—70% 为中级阶段，70% 以上为高级阶段。也有人把城镇化的进程分为六个阶段：即城镇化率在 10% 以下为史前阶段；10%—20% 为起步阶段；20%—50% 为加速阶段；50%—60% 为基本实现阶段；60%—80% 为高度发达阶段；80% 以后为自我完善阶段。目前，西河乡的城镇化水平还不高①，但未来具有很大的发展空间。到 2005 年，全乡总人口为 14697 人，其

---

　　①　在本书中，笔者以人口性质来作为衡量城镇化水平的指标，具体为：城镇化水平 = 非农业人口/总人口。

中非农业人口 1590 人，城镇化水平为 10.8%，可以说还比较低。在阳城县的所有乡镇之中，西河乡的城镇化水平还相对较高，仅次于城关镇的 37.25%，八甲口镇的 30.93%，北流镇的 12.62%。在阳城县的所有乡镇里，西河乡的城镇化的水平是最高的，达到 8.7%，见图 6-1。

根据《阳城县总体规划》和《阳城县国民经济和社会发展第十一个五年计划》，2010 年阳城县城镇化水平将达到 45%。西河乡城镇化水平低于阳城县的平均水平，城镇化发展速度也慢于阳城县整体进程，但考虑到西河乡的区位优势，预计到 2010 年，城镇驻地人口可以达到 4500 人，城镇化水平达到 30%。到 2020 年，西河乡的城镇化的平均增长率应该能够接近阳城县城镇化的平均发展水平，达到 40%，城镇驻地人口达到 8000 人，见图 6-2。

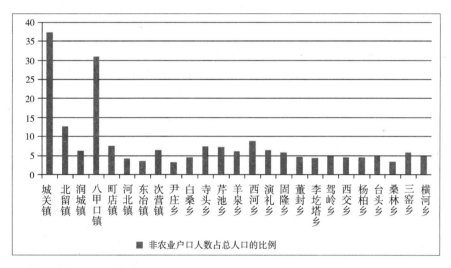

**图 6-1　西河乡的非农业户口人数占总人口的比例（城镇化水平）：2000**
资料来源：山西省阳城县统计局：《山西省阳城县第五次人口普查资料（2000 年）》。

## 二　城镇化与区位特点相关

阳城县位于山西省东南部，晋、冀、豫三省交界处，处于太原、郑州、洛阳、邯郸、长治等诸多大、中城镇的多重辐射范围之下，而西河乡位于阳城县的中心地带，与县城相连，具有城镇郊区的职能与特征。晋韩公路从乡域中部穿过，陆上交通便利。因此，西河乡地理位置独特，交通条件优越。在这样一个大环境中，如何利用这种"地理"上的优势，对于

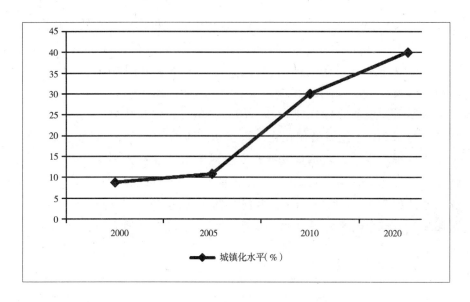

**图 6－2　西河乡的城镇化水平的发展和预测**

资料来源：山西省阳城县统计局：《山西省阳城县第五次人口普查资料（2000年）》；山西省城乡规划设计研究院：《阳城县西河乡总体规划》。

西河乡政府来说，是一个考验。根据区域经济学理论，区位条件对经济发展起着十分重要的作用，一个好的区位，可以增大市场规模，有利于各种要素的聚集，从而发展成中心城市的卫星乡镇。然而，也有可能随着中心城市的扩大，周边乡镇会卷入到中心城市的扩展之中。西河乡处于县城周边的重要区域，一方面为西河乡接受先进的技术、信息、管理等生产要素创造了良好的条件；另一方面中心县城强大的集聚作用，也造成了西河乡各类要素的外流，比如人口的流动。总体而言，西河乡区位条件优越，机遇与挑战并存。

### 三　集体经济为城镇化提供了便利条件

近些年来，西河乡的城镇面貌发生了很大变化。农民住上了非常满意的新居，面积很大，而且都是整齐的楼房。通过新能源建设，农田中的秸秆得到了有效利用，农民的居住环境也得到了非常大的改善，农民用秸秆气生火做饭，用秸秆气取暖。街道、河流都进行了整治和规划。垃圾得到有效集中处理。乡镇的环境非常整洁，绿化率不断提高，生态环境也在不断改善。西河乡政府为了进一步促进城镇化建设，还邀请专家对西河未来的发展进行了规划。目前，乡政府正在按照规划逐步地推进西河乡的城镇化建设。然而，这一切，都需要资金支持。没有资金，这些城镇化建设措施都是空中楼阁。资金从哪里来？西河乡的经验是从集体经济中来。由于有煤炭等资源的支撑，西河乡的集体经济发展很快。集体经济的发展为西河乡的城镇化建设提供了保障。没有西河乡的集体经济，西河的面貌不会发生如此大的变化，西河乡的城镇化建设也没有如此之快。

### 四　城镇化与工业发展联动推进

西河乡城镇化的过程，既是非农业化的过程，也是加快工业发展、调整工业产业结构的过程。以工业发展推进城镇化，以城镇化促进工业发展，强化城镇化的产业支撑。在农业产值只占5%的条件下，做强做大支柱产业，以此来聚集财力，实现以工业反哺农业，并为农村基础设施建设和其他公共福利事业提供了财力支持。

# 第七章

# 农户的收入、消费与社会保障

西河乡农户的收入在全县乡镇中居于中上等水平。改革开放以来，农户家庭收入出现持续提高的态势，农户家庭收入结构也发生了比较明显的变化。由于收入水平处于中上等，西河乡农户的消费水平在全县农村中也处在中上等，消费结构发生了食品消费所占比例下降，其他非生活消费所占比例上升的变化。多年来，西河乡以煤矿为主的乡镇企业主要是集体企业，集体经济力量比较强大，在社会保障方面一直做得比较好。近几年，西河乡在坚持原有的"五保"制度、社会救济、优抚等社会保障体制的同时，也积极探索建立农户最低生活保障、新型农村合作医疗制度、农村社会养老保险制度等社会保障体制，取得了明显的成绩。

## 第一节 农户的收入状况

实行家庭联产承包责任制后，农村经济日益活跃，特别是当地以煤矿为主的乡镇企业的兴起，为农户就业开辟了新的通道，农户家庭收入逐年提升。不过，农户收入年增长率也出现过大的波动。在收入增加的同时，农户家庭收入结构也发生了比较明显的变化，来自经营性收入所占比重下降，来自工资性收入所占比重上升，来自政府转移支付的收入所占比重也在增长。而在家庭经营收入中，粮食种植业所占比重显著下降，运输业等所占比重则明显提高。

### 一　农民家庭收入的增长

（一）改革开放后农户家庭收入的快速增长

与 20 世纪 50 年代相比，目前西河乡农民家庭的收入已发生了巨大的变化。从人均年纯收入来看，1957 年为 68 元，1963 年降到了 48 元，直到 1969 年才升到 69 元。1976 年前，除 1973 年增长到 92 元外，其他年份都低于 70 元。1978 年，农户人均纯收入出现较为明显的增长，1982 年达到了 117 元。

1983 年实行家庭联产承包责任制后，农户的收入持续提高。人均纯收入在 1983 年达到 340 元，1986 年突破 400 元，达到 425 元，1988 年上升到 528 元，1989 年进而提升到 601 元。此后，农民人均纯收入增长速度发生短暂的调整，1992 进一步增长到 703 元，1993 升到 994 元。1994 年后，农民人均纯收入实现持续增长，1994 年为 1280 元，1996 年为 2336 元，1998 年为 2813 元。1999—2002 年因亚洲金融危机的影响，农民人均纯收入出现下滑，到 2003 年恢复到了 2987 元。近些年，农民人均纯收入增长更快，2004 年为 3230 元，2005 年达到 4080 元，2006 年升到 4451 元，2007 年实现 4937 元，2008 年跃上 5000 元，达到了 5380 元。见表 7－1、表 7－2、图 7－1。若按当年价估算，2008 年农民人均纯收入是 1957 年的 79 倍，是 1978 年的 57 倍，是 1983 年的 16 倍，是 1998 年的 1.9 倍。

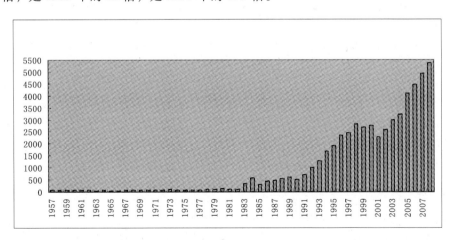

图 7－1　1957—2008 年西河乡农民人均纯收入的增长

资料来源：西河乡统计站。

（二）农户收入增长率的波动

20世纪50年代、60年代及70年代，西河乡农民的收入水平长期徘徊不前，甚至一些年份还得下降，年增长率波动剧烈。改革开放以来，西河乡农户的收入呈现持续增长的态势，但是，在20世纪80年代、90年代，收入增长率波动还比较大。近几年农户收入年增长率波动态势才趋于平缓。

1958—1963年，农民人均纯收入年增长率只有1961年与上一年持平，其他年份均在下降，一些年份下降幅度较大。因此，农民人均纯收入增长率为负，且波动剧烈。1964年出现明显的增长，1965年则又出现较大的下降。1966年、1967年表现为正增长，但1968年、1969年再次下滑。1970年呈现正增长，1972年又下降。1973—1976年有3年表现为正增长，但1972年也出现了大幅的下降。十年"文革"结束后，农民人均年收入增长率大年年份表现为正增长，不过在1981年、1985年、1990年、1999年、2000年这5年中出现了负增长，其他年份增长幅度由波动较大。见表7-1、图7-2。

表7-1  1958—2008年西河乡农民人均纯收入年增长指数  （上年为100，当年价）

| 年份 | 年增长率 | 年份 | 年增长率 |
|------|---------|------|---------|
| 1958 | -15 | 1984 | 68 |
| 1959 | -14 | 1985 | -45 |
| 1960 | -51 | 1986 | 35 |
| 1961 | 0 | 1987 | 11 |
| 1962 | -36 | 1988 | 12 |
| 1963 | -11 | 1989 | 14 |
| 1964 | 6 | 1990 | -17 |
| 1965 | -59 | 1991 | 42 |
| 1966 | 42 | 1992 | 41 |
| 1967 | 38 | 1993 | 29 |
| 1968 | -72 | 1994 | 31 |
| 1969 | -12 | 1995 | 15 |
| 1970 | 23 | 1996 | 22 |

| 年份 | 年增长率 | 年份 | 年增长率 |
|------|---------|------|---------|
| 1971 | 0 | 1997 | 5 |
| 1972 | −10 | 1998 | 14 |
| 1973 | 48 | 1999 | −5 |
| 1974 | 25 | 2000 | −3 |
| 1975 | −72 | 2001 | 17 |
| 1976 | 6 | 2002 | 14 |
| 1977 | 18 | 2003 | 15 |
| 1978 | 16 | 2004 | 8 |
| 1979 | 12 | 2005 | 26 |
| 1980 | 33 | 2006 | 9 |
| 1981 | −27 | 2007 | 11 |
| 1982 | 16 | 2008 | 9 |
| 1983 | 191 | | |

资料来源:《阳城50年》,三秦出版社2001年版;西河乡统计站长。

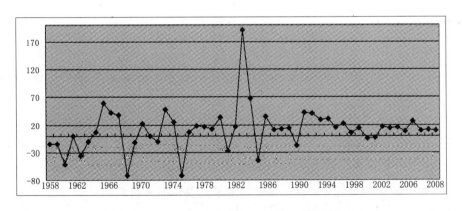

**图7－2　西河乡农民人均纯收入年增长率波动情况**

资料来源:《阳城50年》,三秦出版社2001年版;西河乡统计站长。

## 二　农户的收入结构

### （一）农户收入结构的变化趋势

计划经济时期，西河农户的收入主要来源于集体经济，而集体经济主要是农业经济。实行家庭联产承包责任制后，西河乡农户的收入结构出现多元化，家庭经营收入持续增加，工资性收入逐渐提高。近年来，随着国家加大对农业的投入，来自财政转移支付的收入呈现增长趋势。

表7-2　　　　　　阳城县农户抽样调查人均收入情况　　　　　　单位：元

| 年份 | 总收入 | | | | | 人均纯收入 | | |
|---|---|---|---|---|---|---|---|---|
| | 小计 | 从集体经营得到的收入 | 从企业得到的劳动报酬 | 家庭经营收入 | 其他借贷性收入 | 抽样农户收入（A） | 西河乡农户收入（B） | B/A（%） |
| 1990 | 849.0 | 22.6 | 164.4 | 600.0 | 62 | 697.7 | 496 | 71.1 |
| 1991 | 849.9 | 67.8 | 176.2 | 529.9 | 76.0 | 671.4 | 703 | 104.7 |
| 1992 | 1026.0 | 86.2 | 191.1 | 667.8 | 81.0 | 794.3 | 994 | 125.1 |
| 1993 | 1222.0 | 36.0 | 419.0 | 703.8 | 63.3 | 915.3 | 1280 | 139.8 |
| 1994 | 1448.7 | 66.4 | 426.4 | 881.8 | 74.1 | 1137.3 | 1675 | 147.3 |
| 1995 | 1881.8 | 119.8 | 450.6 | 1268.2 | 43.2 | 1556.5 | 1921 | 123.4 |
| 1996 | 2564.1 | 117.6 | 714.1 | 1676.4 | 56.0 | 2038.0 | 2336 | 114.6 |
| 1997 | 2715.5 | 198.1 | 1045.4 | 1409.5 | 62.6 | 2366.0 | 2462 | 104.1 |
| 1998 | 2968.7 | 247.7 | 974.8 | 1681.3 | 64.9 | 2541.4 | 2813 | 110.7 |
| 1999 | 3020.9 | 221.5 | 948.9 | 1759.3 | 91.7 | 2467.1 | 2680 | 108.6 |
| 2000 | 3329.6 | 259.7 | 918.9 | 1971.6 | 180.2 | 2586.0 | 2750 | 106.3 |

资料来源：《阳城50年》，三秦出版社2001年版；西河乡统计站。

由于缺乏历史统计数据，我们以阳城县农户抽样调查资料为基础，考察西河乡农户收入结构的变化态势。1991年以来，西河乡农户的收入普遍高于全县抽样农户的收入水平。从西河乡与全县抽样农户人均纯收入差距看，1991年西河农户是抽样农户的1.04倍，1992年为1.25倍，1994年为1.47倍，2000年为1.06倍。见表7-2。西河农户收入水平高于全县抽样农户收入的一个重要原因是本乡有比较发达的煤炭经济，不少劳动力在当地煤矿上班。因此，西河乡农户收入结构中工资性收入应该高于全县抽样调查数据。阳城县农户抽样调查的人均收入结构变化中，从企业得到的劳动报酬所占比重呈上升趋势，就西河农户而言，这一特征应该更为明显。

　　从表7-2、图7-3中可以发现，从1990年以来，阳城县农户的收入中，家庭经营收入和从企业得到的劳动报酬是农户收入的主要来源，从集体经营得到的收入也占有一定的比重。最为显著的趋势是来自工资性收入的比重不断提高。近几年来，来自政府的种植粮食作物的补贴、农机具补贴等转移性收入也增长较快。

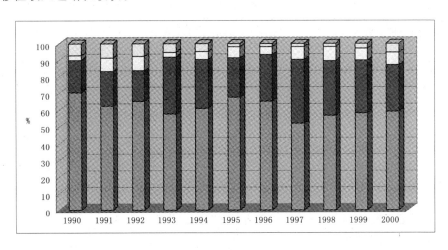

**图7-3　1990—2000年阳城县农户收入结构的变化趋势（抽样调查）**
资料来源：西河乡统计站。

　　2001年后统计口径有所变动。可以看到，阳城县农户的收入呈上升态势，来自工资性收入和家庭经营收入所占比例比较稳定，工资性收入约占35%左右，家庭经营收入约占57%左右。见表7-3、图7-4。

　　（二）近几年农户的收入结构

　　近几年，西河乡农户总体特征是以非农兼业户为主。据2006年农业普查资料，全乡4052户中，最多的是非农兼业户为3446户，占85.04%；其次为纯农户有384户，占9.48%；非经营户有136户，占3.36%；农业兼业户有23户，占0.57%。西河乡与全县相比，非农兼业户高出20.45个百分点，纯农户低出14.56个百分点，非经营户低出2.51个百分点，农业兼业户低出0.3个百分点。这一情况表明，西河乡绝大多数农户收入来源于非农业。见表7-4、图7-5。

表7-3　　　　　　2001—2006年阳城县农户人均收入状况　　　　　单位：元

| | 2001 | 2002 | 2003 | 2004 | 2005 | 2006 |
|---|---|---|---|---|---|---|
| 全年人均总收入 | 3312.2 | 3290.2 | 3429.2 | 3915.7 | 4584 | 4220 |
| 一、工资性收入 | 1147.4 | 1185.9 | 1229.8 | 1355.6 | 1659 | 1484 |
| 　1. 在非企业组织得到 | 320.7 | 390.5 | 262.7 | 125 | 171 | 154 |
| 　2. 在本地企业得到 | 681.7 | 532.7 | 869 | 937 | 1155 | 1049 |
| 　3. 外出工作得到 | 145 | 262.6 | 98.1 | 256.6 | 332 | 281 |
| 二、家庭经营收入 | 1975.8 | 1872.1 | 1957.9 | 2304.5 | 2613 | 2414 |
| 　1. 农业 | 417.5 | 443.7 | 554.5 | 624.2 | 651 | 606 |
| 　其中种植业 | 416.4 | 434.5 | 535.8 | 611.8 | 642 | 582 |
| 　2. 林业 | 34.6 | 44.5 | 44.6 | 101.4 | 161 | 414 |
| 　3. 牧业 | 270.7 | 256.4 | 259.2 | 371.5 | 554 | 433 |
| 　4. 工业 | 132.9 | 80.9 | 91.9 | 74.7 | 49 | 57 |
| 　5. 建筑业 | 34.6 | 55.3 | 47.3 | 5 | 121 | 114 |
| 　6. 交通运输 | 655.9 | 620.1 | 619 | 653.7 | 494 | 559 |
| 　7. 批发零售餐饮 | 222.4 | 271.6 | 276.9 | 302.8 | 374 | 327 |
| 　8. 社会服务 | 79.1 | 52.4 | 54 | 99.5 | 180 | 146 |
| 　9. 文教卫生 | 43.8 | 5.6 | 0.4 | | | |
| 　10. 其他 | 84.4 | 41.5 | 10.1 | 26.7 | 30 | 31 |
| 三、财产性收入 | 49.9 | 57.2 | 41.1 | 41.4 | 78 | 73 |
| 四、转移性收入 | 139.1 | 175.1 | 200.3 | 214.3 | 234 | 248 |
| 　1. 亲友赠送 | 95.8 | 111.5 | 127.8 | 119.9 | 74 | 102 |
| 　2. 家庭非常住人口带回 | 4.8 | 11.1 | 12.8 | 6 | 18 | 13 |
| 　3. 其他 | 38.5 | 52.5 | 3.7 | 9.6 | 26 | 19 |

　　资料来源：《阳城统计年鉴》（2001—2006）。

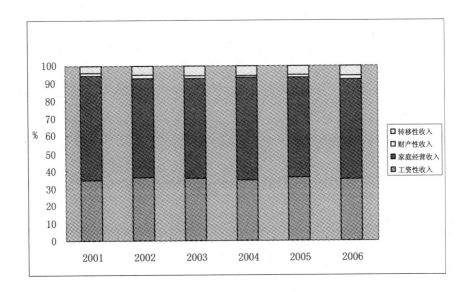

**图 7 - 4　2001—2006 年阳城县农户人均收入结构**

资料来源：西河乡统计站长。

表 7 - 4　　　　　　　　　　**按家庭收入分的常住户情况**

| 村庄 | 户数 | 纯农户 | % | 农业兼业户 | % | 非农兼业户 | % | 非农户 | % | 非经营户 | % |
|---|---|---|---|---|---|---|---|---|---|---|---|
| 全县 | 99540 | 23927 | 24.04 | 867 | 0.87 | 66285 | 66.59 | 2622 | 2.63 | 5839 | 5.87 |
| 西河 | 4052 | 384 | 9.48 | 23 | 0.57 | 3446 | 85.04 | 53 | 1.55 | 136 | 3.36 |

资料来源：《阳城县第二次全国农业普查资料》。

　　西河乡农户的收入中，家庭经营收入占第一，工资性收入居第二，转移性收入为第三，财产性收入为第四。以 2008 年阳城县农户抽样调查为例，农户人均总收入全年为 5804 元，其中家庭经营收入为 3254 元，工资性收入为 2058 元，转移性收入为 346 元，财产性收入为 146 元。农户人均纯收入为 4859 元，其中家庭经营收入为 2357 元，工资性收入为 2058 元，转移性收入为 297 元，财产性收入为 146 元。家庭经营性收入占 49%，工资性收入占 42%，转移性收入占 6%，财产性收入占 3%。见表 7 - 5、表 7 - 6、图 7 - 5。

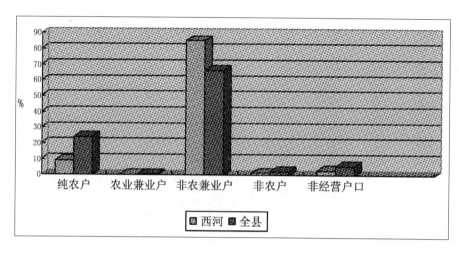

**图 7-5 西河乡常住户按主要收入来源划分情况**

资料来源:《阳城县第二次全国农业普查资料》。

表 7-5 2008 年阳城县农户人均收入状况 单位:元

| | |
|---|---|
| 全年人均总收入 | 5804 |
| 一、工资性收入 | 2058 |
| 1. 在非企业组织中得到 | 150 |
| 2. 在本乡劳动得到 | 1578 |
| 3. 外出从业得到 | 330 |
| 二、家庭经营收入 | 3254 |
| 1. 第一产业收入 | 1968 |
| 其中:农业收入 | 899 |
| 林业收入 | 282 |
| 牧业收入 | 787 |
| 2. 第二产业收入 | 185 |
| 其中:工业收入 | 64 |
| 建筑业收入 | 121 |
| 3. 第三产业收入 | 1101 |
| 其中:交通运输业 | 435 |
| 商业、餐饮业 | 421 |
| 社会服务业 | 226 |

续表

| | |
|---|---|
| 全年人均总收入 | 5804 |
| 其他 | 18 |
| 三、财产性收入 | 146 |
| 四、转移性收入 | 346 |
| 1. 家庭非常住人口寄回和带回 | 27 |
| 2. 亲友赠送 | 55 |
| 3. 政府补贴 | 59 |

资料来源:《阳城统计年鉴》(2008)。

表 7-6 　　　　　　2008 年阳城县农户人均纯收入状况 　　　　单位:元

| | |
|---|---|
| 全年人均纯收入 | 4859 |
| 一、工资性收入 | 2058 |
| 1. 在非企业组织中得到 | 150 |
| 2. 在本乡劳动得到 | 1578 |
| 3. 外出从业得到 | 330 |
| 二、家庭经营收入 | 2357 |
| 1. 第一产业收入 | 1324 |
| 其中:农业收入 | 653 |
| 林业收入 | 212 |
| 牧业收入 | 459 |
| 2. 第二产业收入 | 171 |
| 其中:工业收入 | 55 |
| 建筑业收入 | 117 |
| 3. 第三产业收入 | 862 |
| 其中:交通运输业 | 326 |
| 商业、餐饮业 | 402 |
| 社会服务业 | 118 |
| 其他 | 16 |
| 三、财产性收入 | 146 |
| 四、转移性收入 | 297 |

资料来源:《阳城统计年鉴》(2008)。

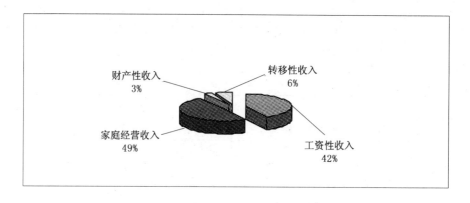

**图 7 - 6　2008 年阳城县农户人均纯收入构成**

资料来源:《阳城统计年鉴》(2008)。

　　西河乡农户家庭经营收入中,主要来源于第一产业和第三产业收入。仍以 2008 年阳城县农户抽样调查为例,农户人均总收入的家庭经营收入中来自第一产业 1968 元,来自第二产业 185 元,来自第三产业 1101 元。从农户人均纯收入看,2008 年家庭经营收入中,来自第一产业 1324 元,第二产业 171 元,第三产业 862 元。大体而言,在家庭经营收入中,第一产业收入约占 56%,第二产业约占 7%,第三产业约占 37%。而在第一产业收入中,种植业特别是粮食作物占大的份额,其次为畜牧业,第三为林业。如 2008 年农户人均总收入中,家庭经营收入方面,农业收入为 899 元;畜牧业收入为 787 元,林业收入为 282 元。第三产业收入主要来自运输业与服务业。第二产业收入中,主要来自建筑业,其次是工业。2008 年农户人均家庭收入中,来自第二产业 185 元,其中来自建筑业 121 元,来自工业 64 元。总的来看,在家庭收入中,运输服务业收入占 14%,农作物种植业收入占 28%,畜牧业收入占 19%,林业收入占 9%,建筑业收入占 5%,工业收入占 2%。见表 7 - 5、表 7 - 6、图 7 - 7、图 7 - 8。

　　近年来,工资性收入在西河乡农户收入中所占的地位越来越重要。西河乡煤炭企业较多,陶瓷产业方兴未艾,农村劳动力多就近在当地企业就业,因此农户工资性收入主要来源于当地第二产业、第三产业。以 2008 年阳城县农户抽样调查为例,农户人均纯收入中工资性收入为占总收入的 42%,其中,在非企业组织中得到的收入为 150 元,在本乡地域内得到的收入为 1578 元,外出从业得到的收入为 330 元。可以看到,在工资性收入中,外出从业

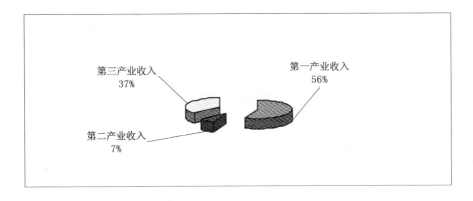

**图 7 - 7　2008 年阳城县农户人均家庭经营收入产业构成**

资料来源：《阳城统计年鉴》（2008）。

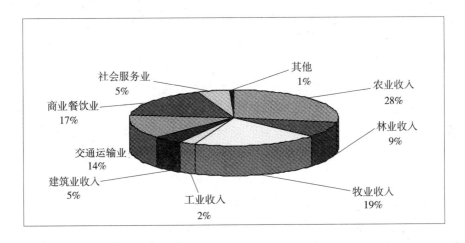

**图 7 - 8　2008 年阳城县农户人均家庭收入行业构成**

资料来源：《阳城统计年鉴》（2008）。

得到的收入占的 16%，在本地非企业组织得到的收入占 7%，其余 77% 的收入都来自本乡的企业。见图 7 - 9。

西河乡农户的转移性收入，主要来自政府对农业的补贴。2004 年，农户得到的粮食直补金 14 万元，退耕还林补贴 18 万元。2005 年，农户得到粮食直补金 15.53 万元，退耕还林补贴 18 万元。2006 年农户得到农机具补贴资金 3 万元，粮食直补款 53 万元。2007 年农户得到农机具补贴资金 3 万元，粮食直补款 53 万元。养殖户还得到政府养猪、蚕桑方面的专项补贴。见表

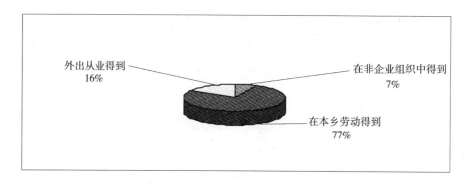

**图7-9　2008年阳城县农户人均工资性收入构成**

资料来源:《阳城统计年鉴》(2008)。

3-5、图7-9、图3-20。另外，集体经济收入好的村庄，每年还给村里的老人发福利，如郭河村每年给每位60岁以上的老人发120元钱，两桶油，1个蛋类，1张100元的超市购物卡，加上米、面等实物，约有500元。

专栏7-1　　郭丁味家庭情况——西河乡郭河村村民访谈之一

　　郭丁味，今年59岁。夫妇2人，加上2个儿子、2个儿媳、2个孙女，全家8口人。大儿子一家分开单过，他们老两口与小儿子一家一起生活。全家共有4亩多地，由两个儿子耕种。家里有一座带大院子的楼房，因为拥挤，老两口让给两个儿子居住，自己出去租房住。地虽然由儿子们耕种，不过粮食直补款由老两口掌握，粮食收回后全家一起消费。

　　大儿子原先在陶园区的陶瓷厂上班，每月收入600—800元。后来觉得收入太少，自己辞职干饭店。在西沟村以每平方米每年100元的价格租到了80平方米左右的房子，刚开业几天。饭店主要卖家常便饭。大儿媳也在自家饭店帮忙。

　　小儿子今年6月花4万元买了一辆二手车，干起出租车生意，但车子质量不好，老出问题，前些天卖掉了。小儿媳妇在阳城县城一家联通店卖手机，一月有500元左右的收入。

　　郭丁味妻子买了一辆流动小车，在乡里卖烧烤，外带卖些饮料、小食品。本人介绍说每天少的时候大约收入三四元，多的时候大约收入10元钱。不过，有人告诉我们说，她一天有30—40元的收入。

　　郭丁味夫妇俩身体不好。郭本人患有脑梗塞。去年二人看病，除去参加新型农村合作医疗保险报销之外，花费了 2000 多元。

郭丁味夫妇与小儿子一家起生活的消费是：粮食基本不用买，需要买少量大米。买菜每天每人 2 元。食用油每年需要买 130 斤（色拉油）。肉平时不吃，过年过节买点儿。鸡蛋每月大约 15 斤。夫妇俩穿的衣服是儿子给的旧的，很少买。其他开支是：电费每月约 50 元，水大约 0—50 元。燃料（秸秆气）每年大约 200 元。串亲戚时，一次大约要花费 20 多元。

家里有冰柜 1 台，彩电 3 台，固定电话 1 部，手机 2 部，摩托车 1 辆。

专栏 7 - 2　郭志明家庭情况——西河乡郭河村村民访谈之二

郭志明，男，1963 年生，企业主，经营阳城县西河汽车配件保养中心。家里有父母、妻子、一儿一女，共 6 口人。他父亲退休在家。儿子在太原理工大学上学，女儿在乡中学读书。很多年前，郭志明卖瓷器糊口，眼看有人从事修补轮胎挣钱不少，他也改行补轮胎。经营一段时期后，他开始修理汽车，请曾在大汽车厂工作的技师作指导。自己掌握修车技术后，开始独自经营汽修厂。开始时一两个人干。到现在已经营 20 多年，投资已达百万元。他的汽修厂按每月营业额 8000 元报税，月交税 300 多元，一年 4000 多元。目前，他租用村里和网通公司的房屋做修理房，村里的房屋一年租金为几千元，网通公司的房租上年有一万多元，合计有两万元多。他雇 8 人干活，都是本地人，其中有几人还是亲戚。工人月工资大约为 2000 元。他妻子也在汽修厂做管理工作。工人除基本工资外，采取修理提成办法。汽修厂办着食堂，平时夫妻俩就和工人一道在厂里吃饭。

家里有 3 亩地，平时由老人帮忙种植。

郭家有一座旧房子，两座小别墅。我们去的别墅是前几年花 7.5 万元买的，装修用去 30 多万元。房子装着中央空调，3 台电视机，1 台上万元的液晶电视，2 部固定电话，3 部手机，1 台电脑，1 台冰箱，1 台饮水机。他家有途安轿车一辆，服务用的工具车一辆。

郭家的支出主要是儿子的教育费用。儿子上大学一年要交学费 13000—14000 元，加上其他消费，一年要花 2.5 万元。

专栏 7 - 3　赵国泰家庭情况——西河乡郭河村村民访谈之三

赵国泰，1964 年生，村保管员。夫妻二人加上个两个儿子，家有 4 口人。老人与弟弟一家一起生活。他原在一家煤矿上班，每月工资有 1600—

1900 元，2004 年辞职回家，做了村保管员，一年有 9000 元工资收入。大儿子毕业于阳城县职业中学，目前在郭河煤矿监控室工作，每月工资有 900元。妻子是村里保洁工，一年有 4000 元收入。小儿子在西河中学上学。他家有 1 台冰箱、3 台电视机、3 部手机、1 部固定电话、1 台空调、1 辆摩托车。冰箱和其中一台电视机是他在煤矿工作时发的福利。

赵国泰家的宅基地有 166 平方米，他建了一座二层小楼，建筑面积有280 平方米。他家的支出是：大米每月 60 斤，约 100 元；油每月 10 斤，约50 元；菜（家里有菜地，只在春季、冬季买些菜，每天约 5—6 元，1 个月约 180 元左右）；肉每月 6 斤，约 60 元；鸡蛋每月 6 斤，约 20 元；奶每月60 元；固定电话费每月约 20 元；3 部手机话费每月约 180 元；电费每月约50 元；冬季取暖约 200 元；做饭用气每天约 0.2 元，一个月约 6 元；串亲戚等人情礼支出每年约 1300 元。在社会保障方面的支出是：夫妻加上儿子养老保险 1200 元；夫妻二人投保人寿险每年 2000 元；夫妻及儿子参加医疗保险 120 元。另外，小姨子建房子借出 1 万元。每年给母亲 200 元零用钱。

赵国泰在煤矿上班时曾到北京、天津等地旅游。村里曾组织到河南南街村旅游。个人很少外出旅游。

### 三 农户拥有的住宅

山西人喜欢盖房子是出了名的。父母亲将一生的积蓄盖起房子，给儿子娶媳妇，老了带孙子，一代一代重复着。因此，山西人的财富很大一部分化为房子了。如今，阳城县西河乡村民的生活模式并没多大变化。20 世纪 70年代，农村许多房子是平房、土房，80 年代生活富裕了，则盖成了砖瓦房，90 年代兴起了盖二层楼房。进入新世纪后，不少经济条件好的家庭盖起了贴着瓷砖的小洋楼。西河乡的居民住宅，建于 1978 年以前的有 478 户，占总户数的 12.32%；建于 1979—1989 年的有 1085 户，占 27.96%；建于 1990—1999 年的有 1661 户，占总户数的 42.81%；建于 2000 年以后的有 656 户，占总户数的 16.91%①。这表明，目前，西河乡大部分居民住宅是在 1990 年后建筑的。从 1990 年后修建的住宅数占总户数的比例看，西河乡要高于全县水平。见表 7 - 7。西河乡 2056 户居民的房屋是楼房，占总户数的50.74%，1996 户居民房屋是平房，占总户数的 49.26%。居住在楼房中居

---

① 《阳城县第二次全国农业普查资料》。

民的比例高于全县的水平。见表7-8。从建筑材料看，砖混结构的房屋有3035户，占总户数的74.90%；砖木结构的房屋有1017户，占总户数的25.10%。见表7-9。西河乡农户绝大多数拥有自己的住宅，自有住宅户数约占93.14%。见表7-10。

表7-7　　　　　　　西河农户住宅修建的时间

| 村庄 | 户数 | 1978年以前 | % | 1979—1989年 | % | 1990—1999年 | % | 2000年以后 | % |
|---|---|---|---|---|---|---|---|---|---|
| 全县 | 96980 | 17559 | 18.11 | 31261 | 32.23 | 33032 | 34.06 | 15128 | 15.6 |
| 西河 | 3880 | 478 | 12.32 | 1085 | 27.96 | 1661 | 42.81 | 656 | 16.91 |

资料来源：《阳城县第二次全国农业普查资料》。

表7-8　　　　　　　西河乡居民住宅类型

| 村庄 | 户数 | 楼房 | % | 平房 | % |
|---|---|---|---|---|---|
| 全县 | 99540 | 48009 | 48.23 | 51531 | 51.77 |
| 西河 | 4052 | 2056 | 50.74 | 1996 | 49.26 |

资料来源：《阳城县第二次全国农业普查资料》。

表7-9　　　　　　　西河乡居民住宅建材类型

| 村庄 | 总户数 | 钢筋混凝土 | % | 砖混 | % | 砖（石）木 | % | 竹草土坯 | % |
|---|---|---|---|---|---|---|---|---|---|
| 全县 | 99540 | 48 | 0.05 | 65273 | 65.57 | 33822 | 33.98 | 397 | 0.4 |
| 西河 | 4052 | 0 | 0 | 3035 | 74.90 | 1017 | 25.10 | 0 | 0 |

资料来源：《阳城县第二次全国农业普查资料》。

表7-10　　　　　　西河乡居民拥有自己住宅的比例

| 村庄 | 户数 | 自有 | % | 租住 | % | 其他 | % |
|---|---|---|---|---|---|---|---|
| 全县 | 99540 | 94791 | 95.23 | 2948 | 2.96 | 1801 | 1.81 |
| 西河 | 4052 | 3774 | 93.14 | 135 | 3.33 | 143 | 3.53 |

资料来源：《阳城县第二次全国农业普查资料》。

　　根据 2006 年农业普查资料，西河乡 4052 户居民中，没有一处住宅的有 172 户，占 4.24%；拥有 1 处住宅的 3327 户口，占 82.11%；拥有 2 处住宅的 530 户，占 13.08%，拥有 3 处及以上住宅的 23 户，占 0.57%。可见绝大多数家庭拥有 1 处住宅，这一情况与全县居民拥有的住宅情况一致。见表 7 - 11。

表 7 - 11　　　　　　　　2006 年西河乡居民拥有的住宅情况

| 村庄 | 户数 | 没有 | | 1 处 | | 2 处 | | 3 处及以上 | |
|---|---|---|---|---|---|---|---|---|---|
| | | | % | | % | | % | | % |
| 全县 | 99540 | 2587 | 2.6 | 80606 | 80.98 | 15383 | 15.45 | 964 | 0.97 |
| 西河 | 4052 | 172 | 4.24 | 3327 | 82.11 | 530 | 13.08 | 23 | 0.57 |

资料来源：《阳城县第二次全国农业普查资料》。

　　西河乡居民人均拥有的住宅面积的情况是：172 户无房户，占 4.24%；14 户少于 10 平方米，占 0.35%；454 户在 10—25 平方米，占 11.2%；1622 户在 25—50 平方米，占 40.03%；1857 户在 50—100 平方米，占 36.87%；296 户在 100 平方米以上，占 7.31%。见表 7 - 12。

表 7 - 12　　　　　　2006 年西河乡居民人均拥有的住宅面积

| 村庄 | 户数 | 0 平方米 | | 少于 10 平方米 | | 10—25 平方米 | | 25—50 平方米 | | 50—100 平方米 | | 大于 100 平方米 | |
|---|---|---|---|---|---|---|---|---|---|---|---|---|---|
| | | | % | | % | | % | | % | | % | | % |
| 全县 | 99540 | 2583 | 2.59 | 658 | 0.66 | 14532 | 14.6 | 40019 | 40.2 | 33539 | 33.69 | 8209 | 8.25 |
| 西河 | 4052 | 172 | 4.24 | 14 | 0.35 | 454 | 11.2 | 1622 | 40.03 | 1494 | 36.87 | 296 | 7.31 |

资料来源：《阳城县第二次全国农业普查资料》。

　　西河乡居民人均居住面积总体而言比较宽裕，少于 10 平方米的有 36 户，占 0.89%；10—25 平方米的 657 户，占 16.21%；25—50 平方米的 1818 户，占 44.87%；50—100 平方米的 1333 户，占 32.9%；大于 100 平方米 208 户，占 5.13%。居住人均 25 平方米以上住户的比例高于全县平均水平。见表 7 - 13。

表 7 - 13　　　　　　　　　　2006 年西河乡人均居住面积情况

| 村庄 | 总户数 | 少于 10 平方米 | | 10—25 平方米 | | 25—50 平方米 | | 50—100 平方米 | | 大于 100 平方米 | |
|---|---|---|---|---|---|---|---|---|---|---|---|
| | | | % | | % | | % | | % | | % |
| 全县 | 99540 | 2238 | 2.25 | 29338 | 29.47 | 44111 | 44.31 | 20203 | 20.3 | 3650 | 3.67 |
| 西河 | 4052 | 36 | 0.89 | 657 | 16.21 | 1818 | 44.87 | 1333 | 32.9 | 208 | 5.13 |

资料来源：《阳城县第二次全国农业普查资料》。

　　西河乡农户拥有住宅价格差别较大。农户住宅 2006 年估价，在 1 万元以下的有 507 户，占 13.07%；在 1—5 万元的有 1344 户，占 34.64%；在 5—10 万元的有 1247 户，占 32.14%；在 10—20 万元的有 668 户，占 17.22%；在 20—30 万元的有 80 户，占 2.06%；在 30 万元以上的有 34 户，占 0.88%。总体而言，房屋价值在 5 万元以下的农户所占的比例为 47.71%，房屋价值在 5 万元以上的农户所占比例为 52.29%。如果剔除房屋价值在 30 万元以上的 34 户富裕户，房屋价值在 5 万元以上的农户所占的比例为 51.41%。见表 7 - 14、图 7 - 10。

表 7 - 14　　　　　　　　　　2006 年西河乡农户住宅的估价

| 村庄 | 户数 | 1 万元以下 | | 1—5 万元 | | 5—10 万元 | | 10—20 万元 | | 20—30 万元 | | 30 万元以上 | |
|---|---|---|---|---|---|---|---|---|---|---|---|---|---|
| | | | % | | % | | % | | % | | % | | % |
| 全县 | 96980 | 21552 | 22.22 | 37240 | 38.4 | 23797 | 24.54 | 11660 | 12.02 | 2052 | 2.12 | 679 | 0.7 |
| 西河 | 3880 | 507 | 13.07 | 1344 | 34.64 | 1247 | 32.14 | 668 | 17.22 | 80 | 2.06 | 34 | 0.88 |

资料来源：《阳城县第二次全国农业普查资料》。

# 第二节　农户的消费

　　改革开放后，生活日渐富裕，西河乡农户消费支出出现较快增长的趋势。农户生活消费支出最多的是食品消费支出，其次为交通通讯支出、居住类支出、衣着类支出、文化教育等支出、医疗保健支出、家庭设备和用品支出。农户生活消费结构发生比较明显的变化，食品支出所占比重将逐渐降低，交通通讯、文化教育娱乐所占比重逐渐上升，农户的恩格尔系数在降

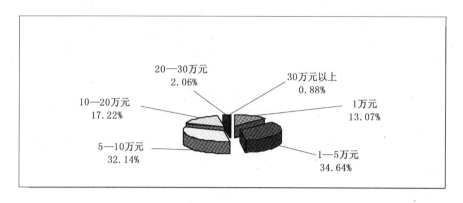

**图 7 - 10　西河乡农户住宅的价值**

资料来源:《阳城县第二次全国农业普查资料》。

低。而在农户食品消费中,粮食消费量在降低,蔬菜、油脂、肉、蛋等副食品消费量呈增长趋势。

**一　农户消费支出的增长**

收入水平决定消费水平,改革开放以来,阳城县农户家庭随着总收入的增长,消费支出也呈现快速提高的趋势。1990 年农户支出为 782 元,1993年上升到 1292.6 元,1994 年提高到 1450.2 元,1996 年增长到 2288.3 元,此后,农户人均支出都在 2000 元以上。

改革开放以来,阳城县农户收入的增长幅度超过支出的增长幅度,结余越来越多,生活越来越富裕。从农户人均总收入与总支出看,1990 年结余67 元,1992 年结余 104 元,1993 年、1994 年因为增加生产性投入,结余出现赤字。1994 年后,农户人均结余数额提高更多。1995 年 255 元,1997 年达到 481 元,1998 年上升到 907 元。农户边际收入增加超过边际生活消费的增加,说明农户生活水平呈现上升势头。见表 7 - 15、图 7 - 11、图 7 - 12。

**二　农户生活消费结构的变化**

(一) 农户消费结构的变化趋势

随着收入水平的提高,在生活消费中,食品支出所占比重将逐渐降低,交通通讯、文化教育娱乐所占比重将逐渐上升,阳城县农户消费结构这一变化态势比较明显。西河乡农户消费结构的变化与全县抽样农户消费结构的变

表 7-15　　　　　　阳城县农户人均总收入与总支出情况　　　　单位：元,%

| 年份 | 总收入（A） | 总支出（B） | 结余（A－B） | 总支出年增长率 |
|------|-----------|-----------|------------|-------------|
| 1990 | 849 | 782 | 67 | — |
| 1991 | 849 | 880 | 31 | 12.5 |
| 1992 | 1026 | 922 | 104 | 4.8 |
| 1993 | 1222 | 1292.6 | －70.6 | 40.2 |
| 1994 | 1448.7 | 1450.2 | －1.5 | 12.2 |
| 1995 | 1881.8 | 1626.4 | 255.4 | 12.2 |
| 1996 | 2564.1 | 2288.3 | 275.8 | 40.7 |
| 1997 | 2715.5 | 2233.7 | 481.8 | －2.4 |
| 1998 | 2968.7 | 2061 | 907.7 | －7.7 |
| 1999 | 3020.9 | 2276.6 | 744.3 | 10.5 |
| 2000 | 3329.6 | 2597.5 | 732.1 | 14.1 |
| 2001 | 3312.2 | 3053.9 | 258.3 | 17.6 |
| 2002 | 3290.5 | 3082.7 | 207.8 | 0.09 |
| 2003 | 3429.2 | 2898.5 | 530.7 | －0.7 |
| 2004 | 3915.7 | 3242.3 | 673.4 | 11.9 |
| 2005 | 4584 | 2662 | 1922 | －17.9 |
| 2006 | 4220 | 3550 | 670 | 33.4 |
| 2008 | 5804 | 4841 | 963 | |

资料来源：《阳城50年》，三秦出版社2001年版。《阳城统计年鉴》（2001—2008）。

化趋势是一致的。

1990年在阳城县农户生活消费支出中，食品支出为260.6元，占45.4%；衣着支出为85.7元，占14.9%；居住支出为106.4元，占18.5%；医疗支出为52.9元，占9.2%；交通通讯支出为20元，占3.5%；文化教育娱乐支出为33.8元，占5.9%。1992年在阳城县农户生活消费支出中，食品支出为292元，占44.1%；衣着支出为96.3元，占14.9%；居住支出为131元，占19.8%；医疗支出为45元，占6.8%；交通通讯支出为36.8元，占5.6%；文化教育娱乐支出为42.8元，占6.5%。2008年阳城县农户生活消费支出中，食品支出为709.6元，占40.5%；衣着支出为176.7元，占

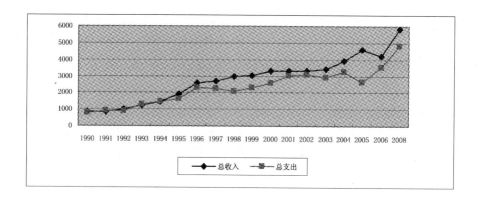

**图 7 - 11  1990—2008 年阳城县农户人均总收入与总支出**

资料来源:《阳城统计年鉴》(1990—2008)。

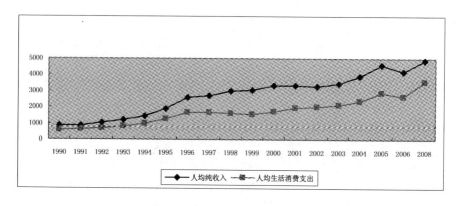

**图 7 - 12  1990—2008 年阳城县农户人均纯收入与生活消费支出比较**

资料来源:《阳城统计年鉴》(1990—2008)。

10.1%;居住支出为 195.6 元,占 11.1%;医疗支出为 126.1 元,占 7.2%;交通通讯支出为 159 元,占 9.1%;文化教育娱乐支出为 289.6 元,占 16.5%。见表 7 - 16、图 7 - 13。

(二)目前农户的消费结构

近几年,西河乡农户生活消费支出最多的是食品消费支出,其次为交通通讯支出、居住类支出、衣着类支出、文化教育等支出、医疗保健支出、家庭设备和用品支出、其他支出。以 2008 年阳城县农户抽样调查为例,农户人均全年生活支出为 3574 元,其中食品消费支出为 1278 元,约占 36%;交

表 7 - 16　　　　　阳城县农户人均生活消费支出变化（抽样调查）　　　单位：元

| 年份 | 小计 | 食品 | 衣着 | 居住 | 医疗 | 交通通讯 | 文教娱乐 | 其他 |
|---|---|---|---|---|---|---|---|---|
| 1990 | 574.2 | 260.6 | 85.7 | 106.4 | 52.9 | 20.0 | 33.8 | 14.8 |
| 1991 | 650.6 | 265.8 | 86.1 | 123.6 | 50.0 | 55.2 | 41.2 | 28.7 |
| 1992 | 662.0 | 292.0 | 96.3 | 131.0 | 45.0 | 36.8 | 42.8 | 18.1 |
| 1993 | 797.9 | 323.0 | 104.3 | 186.1 | 33.1 | 11.4 | 123.7 | 16.2 |
| 1994 | 964.6 | 405.5 | 122.0 | 223.8 | 47.8 | 24.8 | 114.2 | 26.6 |
| 1995 | 1272.3 | 677.9 | 152.8 | 155.8 | 98.2 | 14.4 | 129.1 | 44.1 |
| 1996 | 1646.1 | 778.1 | 212.9 | 270.1 | 93.8 | 83.7 | 138.9 | 68.6 |
| 1997 | 1678.9 | 807.1 | 191.8 | 190.6 | 98.5 | 170.7 | 149.6 | 69.8 |
| 1998 | 1591.3 | 719.0 | 172.3 | 249.5 | 94.4 | 103.5 | 182.7 | 69.9 |
| 1999 | 1537.2 | 672.7 | 163.1 | 205.2 | 114.2 | 66.3 | 263.8 | 51.7 |
| 2000 | 1752.0 | 709.6 | 176.7 | 195.6 | 126.1 | 159.0 | 289.6 | 95.4 |
| 2001 | 1949 | 718.5 | 200.3 | 402.2 | 134.3 | 178.7 | 224.6 | 90.3 |
| 2002 | 2035.8 | 735.5 | 214.6 | 400.2 | 150.6 | 212.5 | 227.7 | 94.8 |
| 2003 | 2101.7 | 773 | 193.8 | 327.7 | 183.1 | 224.5 | 320.9 | 78.6 |
| 2004 | 2376.7 | 869.4 | 256.6 | 296.3 | 192.9 | 309.5 | 338.3 | 113.8 |
| 2005 | 2867.7 | 1016.4 | 343.6 | 425 | 244 | 354.9 | 264.5 | 119.3 |
| 2006 | 2644.1 | 961.4 | 321 | 409.6 | 214.6 | 314.9 | 312 | 110.4 |
| 2008 | 3574 | 1287 | 398 | 634 | 339 | 489 | 317 | 119 |

　　注：因统计口径的变动，本表 2001 年后"居住"项下数据包括"居住消费支出"与"家庭设备、用品消费支出"。

　　资料来源：《阳城 50 年》，三秦出版社 2001 年版。《阳城统计年鉴》（2001—2008）。

通通讯消费支出 489 元，约占 14%；居住消费支出 459 元，约占 13%；衣着消费支出 398 元，约占 11%；文化教育和娱乐支出 317 元，医疗保健支出 339 元，这两项支出约各占 9%；家庭设备和用品支出 175 元，约占 5%；其他支出 119 元，约占 3%。见表 7 - 17、图 7 - 14。

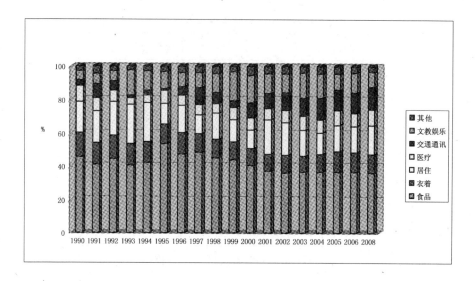

**图 7 - 13　1990—2008 年阳城县农户生活消费支出结构的变化**

资料来源:《阳城统计年鉴》(1990—2008)。

表 7 - 17　　　　　　　**2008 年阳城县农户家庭消费抽样调查**　　　　单位:元

| 总额 | 3574 |
| --- | --- |
| 食品 | 1278 |
| 衣着 | 398 |
| 居住 | 459 |
| 家庭设备、用品 | 175 |
| 交通通讯 | 489 |
| 文教娱乐 | 317 |
| 医疗保健 | 339 |
| 其他 | 119 |

资料来源:《阳城统计年鉴》(2008)。

　　我们走访了西河乡 3 户收入水平处于上等、中等和较低村民。郭某某属于收入较低的家庭,他们家生活消费支出是:粮食基本不用买,需要买少量大米。买菜每天每人 2 元。食用油每年需要买 130 斤(色拉油)。肉平时不吃,过年过节买点。鸡蛋每月大约 15 斤。夫妇俩穿的衣服是儿子给的旧的,很少买。其他开支是:电费每月约 50 元,水大约 50—60 元。

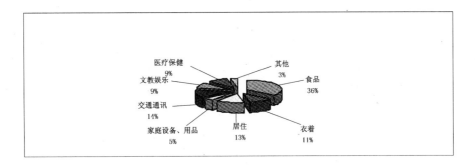

**图 7 - 14　2008 年阳城县农户家庭消费结构抽样调查**

资料来源：《阳城统计年鉴》（2008）。

燃料（秸秆气）每年大约 200 元。串亲戚时，一次大约要花费 20 多元。见专栏 7 - 1。

　　赵某某属于中等收入家庭。他家的支出是：大米每月 60 斤，约 100 元；油每月 10 斤，约 50 元；菜（家里有菜地，只在春季、冬季买些菜）每天约 5—6 元，1 个月约 180 元左右；肉每月 6 斤，约 60 元；鸡蛋每月 6 斤，约 20 元；牛奶每月约 60 元；固定电话费每月约 20 元；3 部手机话费每月约 180 元；电费每月约 50 元；冬季取暖约 200 元；做饭用气每天约 0.2 元，一个月约 6 元；串亲戚等人情礼支出每年约 1300 元。在社会保障方面的支出是：夫妻加上儿子养老保险 1200 元；夫妻二人投保人寿险每年 2000 元；夫妻及儿子参加医疗保险 120 元。见专栏 7 - 3。

### 三　农户的食品消费

　　阳城县农户食品消费支出占生活消费支出的比重在逐渐下降。而在农户食品消费中，粮食消费量在降低，蔬菜、油脂、肉、蛋等副食品消费量呈增长趋势。1990 年，阳城县抽样农户人均粮食消费 301.4 公斤，蔬菜 100.3 公斤，油脂 9.4 公斤，肉类 2.1 公斤，蛋类 2.2 公斤，食糖 1.7 公斤。阳城县抽样农户 1996 年人均粮食消费下降为 247.6 公斤，蔬菜提高到 143 公斤，其他农副食品消费量也增加了，如油脂为 9.6 公斤，肉类 2.7 公斤，蛋类 2.4 公斤，食糖 2.4 公斤。2000 年，抽样农户人均粮食消费为 247.7 公斤，蔬菜上升到 160.5 公斤，其他农副食品消费量提高幅度也较大，如油脂为 10.5 公斤，肉类 2.9 公斤，蛋类 4.7 公斤。见表 7 - 18、图 7 - 15、图 7 - 16。

表 7 - 18 　　　　　　阳城县农户人均主要食品消费量（抽样调查）　　　　单位：公斤

| 年份 | 粮食 | 蔬菜 | 肉类 | 蛋类 | 食糖 | 油 |
|------|------|------|------|------|------|-----|
| 1990 | 301.4 | 100.3 | 2.1 | 2.2 | 1.7 | 2.0 |
| 1991 | 263.4 | 94.3 | 1.7 | 3.0 | 1.5 | 1.5 |
| 1992 | 268 | 80.4 | 2.0 | 3.7 | 1.7 | 1.8 |
| 1993 | 255.1 | 95.7 | 2.1 | 2.9 | 2.2 | 2.4 |
| 1994 | 235.6 | 68.4 | 2.1 | 2.1 | 1.8 | 1.9 |
| 1995 | 249.5 | 141.8 | 2.5 | 3.2 | 1.4 | 1.8 |
| 1996 | 247.6 | 143.0 | 3.9 | 2.7 | 2.4 | 1.3 |
| 1997 | 241.7 | 152.2 | 2.7 | 3.3 | 2.7 | 2.4 |
| 1998 | 223.4 | 174.7 | 2.7 | 3.9 | 2.6 | 1.9 |
| 1999 | 272.4 | 132.7 | 2.8 | 3.9 | 2.3 | 1.9 |
| 2000 | 247.7 | 160.5 | 2.9 | 4.7 | 2.2 | 2.9 |
| 2002 | 231.5 | 105.8 | 5 | 6.5 | 2.5 | 6.5 |
| 2003 | 258.5 | 110 | 5.4 | 6.7 | 2.8 | 7.1 |
| 2004 | 251.1 | 100.4 | 6.0 | 6.8 | 2.9 | 7.0 |
| 2005 | 207.1 | 99.0 | 7.4 | 7.4 | 2.3 | 6.9 |
| 2006 | 205.4 | 88.7 | 7.5 | 7.8 | 3.0 | 8.6 |
| 2008 | 184.3 | 133.1 | 5.5 | 7.3 | 1.3 | 7.1 |

资料来源：《阳城50年》，三秦出版社2001年版。《阳城统计年鉴》（2001—2008）。

阳城县农户家庭食物消费以谷物为主、蔬菜为主，其次为奶类、肉类消费，蛋类、水果类消费所占比例不大。西河乡农户比较富裕，肉、蛋、奶的消费要比全县平均水平高一些。2006年阳城县抽样调查的农户的食物消费中，谷物消费为207公斤，293.4元，占50.3%；蔬菜消费99公斤，88.5元，占15.2%；奶类消费为19.3公斤，78.9元，占13.5%；肉类消费为5.4公斤，58.7元，占10.1%；蛋类消费为7.4公斤，36.2元，占6.2%；

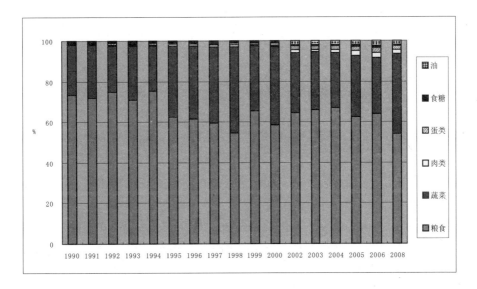

**图 7 – 15　1990—2008 年阳城县农户主要食物结构的变化**

资料来源:《阳城统计年鉴》(1990—2008)。

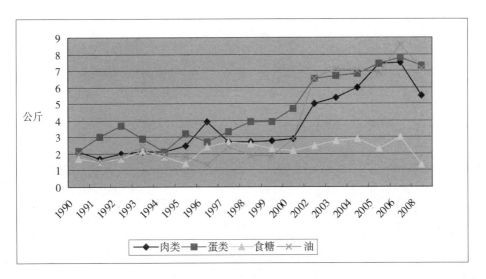

**图 7 – 16　1990—2008 年阳城县农户主要副食品消费变化趋势**

资料来源:《阳城统计年鉴》(1990—2008)。

水果类消费为 6.3 公斤,16.5 元,占 2.8% 。另外,薯类消费 1.4 公斤,5.5 元,占 0.9%;豆类消费为 1.6 公斤,3.6 元,占 0.6%;瓜果消费为 1.2 公斤，1.6 元，占 0.3%。见表 7-19。

2008 年，在阳城县农户食物消费结构中，谷物约占 48.35%，菜占 34.92%，各项合计占 83.27%。副食品中奶类最多占 6.56%，其次为水果占 2.23%，蛋类占 1.92%，酒占 1.6%，肉类占 1.44%，糖和薯类占 0.3%。

表 7-19　　　　　　2006 年阳城县抽样农户人均食物消费状况

| 食品种类 | | |
| --- | --- | --- |
| 谷物消费 | 数量（公斤） | 207.1 |
| | 金额（元） | 293.4 |
| 薯类消费 | 数量（公斤） | 1.4 |
| | 金额（元） | 5.5 |
| 豆类消费 | 数量（公斤） | 1.6 |
| | 金额（元） | 3.7 |
| 肉类消费 | 数量（公斤） | 5.4 |
| | 金额（元） | 58.7 |
| 蛋类消费 | 数量（公斤） | 7.4 |
| | 金额（元） | 36.2 |
| 奶类消费 | 数量（公斤） | 19.3 |
| | 金额（元） | 78.9 |
| 蔬菜类消费 | 数量（公斤） | 99 |
| | 金额（元） | 88.5 |
| 水果类消费 | 数量（公斤） | 6.3 |
| | 金额（元） | 16.5 |
| 瓜果类消费 | 数量（公斤） | 1.2 |
| | 金额（元） | 1.6 |
| 在外饮食消费 | 金额（元） | 182.5 |

资料来源：《阳城县第二次全国农业普查资料》。

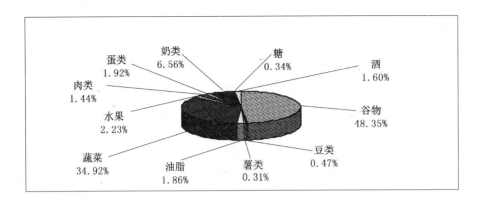

**图 7 - 17　2008 年阳城县农户人均食物消费构成**

资料来源：《阳城统计年鉴》（2008）。

### 四　农户的非食品消费

#### （一）文化教育支出

阳城县人民历来重视文化教育。文化教育支出在家庭生活消费中占有比较重要的地位。2006 年西河农户用于教育的支出为 135.3 元。另外，家庭订阅报纸的比例，也能够反映出当地农户文化素质。2006 年，西河乡订阅报纸的家庭占总户数的 28.75%，高出全县 17.56 个百分点。见表 7 - 20。

表 7 - 20　　　　　　　　西河乡农户订阅报纸情况

| 村庄 | 订阅户数 | 订阅比重 | 订1种 | 订2种 | 订3种 | 订4种 | 订5种 | 订5种以上 |
|---|---|---|---|---|---|---|---|---|
| 全县 | 10139 | 10.19 | 4235 | 3450 | 1592 | 424 | 267 | 171 |
| 西河 | 1165 | 28.75 | 597 | 311 | 166 | 49 | 31 | 11 |

资料来源：《阳城县第二次全国农业普查资料》。

#### （二）生活用能源消费

西河乡富有煤炭资源，当地农户生活用能源主要是煤炭。乡政府为改善农户的能源结构，减少家庭煤炭消耗，近年来大力推广秸秆气、沼气等环保、清洁能源，农户生活用煤炭数量已大幅下降。2006 年，西河乡农户生活用能源支出中，购买煤炭及其制品 241.8 公斤，37.1 元；购买生活用电 74.1 度，37.5 元；购买其他能源 9.1 元。见表 7 - 21。2006 年西河乡农户炊事用能源中，91.34% 来源于煤炭，8.28% 来源于秸秆气等能源，使用煤炭的比例低于全县水平，而使用新能源的比例高于全县水平。见表 7-22。现在，西河乡已建成山西省第一家气化（秸秆气、沼气）乡，农户炊事用的能源大部分来源于秸秆气、沼气等能源。在冬季取常暖能源消耗方面，2006 年的调查显示，西河住户有 35 户使用空调，占总户数的 0.86%；有 763 户口使用自制暖气，占 18.83%；其他的 3246 户口使用煤炉，占 80.1%。由于使用自制暖气需要烧煤，因此，实际上超过 98% 的家庭是靠煤炭能源取暖的。见表 7-23。

表 7-21　　　　　2006 年西河乡农村住户生活用能源支出

| 总额（元） | | 83.7 |
|---|---|---|
| （一）柴草消费 | 数量（公斤） | 0 |
| | 金额（元） | 0 |
| （二）购买煤及煤制品 | 数量（公斤） | 241.8 |
| | 金额（元） | 37.1 |
| （三）购买煤气天然气液化气 | 金额（元） | 0.4 |
| （四）生活用电 | 数量（度） | 74.1 |
| | 金额（元） | 37.5 |
| （五）其他能源 | 金额（元） | 9.1 |

资料来源：《阳城县第二次全国农业普查资料》。

表 7-22　　　　　　　西河乡炊事用能源情况

| 村庄 | 合计 | 柴草 | % | 煤 | % | 煤气天然气 | % | 沼气 | % | 电 | % | 其他 | % |
|---|---|---|---|---|---|---|---|---|---|---|---|---|---|
| 全县 | 99540 | 1683 | 1.69 | 96498 | 96.94 | 577 | 0.58 | 90 | 0.09 | 14 | 0.01 | 678 | 0.68 |
| 西河 | 4052 | 1 | 0.02 | 3973 | 91.34 | 4 | 0.05 | 0 | 0 | 0 | 0 | 322 | 8.28 |

资料来源：《阳城县第二次全国农业普查资料》。

表 7-23　　　　　　　西河乡住户冬季取暖用能源情况

| 村庄 | 户数 | 没有 | % | 空调 | % | 暖气 | % | 其他 | % |
|---|---|---|---|---|---|---|---|---|---|
| 全县 | 99540 | 3906 | 3.92 | 905 | 0.91 | 11711 | 11.77 | 83018 | 83.4 |
| 西河 | 4052 | 8 | 0.2 | 35 | 0.86 | 763 | 18.83 | 3246 | 80.1 |

资料来源：《阳城县第二次全国农业普查资料》。

（三）耐用消费品消费

随着收入的提高，耐用消费品内涵也发生大的变化。过去价值较高的自行车、收音机、电视机、手表、照相机等消费品，如今已十分普及。现在，耐用消费品主要指彩电、汽车、摩托车、电脑、手机、电话等商品。西河乡农户耐用消费品拥有量呈不断增长的趋势，产品升级换代速度也逐渐加快。2006年西河乡农户耐用消费品拥有量的情况是：彩电4511台，户均1.11台；汽车209辆，户均0.05辆；摩托车3302辆，户均0.81辆；固定电话3120部，户均0.77部；手机3244部，户均0.80部；电脑306台，户均0.08台；上网户数196户，占总户数的4.8%。阳城全县农户耐用品拥有量的情况是：彩电户均1.00台；汽车户均0.05辆；摩托车户均0.61辆；固定电话户均0.70部；手机户均0.65部；电脑户均0.08台；上网户数占总户数的3.3%。可见西河乡耐用消费品户均拥有比例均高于全县水平。见表7-24。

表7-24　　　　　　　　西河乡常住户口拥有的耐用消费品

| 村庄 | 户数 | 彩电（台） | 汽车（辆） | 摩托车（辆） | 固定电话（部） | 手机（部） | 电脑（台） | 上网户数 |
|---|---|---|---|---|---|---|---|---|
| 全县 | 99540 | 99948 | 4981 | 61362 | 69868 | 64687 | 4241 | 3264 |
| 西河 | 4052 | 4511 | 209 | 3302 | 3120 | 3244 | 306 | 196 |

资料来源：《阳城县第二次全国农业普查资料》。

# 第三节　社会保障

人民公社时期，阳城县的社会保障体制主要实行的是"五保"制度、救济制度、优抚制度。改革开放后，这些社会保障制度仍在较好地运行。近些年来，当地政府又在积极探索建立农村最低生活保障制度、新型合作医疗制度、新型农村社会养老保险制度等社会保障制度，新的社会保障体制已基本形成，开始惠及百姓。

## 一　社会救助制度建设

改革开放以来，全国许多地方停办了五保供养制度，但西河乡依靠较强的集体经济力量，一直坚持五保供养制度。与此同时，当地政府也在积极探索新型社会救助制度建设，完善最低社会保障、教育救助、临时性救助、优抚、社会救济、捐赠等社会保障制度。

2003 年，全乡 52 户特困户中，乡政府给予了 26 户低保待遇，同时重点优抚救济户 60 户，一般户 400 户。2005 年，阳城县与西河乡两级政府共筹资 13 万余元，为 33 户特困户办理了低保，给予 12 户 14 人"五保"待遇，为 430 户军烈属和 131 户义务兵家属发放了补助。2008 年，乡政府发放救济款 101500 元，救济人数为 476 人。2009 年，全乡得到"低保"待遇的有 187 户，444 人；得到"五保"待遇的人数为 24 人。在给予最低社会保障的家庭中，不少家庭是因为家庭成员生病而致贫的。见专栏 7 - 4。

专栏 7 - 4：西河乡得到低保待遇的几户家庭

庄头村：

王林林，女，55 岁。她家是村里的困难户。家中有两个儿子，长子务农，次子上学。丈夫患有肝癌，治病支出压力巨大。

李璋，男，74 岁，为重点优抚对象。全家有 6 口人，他本人患有脑梗，妻子患有心脏病、脑梗，孙子还患有肾病。全家医疗支出巨大。

阳邑村：

赵锁珍，男，46 岁。本人患有脑梗，失去劳动能力。妻子务农，两个儿子在上大学，家庭生活困难。

任建兴，男，46 岁。本人患脑出血，卧病在床，失去劳动能力。妻子在家务农，长女在家照顾父亲，次女上学，生活困难。

在农村最低社会保障制度建设方面，为了使最需要救济的人得到社会帮助，西河乡建立了一套监督程序。首先，希望对列为最低社会保障对象者提出申请；接着由村民委员会评议，投票表决；此后将结果公示；最后确定给予最低社会保障待遇者。专栏 7 - 5 陕庄村对低保申请户公示，反映了西河乡最低社会保障制度建设情况。

专栏 7 - 5　2009 年陕庄村农村低保户申请评议公示

时间：2009 年 3 月 30 日

地点：村务公开栏

方式：出榜公布

承办人：陕先锋

内容：

一、2009 年申请低保户 11 户

  张国龙 琚美林 陕正兴 王振善 殷发荣 陕家林 陕常命

  吕国兴 崔玉娥 王书凤 陕来虎

二、通过评议投票结果：

  张国龙 25 琚美林 25 陕正兴 8 王振善 21 殷发荣 6 陕家林 6

  陕常命 0 吕国兴 8 崔玉娥 10 王书凤 1 陕来虎 2

三、根据会议评议结果决定 3 户为低保户

  张国龙 琚美林 王振善

四、通过会议对原来的低保户进行变更，撤销 5 户

  陕同德 陕崇善 崔小来 郭小河 崔凤英

资料来源：陕庄村

## 二 新型农村合作医疗制度建设

人民公社时期，西河乡曾实行农村合作医疗。家庭联产承包责任制推行后，农村合作医疗体制解体了。2006 年，西河乡开始建立新型农村合作医疗制度，立即吸收众多村民，纷纷加入，参加合作医疗的农户为 3968 户、12620 人，参加合作医疗比例达到 96%。2007 年西河乡绝大多数村民加入了合作医疗，参加的农户为 4043 户、12883 人，参加合作医疗比例上升到 98%。2008 年西河加入合作医疗的农户为 4208 户、13262 人，2009 年加入合作医疗的农户为 4235 户、13225 人，2008 年、2009 年全乡参加合作医疗的人员占总人数之比达到 100%。西河乡参加合作医疗人数占总人口之比连续 3 年居阳城县首位。

阳城县农村合作医疗，标准为每年每人 100 元，资金来源是农民个人出 20 元，中央财政补贴 20 元，省、市、县财政各补贴 20 元。刚开始推出合作医疗时，农民看病报销的比例为 50%，现在报销的标准有了较大的提高。农村合作医疗规定农民看病报销费用的起付标准是：在乡卫生院看病从 100 元起报销，在本县内医院看病从 300 元起报销，在本市内医院看病从 1000 元起报销，最高报销费用为 30000 元。农村合作在医疗费用报销比例规定：农民在乡卫生院看病报销 80%，在本县医院看病报销 70%，在本市医院看病报销 50%，到省外看病则报销的比例更低。农民在乡卫生院看病后，如需要转院，在全市范围内可自由选择医院，乡卫生院不出转院手续。如果农民在

一年中没有住院看病，可在乡村医疗卫生机构买药，并可在自己的医疗账户中报销 12 元的药费。

农村新型合作医疗推行后，参加的农户得到了实惠。2006 年西河乡门诊补偿人次为 4973 人，补偿金额为 104220 元；住院补偿人次为 301 人，补偿金额为 951437 元。人均补偿 316 元。补偿人数占出院人数的 60%，补偿金额占住院费用的 33%。2006 年西河乡门诊补偿人次为 4644 人，补偿金额为 90544 元；住院补偿人次为 546 人，补偿金额为 230882 元。人均补偿 423 元。补偿人数占出院人数的 83%，补偿金额占住院费用的 42%。2008 年西河乡门诊补偿人次为 6817 人，补偿金额为 140231 元；住院补偿人次为 777 人，补偿金额为 637536 元。人均补偿 821 元。补偿人数占出院人数的 77%，补偿金额占住院费用的 64%。得到合作医疗补偿的人数、平均金额都在逐渐提高。见表 7 – 25、表 7 – 26。

表 7 – 25　　　　　　　　　西河乡新型合作医疗运行情况

| | 2006 | 2007 | 2008 | 2009 |
|---|---|---|---|---|
| 总户数 | 4167 | 4154 | 4208 | 4235 |
| 农业人口数 | 13111 | 13049 | 13162 | 13225 |
| 村卫生所数 | 14 | 14 | 14 | 14 |
| 定点医疗机构 | 15 | 15 | 15 | 15 |
| 参合户数 | 3968 | 4043 | 4208 | 4235 |
| 参合人口数 | 12620 | 12883 | 13162 | 13225 |
| 参合人数占农业人口比例% | 96 | 98 | 100 | 100 |
| 门诊补偿款人次 | 4973 | 4644 | 6817 | — |
| 门诊补偿金额 | 104220 | 90544 | 140231 | — |
| 住院补偿人次 | 301 | 546 | 777 | — |
| 住院补偿金额 | 95147 | 230882 | 637536 | — |
| 人均补偿费用 | 316 | 423 | 821 | — |
| 补偿人数占出院人数% | 60 | 83 | 77 | — |
| 补偿金额占住院费用比例% | 33 | 42 | 64 | — |

资料来源：西河乡政府。

表 7 - 26 2009 年合作医疗统计

| 月份 | 门诊费用补偿 | | | | 住院费用补偿 | | | | | |
|---|---|---|---|---|---|---|---|---|---|---|
| | 卫生所 | | 卫生院 | | 出院人次（人） | 补偿人次（人） | 出院总费用（元） | 补偿金额（元） | 补偿比例% | 人均补偿金额（元） |
| | 人数（人） | 金额（元） | 人数（人） | 金额（元） | | | | | | |
| 1 | — | — | — | — | 81 | 29 | 40583 | 26967 | 66 | 930 |
| 2 | 1957 | 51999 | — | — | 36 | 83 | 111707 | 73987 | 66 | 891 |
| 3 | 1295 | 33902 | — | — | 75 | 63 | 89768 | 59646 | 66 | 947 |
| 4 | 1479 | 36053 | 45 | 1596 | 80 | 60 | 81067 | 53649 | 66 | 894 |
| 5 | 1179 | 26159 | — | — | 84 | 65 | 88321 | 58557 | 66 | 901 |
| 6 | 1025 | 22959 | — | — | 81 | 44 | 55226 | 35094 | 64 | 798 |
| 7 | 643 | 14126 | 35 | 1764 | 44 | 34 | 39381 | 23090 | 59 | 679 |

资料来源：西河乡卫生院。

新型合作医疗的推行，让农村那些得了某些慢性病、急性病的患者有能力住院看病了。从 2008 年新河乡卫生院住院病人病情可知，到卫生院看病的多是患有急性胃炎、急性阑尾炎、急性支气管炎、急性化脓性鼻炎、腰椎间盘突出、高血压、冠心病、输尿管结石、内耳眩晕症、脑梗塞、颈椎病等病人。他们住院费用最多的有 3700 多元，少的有 380 多元，他们得到的合作医疗住院补偿金占住院费用的比例，最高的为 73.6%，最低的也有 51.2%，平均为 68.6%。见表 7 - 27。农民对新型合作医疗普遍反映良好。

西河乡在合作医疗经费管理方面，采取乡卫生院先给病人治病，每月凭有关医疗材料到县卫生局报销方式。合作医疗经费采取封闭运行的措施。

表 7 - 27 西河乡卫生院农村合作医疗 2008 年 4—7 月份情况

| 村庄 | 姓名 | 住院时间 | 出院诊断 | 住院总费用 | 不予补偿 | 参与金额 | 补偿金额 | 补偿金占总住院费% |
|---|---|---|---|---|---|---|---|---|
| 陕庄 | 陕×× | 7.1—7.7 | 急性胃炎 | 985.1 | 24.2 | 860.9 | 688.7 | 69.9 |
| 阳邑 | 孟×× | 7.3—7.11 | 腰椎间盘突出 | 883.5 | 36.3 | 747.2 | 597.8 | 67.7 |
| 西沟 | 陈×× | 7.3—7.10 | 急性化脓性鼻炎 | 1107.6 | 22.9 | 985.2 | 788.2 | 71.2 |
| 北任 | 郭×× | 7.2—7.13 | 高血压 | 1122.9 | 57.2 | 956.7 | 772.6 | 68.8 |

| 村庄 | 姓名 | 住院时间 | 出院诊断 | 住院总费用 | 不予补偿 | 参与金额 | 补偿金额 | 补偿金占总住院费% |
|---|---|---|---|---|---|---|---|---|
| 郭河 | 黄×× | 7.6—7.13 | 冠心病 | 1183.9 | 47.7 | 1036.2 | 829 | 70 |
| 宋王 | 吴×× | 6.24—7.1 | 输尿管结石 | 726.6 | 149.7 | 476.9 | 381.5 | 52.5 |
| 中寨 | 马×× | 6.21—7.6 | 左耳中耳炎 | 947.5 | 98.3 | 749.2 | 599.4 | 63.3 |
| 阳邑 | 于×× | 6.24—7.2 | 内耳眩晕症 | 1908.2 | 90.5 | 1717.7 | 1374.2 | 72.1 |
| 孙沟 | 刘×× | 7.4—7.14 | 子宫肌瘤 | 744.1 | 44.7 | 599.4 | 499.5 | 67.1 |
| 庄头 | 李×× | 6.19—7.13 | 脑梗塞 | 1870.7 | 91.3 | 1679.4 | 1314.5 | 70.3 |
| 宋王 | 郭×× | 6.9—7.8 | 脑出血 | 3770.1 | 175.4 | 3494.7 | 2795.8 | 74.2 |
| 阳邑 | 陈×× | 6.20—7.3 | 冠心病 | 2615.9 | 161 | 2354.9 | 1883.9 | 72 |
| 阳邑 | 郭×× | 6.23—7.1 | 高血压 | 846.4 | 49.9 | 696.5 | 557.2 | 65.8 |
| 宋王 | 杨×× | 7.6—7.17 | 脑梗塞 | 712.2 | 39.6 | 572.6 | 458.1 | 64.3 |
| 西沟 | 马×× | 7.12—7.19 | 慢性阑尾炎 | 649.6 | 88.8 | 460.8 | 368.8 | 56.8 |
| 催凹 | 曹×× | 4.30—5.11 | 颈椎病 | 1870.4 | 291.8 | 1478.6 | 1182.1 | 63.2 |
| 郭河 | 郭×× | 4.1—4.7 | 腰椎间盘突出 | 725.3 | 128.8 | 496.5 | 397.2 | 54.8 |
| 郭河 | 赵×× | 5.19—6.13 | 高血压脑病 | 1762.7 | 51.9 | 1610.8 | 1288.3 | 73.1 |
| 中寨 | 琚×× | 6.2—6.11 | 冠心病 | 2102.6 | 66.8 | 1935.8 | 1548.2 | 73.6 |
| 北任 | 田×× | 6.2—6.9 | 支气管哮喘 | 642.5 | 47.4 | 495.1 | 396.1 | 61.6 |
| 西沟 | 张×× | 4.14—4.25 | 冠心病等 | 986.2 | 89.6 | 796.6 | 637.3 | 65.8 |
| 庄头 | 郭×× | 5.24—6.3 | 化脓性阑尾炎 | 2973.9 | 371.1 | 2502.8 | 2002.0 | 67.3 |
| 郭河 | 琚×× | 6.9—6.18 | 急性阑尾炎等 | 815.2 | 31.5 | 683.7 | 547 | 67.1 |
| 庄头 | 李×× | 5.21—6.5 | 脑梗塞 | 1324 | 52.2 | 1171.8 | 937.4 | 70.8 |
| 演礼 | 卢×× | 5.23—5.26 | 脑出血 | 916.7 | 33.6 | 783.1 | 626.5 | 68.3 |
| 阳邑 | 介×× | 6.9—6.17 | 脑梗塞 | 988.5 | 91.3 | 797.2 | 637.8 | 64.5 |
| 孙沟 | 杨×× | 6.20—6.28 | 急性前列腺炎 | 759.1 | 73.2 | 585.9 | 468.7 | 61.7 |
| 峪则 | 杨×× | 6.18—6.25 | 急性支气管炎 | 1418.4 | 60.8 | 1257.6 | 1006.1 | 70.9 |
| 峪则 | 白×× | 6.18—6.25 | 急性支气管炎 | 381.8 | 37.5 | 244.3 | 195.4 | 51.2 |
| 庄头 | 李×× | 5.8—5.30 | 脑梗塞 | 1973.2 | 56.9 | 1816.3 | 1453 | 73.6 |
| 合计 | | | | 39714.8 | 2661.9 | 42376.7 | 27232.5 | 68.6 |

资料来源：西河乡政府。

### 三　农村养老保险制度建设

1992年，社会养老保险从局部试点推向全国，西河乡开始推行社会养老保险。1994年，西河乡把做好社会养老保险工作作为稳定社会的一件大事，采取个人交一点，单位出一点，乡里补一点，个人出小头，集体出大头的办法，对全乡近百名重残人员进行了养老金终身保险，全乡社会保险工作全面铺开，投保11.2万元。1995年，社会养老保险工作力度加大，全乡投保总额达到25万元。1996年、1997年，社会养老保险费都达到22万元。1998年，社会养老保险工作取得新成绩，提前50天超额完成投保17万元的任务。2000年，社会养老保险投保覆盖率达到总人口的10%。

2005年，西河乡在北任村进行养老保险试点。2007年全村317人参保，其中个人交纳保费53730元，村集体补贴集体15850元。2008年，全村参保人数新增长24人，达到324人，个人交纳保费53720元，村集体补贴16200元。

2009年9月1日，国务院颁布了《关于开展新型农村社会养老保险试点的指导意见》，阳城县的农村社会养老保险工作已走在了前面。2009年3月，阳城县政府根据《山西省人民政府批转省劳动保障厅关于开展新型农村社会养老保险试点工作的指导意见的通知》，制定了《阳城县新型农村社会养老保险实施方案》，推动了全县社会养老保险工作的开展。这一方案，实行个人账户与基础养老金相结合的原则；个人缴费、集体补贴和政府补贴相结合的原则；保障水平与经济发展相适应的原则；逐步建立"保基本、广覆盖、有弹性、能转移、可持续"的新型农村养老保险制度。农村新型社会养老保险资金筹集方式，采取"个人缴费为主，集体补助为辅，政府补贴引路"模式，鼓励农民个人自愿多缴费。个人缴费标准为本村上一年度农村居民人均纯收入的8%，乡、村可根据其经济状况，对参保农民进行补助，县财政对贫困村农民每个按每年50元的标准进行补助。农民参保后年满60周岁，符合下列条件之一即可领取保险金：累计缴费年限满15年；自试点开始，年满45周岁及其以上人员在达到领取年龄前逐年足额缴纳保险费的；未享受过其他社会养老保险待遇，试点开始时年龄已达60周岁的农村居民，在取得社会保险资格后，可直接享受基础养老金，等等。农村养老保险的参保范围是：全县农村16周岁以上未满60周岁的农业户口居民。

阳城县政府提出的社会养老保险工作目标是：2009年当年适龄参保人数

达到60%，2012年适龄参保人数达到90%。西河乡社会养老保险工作走在全县前面，截至2009年8月，全乡参保率已达67.85%。除北任、西丰、王曲3个村的参保率较低外，其他各村参保率都较高，郭河村达到了84.55%。见表7-28。郭河村开展社会养老保险工作，反映了西河乡推动这一社会保障的情况。见专栏7-6。

表7-28　　　　　　2009年西河乡新型农村养老保险统计表

| 村庄 | 适龄人数（人） | 参保人数（人） | 参保金额（元） | 参保率（%） |
|---|---|---|---|---|
| 西沟 | 1060 | 818（含低保25人） | 320800 | 77.16 |
| 崔凹 | 537 | 269（含低保18人） | 100400 | 50.09 |
| 西丰 | 441 | 294（含低保14人） | 85000 | 66.67 |
| 中寨 | 750 | 567（含低保8人） | 223600 | 75.46 |
| 宋王 | 328 | 217（含低保7人） | 62400 | 64.94 |
| 峪则 | 684 | 499（含低保25人） | 143800 | 72.95 |
| 上李 | 480 | 343（含低保19人） | 130000 | 71.25 |
| 郭河 | 816 | 692（含低保4人） | 299800 | 84.55 |
| 陕庄 | 838 | 580（含低保14人） | 228000 | 70.02 |
| 王曲 | 689 | 458（含低保17人） | 176000 | 65.74 |
| 孙沟 | 753 | 362（含低保18人） | 137600 | 48.07 |
| 庄头 | 689 | 447（含低保5人） | 178400 | 64.87 |
| 阳邑 | 527 | 420（含低保9人） | 166600 | 79.69 |
| 北任 | 499 | 203（含低保8人） | 59800 | 40.48 |
| 合计 | 9091 | 6169 | 2312600 | 67.85 |

资料来源：西河乡政府。

专栏7-6　　　　郭河村关于新型农村养老保险工作的通知

为全面贯彻落实科学发展观，进一步完善统筹城乡的社会保障体系，使广大农民老有所养。根据上级安排，现就我村新型农村养老保险试点工作通知如下：

基本原则：新型农保坚持个人账户与基础养老金相结合、坚持个人缴费与政府补贴相结合、坚持保障水平与经济发展相适应的原则，合理确定筹资额度和保障标准，逐步提高保障水平，在体现公平的同时，建立激励机制。

参保范围：凡年满 16 周岁、未满 60 周岁，具有本村农业户口，未参加其他社会养老保险的村民。

登记所需资料：户口簿复印件一份、身份证复印件一份、本人一寸免冠照片一张。

资金筹集：全乡统一规定为每人每年缴费 400 元。

基金管理：实行个人账户与基础养老金相结合的基金账户管理制度。个人账户资金包括个人缴存的养老保险费和利息，个人缴纳的基金按照不低于中国人民银行公布的金融机构一年期定期存款利率，在基金积累期实行分段计息，年内以单利计息，逐年以复利计息。基础养老金全县统一，现行标准为每人每月 30 元；缴费每满一年，基础养老金增加 1%，基础养老金标准根据经济发展和物价指数变动适时调整。

领取条件：符合下列条件之一的，自年满 60 周岁次月起，按月享受新型农保待遇：（1）累计缴费年限满 15 年的。（2）自试点开始，年满 45 周岁及其以上人员达到领取年龄前逐年足额缴纳保费的。（3）未享受达其他社会养老保险待遇，试点开始时年龄已达 60 周岁的村民，在取得社会保险资格后，可直接享受基础养老金。

享受待遇：（1）参加新型农保到龄领取待遇为个人账户养老金和基础养老金两部分。个人账户养老金月计发放标准为：个人账户积累总额除以计发月（规定 139 个月、即 11.5 年）；基础养老金发放标准为：每人每月 30 元与按缴费年限增加之和 [30 +（30×1%×缴费年限）]。（2）试点开始时满 60 周岁的村民，享受每人每月 30 元基础养老金。

相关规定：（1）参保人员未按规定的领取条件缴纳养老保险费的，到 60 周岁后只享受个人账户养老金，不享受基础养老金。（2）参保人员在缴费期间死亡的，其个人账户积累资金一次性支付其法定继承人或指定受益人。（3）参保人在领取期间死亡的，其个人账户剩余部分资金一次性支付其法定继承人或指定受益人。（4）新型农保原则上不退保，身份发生转换者，其个人账户资金可随人转移。

缴费时间：2009 年 7 月 6—10 日　　　　缴费地点：村委会

为促进新型农保工作顺利进行，要求适龄参保人员参保，凡不参保的，年终不享受村里发放的每人 100 元福利金。

　　望全体适龄村民接到通知后，尽快筹资，按期缴费。如因你个人原因而影响你今后的养老问题，责任自负。

郭河村村民委员会
2009 年 7 月 4 日

# 第八章

# 社会事业的全面发展

近年来，特别是开展新农村建设以来，在努力发展经济的同时，西河乡把加快农村社会事业建设作为促进经济社会协调发展的重要着力点，在发展政策和投资安排上都加大了支持力度。在农村教育方面，改善了学校办学条件，对困难学生实行"两免一补"，普及了农村九年义务教育；适应时代变化，实现了计划生育工作由"处罚多生"为主的行政手段向以"人文关怀"为中心的经济扶助与服务的转换，有效控制了人口的规模和增长速度，并促进了人口素质的提高。近年来，在社会治安方面，当地通过开展综合治理，加强基层防控，在流动人口的增多带来的一系列不安定因素增加的情况下，确保了一方平安。

随着经济的快速发展，西河乡利用集体经济力量，推进各项社会事业的发展。改革开放以来，西河乡在农村基础设施和生态环境建设、教育科技事业、文化卫生事业、社会保障体系、社会治安等方面，都取得了不小的成绩。

## 第一节　生活环境的改善

20世纪80年代以来，西河乡注重农村基础设施建设，在乡村公路、饮水、通讯、环境卫生、能源等方面，都取得不小的成绩①。

---

① 生活环境方面的有关内容还可参见本书第六章。

## 一 乡村道路建设

西河乡是阳城县重要的产煤区，20世纪80年代初期，乡间道路状况却比较落后。1986年，全乡投资7.9万元，新建了3.8公里长的陕庄公路，解决了全乡东西交通不畅问题，也开通了乡内主要矿区煤炭外运短程渠道。政府还动员各村整修了乡村道路30余华里，整修街道2000多米。1987年继续加大修建乡内村与村之间的道路，修通了庄头到北任、王曲到上李、上李到张庄、张庄到宋王4条村级公路，全乡基本形成了以晋韩、金阳公路为主体，以村级公路为骨架，四通八达的交通网络。

20世纪90年代初期，随着集体经济的壮大，西河乡加大了改造乡内低等级道路的力度。1990—1992年，投资114万元，将王曲到北任、土沟到陕庄两条4公里长的煤炭运输线改建为沥青路。1993年，又把小康、友谊两条公路改建为沥青路。

进入新世纪后，西河乡的乡村道路建设又上了一个台阶。2003年，投资900万元，建筑乡村水泥路25公里。2004年，投资120万元建设了西沟村到石门沟水泥路1.8公里，全乡实现了村村通、矿矿通水泥路。

## 二 饮水工程建设

20世纪80年代中期，西河乡开始解决人民群众的饮水问题。1987年，峪则、王曲、阳邑等村铺设自来水管道，用上了方便卫生的自来水，改善了人畜吃水状况。1988年，又有几个村庄建设自来水管网，全乡共有9个村的居民用上了自来水。

20世纪90年代后，由于地下水位下降，一些村庄又出现了饮水问题。乡政府着手建设深水井。1999—2002年三年中，先后投入200万元，在北任、庄头、西沟等6村铺开饮水解困工程，钻探了5眼深水机井，让4000多人吃上安全卫生的自来水。2003年，又投资80万元，钻探出郭河村深水机井，并完成配套工程，解决了1500人和100余头大牲畜饮水。2004年，投资140万元，钻探出2眼深水机井，解决了孙沟、宋王、中寨3个村人畜饮水困难。现在，西河乡的村民都饮用上安全卫生的深井自来水，消除了饮水致病的隐患，提高了生活质量。

### 三　通讯设施建设

西河乡的通讯设施建设是从 20 世纪 90 年代初期起步的。1990—1992 年，西河乡投资 136 万元，在全县乡镇中首家开通 200 门程控电话。1994 年，又新发展了程控电话 30 门。为了扩大乡村电话规模，1998 年西河乡投资 60 万元，完成 2 公里扩容地下工程，并对交换机房进行增容改造，郭河、西沟、陕庄 3 村开通电话，成为阳城县的电话村。

1999 年，新增电话交换机一部，全乡新开通电话 530 门，电话用户总数达到 740 户，获得上级部门授予的"电话乡"称号。2000 年，邮电通讯传输设备实行改造，电话总装机容量达到 2000 门，新增电话用户 370 门，全乡共有电话 980 门，西沟、王曲、阳邑也进入电话村行列。2002 年，全乡电话总装机量达到 2027 门。

### 四　新能源建设

在建设新农村过程中，西河乡政府看准了秸秆气化科研成果，在 2003 年投资 220 万元建成西沟、陕庄两座 600 立方米的气化站，并完成管道入户工程，满足了 860 户居民生活用气，解决了农户使用煤炭造成的环境污染，一年还可节约煤炭 2000 吨。2004 年，又投资 110 万元，建设了崔凹气化站，全乡共有 1300 余户 4000 多居民用上了秸秆气。2005 年，又启动庄头、阳邑、中寨 3 个村的气化站建设。改造秸秆气化炉，引入利用秸秆制碳制气新技术，将气化站原为福利型企业变为营利性企业，不少市县纷纷到西河取经。

2006 年，乡政府投资 150 万元，扩建、改建了郭河、陕庄两座气化站；投资 650 万元续建了中寨、庄头、阳邑 3 座气化站，全乡 7 座气化站全部正常运作，满足了 2500 户居民 8000 多人的生活用气，每年可节约煤炭 8000 余吨，减少垃圾排放 3000 余吨。

2007 年，为推进新能源建设，乡政府制定了扶持新能源建设的措施，规定建设气化站的村，在市县补贴基础上，乡政府再给予每村 50 万元补贴；建设户用沼气池的村，除上级补贴外，给每户 300 元左右物资（水泥）补助。当年，全乡有 11 个村建设了气化站，3 个村建设了沼气池，成为山西省首家新能源建设的"气化乡"。

### 五 生态环境建设

西河乡政府一直很重视农村环境问题。20 世纪 80 年代及 90 年代前期，主要抓村内的卫生问题。90 年代后期，开始转向治理生态环境。1999 年，投资 40 多万元，完成乡政府门前河道清淤打坝工程 240 米，建起了风景墙和绿化带 240 米。

2000 年，西河乡被列入阳城县实施的国家级生态环境综合治理 6 个乡镇之列，投资 200 万元完成林业生态、水利水保、农业生态、草地生态四大类 15 个工程项目。

2002 年，投资 300 多万元，对乡内环境卫生进行重点治理，实施了西沟、郭河及乡政府前河道环保治理工程。2003 年，投资 120 万元，将西沟、郭河两个生态园林村上档升级；投资近 280 万元，新建了崔凹、陕庄、王曲 3 个新型生态园林村；投资 183 万元，绿化通道 35 公里；投资 15 万元，治理西小河郭河段；投资 180 万元，完成了林业建设工程。

## 第二节　科技、文化和医疗卫生事业的发展

从计划经济时期起，西沟人民公社就比较重视农业科技推广工作。改革开放后，当地政府更加重视农业科技，注重农业技术的引进，鼓励农民学习与运用科技。西河地区农村文化、医疗卫生建设等方面，在计划经济时期也有比较好的基础，改革开放后得到较快的发展。目前，西河乡的科技推广、群众文化活动、医疗保健工作，仍然走在全县前列。

### 一 科技推广

人民公社时期，西沟公社就十分重视农业科技工作，曾经派人远赴海南岛培育种子。改革开放后，政府对科技推广仍比较重视。1984 年，西河人民公社办了农科站，有 5 名技术人员为农民提供服务，指导农田达 1 万多亩。公社农场开展了棉花品种试验推广工作。公社还确定了 154 户科技户，先学、先供、先帮，1 户带百家。公社管委会推广的膜覆盖和滴灌技术，提高了作物产量。1987 年农业集约种植、大田移动式滴灌技术推广多次受到省市县表彰。

兴修水利工程是人民公社时期防洪抗旱的重要措施，当时西沟公社修筑

了西丰、幸福、陕庄 3 座小型水库。西沟、孙沟、阳邑 3 个村庄还修建了塘坝。这些水利设施对提高西河地区农业生产发挥了非常大的作用。1979 年中寨村建成了喷灌工程，将井水提升到东山 5000 立方米的蓄水池内，可浇灌土地 110 亩，粮食亩产比一般水浇地高 200 公斤，比旱地高 300 公斤。1980 年上李村引入滴灌设施，此后，西沟村、孙沟村也建设滴灌田地，不仅节水，还提高了粮食单产。

20 世纪 90 年代，除推广新的作物品种、新的耕作技术外，政府还推出创建农家书屋活动，1999 年，全乡农家书屋达到 620 户，成为农民学习科学知识的好地方。90 年代以来，西河乡不断引进新的作物品种，推广新的农业技术，对粮食增产贡献极大①。

## 二　乡村文化建设

改革开放以来，西河乡在文化场地建设及组织群众文化活动方面，都有突出的成绩。1982 年，西河以治理农村脏乱差为突破口，推出创建文明村活动，促进了文化、卫生等各项工作的开展。中寨等 16 个村建立了政治联校、象棋、扑克、图书、体育等室（即"一校多室活动中心"），农民有了文化活动场所。1986 年，西河乡各村都建立了支部活动室、青年之家，开展健康的文化活动。1987 年，全乡普遍健全了文化活动站，建起了老年之家，巩固了青年之家和联合学校，群众文化生活常年丰富多彩。1990 年后，乡、村两级投资 10 多万元，建立了标准的广播电视机房，80% 的农户家庭看上了电视节目，北任、郭河、西沟村等还安装了闭路电视。1995 年全乡集资完成了闭路电视联网和广播专线的改造，实现了光缆通讯，村民可以看到更多的广播电视节目。1997 年，西河乡办起了软硬件设施标准较高的文化中心，开展了创建农家书屋活动。1998 年，为促进群众体育活动，全乡建设起 6 个灯光篮球场，9 个普通球场。1999 年，西河乡制定了体育发展规划，各村积极建设篮球场、乒乓球场、羽毛球场活动场地，新增了 8 个农民篮球场，其中有 3 个灯光球场。2000 年，抓住农网改造契机，西河乡改造了有线电视线路，全乡有线电视覆盖率达到 80% 以上。2003 年，政府投资上百万元，改善农民教育、科技、文化、体育设施，郭河、西沟、庄头、陕庄等村先后建起了休闲娱乐中心，活跃了农民生活。2007 年，政府出资完成了乡老年门球场建

---

①　另请参见本书第三章相关部分。

设工程，配全了体育设施，为老年创建了新的活动场所。

除加强文化硬件建设外，西河乡还积极推动农村文化活动，在传统的节日，组织群众文化表演，1993 年，在晋城市举办的首届"小康杯"比赛中，西河乡获得组织工作优秀奖、综合效果奖、群体伴舞奖、编剧特别奖、演员表演奖五大奖项。政府大力扶持民间文化团体，引导农民乐队、农民擂鼓戏，1998 年，农民乐队、擂鼓戏队达 20 多个。1998 年，西河乡主办了阳城县首届农民友好杯篮球赛，并获得一等奖。

西河乡还积极运用广播电视、文娱比赛、学习培训等灵活多样的形式和方式开展社会主义、爱国主义、集体主义和法制道德教育。1994 年，乡广播站自办节目在全县展播中夺得五连冠。

2007 年，政府提出了"平安西河"、"和谐西河"创建活动，树立了一批平安示范企业、示范村、平安家庭。政府利用春节、元宵节传统节日，组织开展街头文艺表演和舞台文艺表演，"三八"节组织家庭文艺表演，"五四"青年节开展青年歌手大奖赛，"六一"儿童节开展少年儿童诗歌朗诵比赛和迎奥运文艺汇演，"七一"节开展了"我为西河发展添光彩"先进人物事件演讲比赛，获得了良好的社会反响。

### 三 医疗卫生事业的发展

人民公社时期，依靠集体经济的力量，农村医疗卫生取得不小的成绩。1954 年，西沟村已开始实行医社（初级社）合作医疗。1956 年永盛（王曲）村建立了村保健站。1961 年西沟公社建立了公社医院。1969 年村保健站改为村卫生所。村卫生和公社卫生院向当地居民提供基本的医疗服务。1969 年之前，农民看病费用全部要由自己负担。1969 年农村开始推行合作医疗制度后，农民看病费用全部或部分由村集体支付。1974 年全县 446 个大队实行了合作医疗，其中有 38 个大队农民看病吃药全部免费，有 296 个大队减免一半费用，有 112 个大队减免少部分费用。西沟公社的村庄实行了农村合作医疗制度，社员看病也一半药费。1977 年全县农民看病吃药免费的大队有 74个，半免费的大队有 354 个，少部分免费的有 23 个，西沟公社农民看病费用则是部分减免。1981 年后，实行合作医疗的大队减少了。1985 年除 38 个富裕村庄实行农民看病吃药部分免费外，绝大多数村庄的农民需要自己负担全部医疗费用。西沟公社各村农民看病要自己花钱了。

改革开放初期，西河人民公社在农村医疗卫生方面投入较大。1982 年，公社投资 77000 多元，修建了公社卫生院，各村卫生保健站也改善了条件。全社以"两管五改"为主要内容的卫生工作全面展开。人民群众对计划生育政策比较理解，计划生育的自觉性有较大的提高，人口自然增长率保持了千分之五左右。1988 年，西河乡政府投资 13 万元扩建乡卫生院，新建病房、手术室等 40 间，面积达 931 平方米，增加了 4 万元的医疗设备。从 9 月份开始，乡卫生院实行健康教育、卫生治本、免费住院、公费体检、补贴防疫、优质治疗 6 项指标承包改革，对住院病人免收住院费、挂号费、门诊费和出诊费。1989 年，乡卫生院实行了健康教育、卫生治本、免费住院、公费体检、补贴防疫、优质服务等 6 项改革，新增了 200 毫安透视机。乡卫生院实行 6 项改革后，提高了服务水平，缓解了群众看病难问题。

1990 年，乡政府又投资 3 万元，改善乡卫生院医疗设备，硬化地面，增设壁画，群众就医环境更加优美。1993 年乡卫生院开展的初级卫生保健工作得到山西省政府的表彰，卫生院增设了偏瘫康复，深受到患者欢迎。1994 年，乡政府投资 5000 元，为卫生院增添 B 超医疗设备，卫生院的偏瘫治疗专科成为本院的特色。1995 年，乡卫生院创建了一级甲等医院。90 年代计划生育工作开始贯彻预防为主、技术服务的方针，卫生院开办了计生服务站。

1996 年后，西河乡医疗卫生工作扩大了视野，乡卫生事业确立了"全方位、大卫生、综合治理"的观念。政府组织居民改厕、改井、改灶，强化地方病的防治。乡卫生院新建了计生服务站，16 个村完成了计生服务站和人口学校的配套建设工作，全乡计生率达到 90%。1997 年，继续贯彻"全方位、大卫生、综合治理"农村医疗卫生工作的新思路，治理环境卫生，整顿食品医药市场，改厕、改井、改灶，办好卫生院专科，地方病得到了有效控制。全乡改炉改灶新增 300 户。计划生育率达到 90%。1998 年，以卫生院为龙头，以医疗卫生网为主体，继续推行改厕、改井、改灶，整顿医药食品市场。原先的合作医疗制度也得以恢复。计划生育方面则建立了计生指导站。

1999 年，政府加大了支持卫生院建设的力度，投资 56 万元修建卫生院住院部楼房 60 余间，投资 4.5 万元进行设施配套，医疗条件得到进一步改善。医疗卫生工作成绩比较明显，全乡食品卫生合格率达 90% 以上，碘盐普及率达 100%。计划生育工作围绕贯彻"三为主"搞好"三结合"，抓好"双服务"，促进"两转变"。计划生育工作走向规范，全乡人口学校、计生服务室分别达到 16 所和 14 所。同时，政府投资 300 多万元，对环境卫生进行重点治理，完成西沟、郭河及乡政府前河道环保治理工程。西河乡实行的"一村一所一药房"（每村办 1 家卫生所，办一家药房）和专科强院的农村医疗卫生经验，在全县医疗系统产生了广泛的影响。

2003 年，是西河乡卫生院发展的关键之年。面对"非典型肺炎"疫情，卫生院积极投身防治工作。政府意识到乡镇卫生院在农村医疗卫生工作的重要性，加强了对卫生院的支持。西河乡卫生院以实施"农民健康工程"为龙头，进一步加强了防疫和地方病防治工作，并建立了新型的合作医疗制度，实行大病统筹。

2005 年，西河乡实施"安康工程"，重新整合全乡医疗资源，乡有卫生院，村有卫生所，农村居民基本上做到了小病不出村，大病不出乡，卫生院开展了计划免疫免费接种；义务巡诊、接诊活动，医务人员定期到各村巡诊，义务看病，对重危病人义务接诊，共出动医护人员 140 余人次，义务接诊病人 93 人。在计划生育方面，落实计生"4＋1"奖励政策，共奖励 736 户 28 万元。

2007 年，乡卫生院进一步健全农民的健康档案，全乡参加合作医疗的农民达到 1.33 万人，参合率达到 99.3% 以上。乡政府大力推进"一村一所"卫生保健工程，投资 600 万元，建成了 14 个高标准村卫生所，村级卫生所建设全部达到规定标准。在公共卫生方面，全乡修建了 70 个公厕，建起 1 个可用 20 年左右的垃圾堆放点，购置了 43 个可移动垃圾罐和清理车，做到了环境卫生的全天保洁。

## 第三节　乡村教育事业的发展

西河乡在历史上就有尊师重教的传统。人民公社时期，西河基本普及了小学义务教育。文化大革命时期，小学经常停课支农，教学虽然受到影响，但在"把学校办到家门口"的口号下，凡有 7 个学龄儿童的村子都设立了初级小学。西河的中学教育始于 1958 年，当年全县新办了西沟（西河）、次营等 13 所初级中学。中学教育在"文化大革命"中一度受到冲击，工宣队、军宣队、贫管会进驻学校，掌握学校管理权。1978 年后才逐渐走向正规。改革开放以来，西河乡的教育事业在当地政府部门的重视以及经济发展水平不断提高的推动下，有了长足的发展。在坚持幼儿教育、基础教育和成人教育协调发展的同时，西河乡通过不断加大投入，强化学校的基础设施建设。如今，西河乡已经建成全省农村一流的教育设施，成为一个拥有幼教、小学、中学、高中、职校等教育层次齐全的乡镇，儿童入园率100%，适龄儿童入学率100%。西河乡的农家子弟永远告别了"上学难"的历史，享受到了和城市孩子一样的教育资源。职业教育、成人教育也得到较快的发展。

### 一　教育投资

家庭联产承包责任制推行后，农村办学体制发生了大的变化。1984年，农村中小学教育实行国家拨款、社员集资办学"两条腿走路"的方针，西河人民公社向社办中学投资13万元，新建校舍100间；16个生产大队投资46万元，修建了村级小学校舍330多间，社办中学和22所小学办学条件得到改善，小学适龄儿童全部入学。

1987年，在政府支持下，乡办中学建起了三层办公楼，实现了图书资料、教学仪器和文体器材的三配套。乡职业中学被列为晋城市重点学校。小学办学条件进一步改善，升学率达到98%。

1988年，阳城县在农村教育方面推出将基础教育、职业教育和成人教育"三教统筹"的办学思路。乡、村两级共投资400多万元，全乡21所小学建成了标准化学校。投资48万元，乡中学建起了2000平方米的标准化教学大楼。中小学办学条件进一步改善，中等教育基本普及，乡职业中学开始招收农学班，第一批毕业生全部就业。1990年，崔凹、宋王、阳邑等村新建小学校舍120间，峪则等村新建幼儿园4所。乡职业中学升格为中级职业技术学校，扩建了8000平方米的校舍。1993年，政府投资20多万元为中小学配套教学仪器、图书资料、体育器材，乡办中学完成新建教学楼的配套，成为标准化乡办中学。

1994年，在农村教育方面，将幼儿教育纳入统筹办学范围，开始实施幼儿教育、基础教育、职业教育、成人教育四教统筹。政府投资2.5万元，美化乡中学校园，投资1.6万元为乡职业中学配备了电子计算机教学设备。1995年，投资80万元，为乡中学建起宿舍大楼。阳邑、西沟、陕庄等村庄增建了幼儿教育、小学教育设施。1996年，继续改善办学条件，乡、村共投资250多万元，修建、配套乡中学宿舍大楼内部设施，并正式投入使用。庄头、北任等村新建了完全小学校舍。乡中学的素质教育评估名列全县第二名。1998年，郭河、峪则、上李等村投资120万元，建设了新的小学校舍。

中小学入学率、普及率达 100%。1999 年，宋王村投资 17 万元，新建了小学校舍，中寨村对小学校舍进行改造，峪则、上李村投资幼儿园建设，乡中学投资 6 万元，增加桌椅，维修校舍。

进入新世纪后，西河着力提升中小学教育。2000 年，乡政府完成了教师招聘工作，办起家长学校。西沟、郭河两个完全小学建成市级文明学校，乡中学跨入省级文明学校行列。2003 年，政府投资 30 万元，改造了峪则完全小学危房，投资 100 余万元改善了西沟、西丰、孙沟等村的办学条件，资助了 20 余名贫困中小学生，实现了校校无危房、村村无特困生失学。

由于农村小学过于分散，不能集中教育资源，乡政府很早就开始考虑集中办学问题。新世纪到来后，各方面条件日渐成熟，乡政府筹集资金 2500 余万元，修建全乡寄宿制小学校舍。西河乡寄宿制小学于 2005 年 6 月 25 日破土动工，2006 年 9 月 1 日，建成并投入使用。2007 年，乡政府继续支持乡寄宿制小学的建设，投资修建了小学操场，配全了体育设施。

近年来，为了进一步推动全乡教育水平的提高，乡财政每年都拨出一部分资金用于奖学助困，在教师节期间对表现突出的学校、教师和优秀学生进行奖励，并对特困生进行资助。2009 年，西河中学、职业高中和西河小学分别得到了 3 万元、5000 元和 2 万元集体奖励，三个学校的校长也获得了 1000—2000 元不等的奖金。此外，2009 年全乡共有 70 名学生达到二本录取分数线，乡里对其中 13 名达到一本录取分数线的学生每人奖励 1000 元，并对全乡中考第一名和中考科学单科满分的一名学生分别奖励 1000 元和 500 元。在特困生资助方面，对 6 名高考特困生每人资助 1000 元，并对 4 名考入阳城一中的中考生每人资助 500 元。

## 二　基础教育情况

学前教育的主要途径是以幼儿园、学前班为主，特别是幼儿园在学前教育中发挥着重要的作用。目前西河乡各村基本普及了学前教育，除西丰村以外，其他 13 个村都开办了幼儿园，各村的适龄儿童可以就近得到学龄前教育。在新农村建设过程中，西河乡从 2007 年开始着手对全乡幼儿园进行人员和资源整合，以达到适度集中的目的，计划到 2010 年初步建成上片、中片、下片三个标准化幼儿园。

改革开放以来，西河乡的中小学教育不断得到发展，特别是近年来对当地的教育资源的优化整合，有力地推动了当地教育水平的提高。1984 年，西河适龄儿童入学率已达到100%。到目前为止，不存在儿童失学现象。2005年以前，西河乡的适龄儿童主要在各村办小学就读。20世纪80—90年代，西河乡14个村共办有21所小学，分布非常分散，班级数量更达到将近70个，许多小学还开办有复式班，教育资源无法有效集中，教育质量得不到保证。乡政府很早就开始考虑到整合教育资源、集中办学的问题。进入新世纪后，西河乡的小学校数量在2001年减少到20所，次年减少到18所，2003年开始减少到15所，2005年又进一步减至13所，但学校数量的缩减并不能从根本上解决教育资源分散和在各校分布的不均衡问题。

2006年西河小学的建成，集中了全乡教育资源，结束了多年来分散办学，教学质量较低的局面。目前，全乡1—6年级有1700余名小学生在新学校就读，寄宿的学生达到1400余名。

专栏8-1　　　　　　　西河乡中心小学

西河乡中心小学位于西河乡中心地段的郭河、西沟两村交界处。学校占地23000平方米，建筑面积15600平方米，绿地面积达55%，学校由综合办公楼、教学楼、学生公寓楼、餐厅等组成。西河小学的建成结束了西河多年来分散教学，教学质量低水平徘徊的局面，实现了规模、集中办学，均衡了教育资源，不仅如此，学校在投入使用的同时还免去了小学生的学杂费、住宿费，使西河乡的每一个孩子都享受到了平等、优质的教育机会。西河小学共分6个年级、32个班，全乡的小学生都在此就读。

1982年西河人民公社建立了西河中学，这是西河中学教育的开端。近年来，西河乡坚持"优先发展教育"的战略，不断加大教育投入，使西河中学的科学仪器、体育、卫生、艺术、劳动技术教育设施设备比较齐全，面貌焕然一新，成为功能齐全的标准化、现代化学校。

多年来，学校在新课程改革中坚持"创设优美、宽松、和谐的环境，促进教师学生共同成长，为学生今后发展奠定基础"的办学理念，以课堂教学为突破口，确保了教育教学成绩在阳城县内的领先地位。2002年中考西河中学考入阳城一中30人，年终教育综合督导评估位列全县第一；2003年中考考入阳城一中42人，年终教育综合督导评估位列全县第二；2004年中考考入阳城一中46人，年终教育综合督导评估位列全县第一；2005年中考考入阳城一中52人，年终教育综合督导评估位列全县第二；2006年考入阳城一中 36 人；2009 年西河中学的中考升学率在全县排名第二，212 名毕业生中有 30 人考入阳城一中，办学效益得到了政府、社会、家长、学生的一致好评。学校先后获得山西省"文明学校"、山西省"依法治教示范校"、山西省"中小学 JIP 实验先进单位"、晋城市"德育示范校"、晋城市"文明学校"、晋城市"体育传统项目学校"、晋城市"学校管理先进集体"、阳城县"素质教育先进校"等称号。西河乡基础教育办学情况见表 8 - 1。

表 8 - 1    1978—2006 年西河乡中小学校在校生、毕业生、招生数量变动情况

| 年份 | 在校生数 | | | | 毕业生数 | | | | 招生数 | | | |
|---|---|---|---|---|---|---|---|---|---|---|---|---|
| | 合计 | 高中 | 初中 | 小学 | 合计 | 高中 | 初中 | 小学 | 合计 | 高中 | 初中 | 小学 |
| 1978 | — | — | — | — | 891 | 74 | 433 | 384 | 928 | 154 | 345 | 429 |
| 1979 | 2624 | 200 | 620 | 1804 | 921 | 229 | 330 | 362 | 704 | 54 | 321 | 329 |
| 1980 | 2701 | — | 924 | 1777 | 450 | 76 | — | 374 | 586 | — | 300 | 286 |
| 1981 | 2611 | — | 800 | 1811 | 685 | — | 359 | 326 | 594 | — | 243 | 351 |
| 1982 | 2327 | — | 687 | 1640 | 254 | — | 254 | — | 180 | — | 180 | — |
| 1983 | 1140 | — | 671 | 469 | 503 | — | 256 | 247 | 437 | — | 229 | 208 |
| 1984 | 1455 | — | — | 1455 | 648 | — | 206 | 442 | 398 | — | 211 | 187 |
| 1985 | 1872 | — | 605 | 1267 | 514 | — | 222 | 292 | 327 | — | 179 | 148 |
| 1986 | 1731 | — | 673 | 1058 | 542 | — | 180 | 362 | 431 | — | 258 | 173 |
| 1987 | 1663 | — | 706 | 957 | 485 | — | 200 | 285 | 461 | — | 280 | 181 |
| 1989 | 1465 | — | 580 | 885 | 414 | — | 214 | 200 | 340 | — | 165 | 175 |
| 1990 | 1269 | — | 396 | 873 | 424 | — | 265 | 159 | 281 | — | 129 | 152 |
| 1991 | 1307 | — | 454 | 853 | 277 | — | 100 | 177 | 308 | — | 153 | 155 |
| 1992 | 1314 | — | 472 | 842 | 317 | — | 145 | 172 | 337 | — | 178 | 159 |
| 1993 | 1353 | — | 493 | 860 | 296 | — | 124 | 172 | 352 | — | 172 | 180 |
| 1994 | 1422 | — | 545 | 877 | 361 | — | 177 | 184 | 379 | — | 184 | 195 |
| 1995 | 1499 | — | 534 | 965 | 360 | — | 192 | 168 | 416 | — | 168 | 248 |
| 1996 | 1614 | — | 525 | 1089 | 338 | — | 178 | 160 | 452 | — | 160 | 292 |
| 1997 | 1765 | — | 500 | 1265 | 356 | — | 190 | 166 | 511 | — | 166 | 345 |
| 1998 | 1914 | — | 515 | 1399 | 344 | — | 166 | 178 | 496 | — | 178 | 318 |

续表

| 年份 | 在校生数 | | | | 毕业生数 | | | | 招生数 | | | |
|------|------|------|------|------|------|------|------|------|------|------|------|------|
| | 合计 | 高中 | 初中 | 小学 | 合计 | 高中 | 初中 | 小学 | 合计 | 高中 | 初中 | 小学 |
| 1999 | 2012 | — | 541 | 1471 | 357 | — | 164 | 193 | 450 | — | 193 | 257 |
| 2000 | 2146 | — | 612 | 1534 | 410 | — | 168 | 242 | 548 | — | 242 | 306 |
| 2001 | 2216 | — | 718 | 1498 | 478 | — | 178 | 300 | 568 | — | 300 | 268 |
| 2002 | 2320 | — | 878 | 1442 | 533 | — | 189 | 344 | 632 | — | 344 | 288 |
| 2003 | 2501 | — | 973 | 1528 | 570 | — | 246 | 324 | 720 | — | 324 | 396 |
| 2004 | 2582 | — | 952 | 1630 | 561 | — | 300 | 261 | 621 | — | 261 | 360 |
| 2005 | 2470 | — | 930 | 1540 | 661 | — | 354 | 307 | 546 | — | 328 | 218 |
| 2006 | 2334 | — | 707 | 1627 | 434 | — | 331 | 103 | 289 | — | 103 | 186 |

资料来源：根据历年《阳城统计年鉴》整理得出。

专栏 8-2　　　　　　　　　　西河中学

西河中学的前身是 1982 年建成的社办中学，位于西河乡的主干道晋韩路旁，距离乡政府不过百米。学校占地面积 15565 平方米，建筑面积 7487 平方米。学校现有学生电脑房 2 个、教师电脑房 1 个，多功能会议室 1 个、科学实验室 2 个、图书室、阅览室各 1 个，图书 3 万多册，300 米塑胶跑道操场 1 个。班班安装了多媒体设备，开通了因特网和校园广播系统，安装了远程教育卫星地面接收系统。学校现有初中 3 个年级 18 个教学班，每个学年段在校学生约 700 人。目前，学校共有教职工 81 人，专任老师 49 人，学历达标率 100%，其中本科学历 23 人，专科学历 26 人。拥有省、市级教学能手、模范班主任 9 人，县级教学标兵、能手、骨干 15 人，中青年教师占89.6%，充满了生机活力。

### 三　职业教育与成人教育

1989 年，经晋城市教育局批准，西河乡成立了全日制职业高中——西河职业高中，这是全乡职业教育的开始。西河职业高中校园占地面积约 10000 平方米，校舍面积 2580 平方米。其中图书室约 60 平方米，收藏图书 4000 余册，各种报刊、杂志达 20 余种。计算机教室配备 52 台电脑，接入了宽带网，满足了实施远程教育的需求。同时各班均配有 29 英寸彩色电视机和

VCD 机，学生能够及时了解到国内外新闻。学校现有教职工 26 人，中级以上专业技术职务教师 6 个，专业课教师 6 个；教学班 4 个，在校学生 2000 余人，开设会计电算化和计算机应用两个专业。另外，学校与国家级重点中专天津市西青中等专业学校联合办学，实行 1＋2 学制，开设数控技术、计算机网络、汽车应用与维修、电子商务等专业。

西河职业高中遵循"以服务为宗旨，以就业为导向，以专业建设为龙头，以师资队伍建设为保障，以实训基地建设为支撑，走产学研结合之路"的办学宗旨，专业得以扩展，办学模式更加灵活，在校生规模不断扩大，就业率始终保持在 90％以上，学生毕业愿意继续深造的，人人可以参加对口高考，2009 年西河职业高中对口高考录取人数达到 8 人。

从 20 世纪 80 年代起，成人教育在西河乡办得有声有色，特别在 20 世纪 80 年代、90 年代，西河的成人教育办得颇有特色。1984 年，西河兴办了两期农民技术学校，普及农民教育，全社有 140 多名青年参加了中央农业广播学校的学习。公社的农业技术学校前后三年共开办长短期培训班 17 次，培训农民 1050 多人次。

1986 年，西河乡进一步加强了农民技术教育和科技普及推广工作，进一步完善成人教育网络。政府开办了乡农民教育总校和职业学校，各村则办起 16 个技术分校，乡属企业办起 9 所职工夜校。1987 年，乡农民教育活动中心、16 所农技分校、9 所职工夜校，形成了蔬菜、林果、机电为重点的技术培训中心，开展各类培训 65 次，受训人数达 17700 多人次，成人教育和科普工作受到省、市、县的表彰。

1990 年，乡农民教育活动中心增加了 2000 元的图书资料，政府投资 30 万元新建了乡农教中心。成人教育连续两年名列市、县前茅，1993 年农民教育连续三年获得全县第一名。1996 年，采取多种形式、多渠道、多手段推进农民教育，扫盲教育荣获教育部颁发的"中华扫盲奖"。

进入新世纪后，当地政府仍然动员力量加强成人教育。2003 年投资上百万元，改善了农民教育、科技、文化、体育设施。

## 第四节　计划生育与人口、家庭规模的变动

改革开放以来，当地计划生育工作的重点也不断调整，在几十年的不断摸索与完善中，由以"处罚多生"为主的行政手段，逐渐转为更多地通过经

济扶助和"人文关怀"，鼓励和引导更多的农民理性转变生育观念，自觉自愿地有计划生育。在经济、社会变迁和长期实行计划生育政策的背景下，西河乡人口的自然增长率不断降低，并于2001年开始进入人口负增长阶段。与此同时，几十年来西河乡农村人口的家庭结构形式也发生了较大变化，突出表现为家庭规模的小型化，即核心家庭日益取代联合家庭，逐渐成为当地主要的家庭结构形式。

**一　计划生育工作及实施效果**

西河乡的计划生育工作在几十年的发展过程中经历了几个不同的发展阶段。20世纪70年代至90年代中期是严格控制人口增长阶段。这一时期计划生育工作主要以行政控制为主。20世纪90年代中期至新世纪初，西河乡逐步过渡到稳定低生育水平阶段，计划生育工作也逐步向综合运用法律法规、经济、行政、教育、科技等手段转变。2006年以后，党中央、国务院作出《关于全面加强人口和计划生育工作统筹解决人口问题的决定》，明确提出我国人口和计划生育工作进入稳定低生育水平、统筹解决人口问题、促进人的全面发展的新阶段，适应新的形势，以计划生育家庭奖励扶助制度为主的利益导向机制在西河乡逐步建立起来。

为了加强计划生育管理，西河乡于20世纪70年代成立了计划生育领导组办公室，隶属于西河乡政府的一个内设职能机构办公室。1998年为了适应新形势下计划生育工作需要，经县政府批准，设立了西河乡计划生育服务所。服务所现拥有医疗用房6间，内设妇检室、消毒室、B超室、化验室、咨询室、药具室、宣传室，固定资产达到79004.38元，其中医疗设备22876.38元，交通工具45848元，办公用具10320元。服务所的人员编制为4人，实有4人，均有大专学历，其中专业技术人员1人。他们的工作职责主要包括两方面：一是协助乡党委、政府搞好控制人口工作和计生政策宣传；二是为全乡育龄群众提供计生服务，为全乡育龄群众提供政策宣传咨询、避孕药具、上取环、人流等指导服务。2007年西河乡在计划生育方面的投入情况是：四术26000元，人员工资报酬待遇年均7000元/人。

此外，当地乡村计划生育宣传服务网络健全，对于使计划生育政策深入人心也起到了至关重要的作用。西河乡乡村两级都设有宣传教育组织机构，具体设置情况是：乡级有领导组、计生协、乡计生办（有公务员编制1人）、服务所、人口学校；村级有领导组、计生协、服务室、人口学校并配有计生信息员，部分村有人口生育文化院。此外，村级计生人员有 14 人，平均年龄 35 岁，高中学历 8 人，中专 6 人，年人均工资 1680 元。乡村有墙面固定计生标语 53 条，宣传专栏 15 块，计生国策门 2 个，国策墙画 6 块，有宣传一条街的村 8 个，有图书角的村 8 个，生育文化院 5 个，宣传品入户率 95%，群众政策知晓率 90%，群众满意率 90%。

1. 计划生育政策措施及管理细则

目前阶段，西河乡计划生育政策措施的重点主要放在四个方面：一是继续落实各项计划生育奖励优待政策；二是加大奖励扶助力度，确保实施效果；三是在民生普惠政策中对计划生育家庭给予特殊优惠；四是不断完善计划生育的利益导向机制。

（1）依法落实法律法规规定的计划生育奖励优待政策

当地各部门和基层组织根据国家和地方规定的各项奖励优待政策，对实行晚婚晚育的夫妻确保享有法律法规规定的婚假、产假、护理假，并保障工资、奖金、津贴的全额发放；对领取独生子女父母光荣证的夫妻，其子女入园、接受义务教育、就医的费用，由所在单位给予补贴；认真落实独生子女父母退休时由所在单位给予一次性奖励的规定；对夫妻双方及子女均属农业户口并领取独生子女父母光荣证的独生子女，在报考本县（市、区）高中学校和职业高中录取时，给予 10 分的加分优待；对农村独生子女和双女绝育家庭，在提供致富信息、技术服务、农业生产资料供应、劳务输出、划分宅基地、子女就业等方面应给予优待；集体收益以人均分配的，独生子女户和双女绝育户增加一人份的份额，以户计发的要高出户均标准 20% 以上的额度。

（2）加大对计划生育家庭的奖励扶助力度，增强政策实施效果

1. 农村独生子女父母从领证开始到 60 周岁，每人每月给予独生子女父母奖励金：1979—1989 年领证的每人每月 2.5 元；1990—1999 年以前（不含 1999 年）年份执行每人每月 5 元标准；1999—2007 年执行每人每月 10 元标准；2008 年起从领取《独生子女父母光荣证》之月起，执行每月每人 50 元到 60 周岁，执行国家奖励扶助。

2. 农村双女绝育户一次给予不少于 3000 元的节育奖励金；

3. 农村符合政策生育条件（已按严格程序审核发证），自愿放弃生育第二个子女的，可按户申报，一次性发放退二孩指标奖励金。2007 年以前小孩满 10 周岁，每户 2000 元；2008 年以后小孩满 10 周岁，每户 5000 元。

4. 领证的独生子女发生意外伤残丧失劳动能力（经市级以上有关机构鉴定）或死亡的，给予一次性补贴 5000 元；对领证独生子女死亡或伤残后未再生育或收养子女的夫妇，从女方 49 周岁起给予每人每月不低于 100 元的补助，到亡故为止。

5. 双女绝育户可以户为单位申报父母奖励或养老保险，第二个女孩在 2007 年以前出生的一次性给予 500 元奖励；第二个女孩在 2008 年以后出生的一次性给予 3000 元奖励。女方达 28 周岁依法生育第二个女孩后采取绝育措施即可奖励；女方年龄超过 49 周岁，自行做了绝育手术的，不能享受奖励。非农业人口已经领取独生子女证的父母，将现行的独生子女父母奖励金标准调整为每人每月 50 元。

（3）在当前实施的民生普惠政策中，对计划生育家庭给予优先优惠

当地党委、政府及有关部门在制定和实施民生普惠政策时，统筹考虑了优先优惠计划生育家庭。各地在实施农村义务教育"两免一补"、农村新型合作医疗、城乡低保、扶贫开发以及土地占用补偿、矿产资源补偿等政策的过程中，适时制定并落实了对计划生育家庭，特别是独生子女家庭的优惠政策。对夫妇双方均属农业户口并依法领取独生子女父母光荣证的独生子女及双女绝育户的女孩，接受义务教育时，由当地政府给予寄宿生活补助。民政部门将计划生育困难户且符合城乡居民最低生活保障条件的家庭优先纳入城乡低保，并按照分类施保办法在发放低保金时给予倾斜；计划生育家庭所获奖励扶助资金，不计入家庭收入计算基数。在推行新型农村合作医疗制度时，对独生子女和双女绝育家庭的子女及父母给予降低起付线、提高报销比例和标准等优待，并在大病补偿上适当给予优惠。在实施扶贫整村推进和移民搬迁计划时，对独生子女和双女绝育家庭增加一人份的补助。

（4）不断探索完善适应新形势的计划生育利益导向机制

在城乡积极探索建立独生子女大病全保的医疗保险和计划生育家庭的养老保险、医疗保险、失业保险、生育保险、节育手术保险等保险制度，注重解决计划生育户的养老保障问题，逐步形成有利于计划生育家庭的社会保障体系。农村独生子女死亡、伤残丧失劳动能力的父母，可优先享受农村五保供养待遇，并优先进入农村五保供养服务机构。建立计划生育家庭关爱基金，开展生育关怀行动，努力解决部分计划生育特殊困难家庭的生产和生活困难，特别是对独生子女伤残和大病医疗要给予特殊资助。见表 8-2。

表 8 - 2 　　　　　　　西河乡计划生育奖励扶助情况表 　　　　　　　单位：元

| 项目 | 独生子女父母每人每月10元 | | 退二孩奖励 | | 双女户 | | 意外伤残 | 60周岁 | | 合计 |
|---|---|---|---|---|---|---|---|---|---|---|
| | 户数 | 金额 | 户数 | 金额 | 户数 | 金额 | | 户数 | 金额 | 金额 |
| 2004 | | | 101 | 202000 | | | | | | 202000 |
| 2005 | 1169 | 140280 | 28 | 56000 | 84 | 42000 | | 11 | 6600 | 244880 |
| 2006 | 1074 | 128880 | 5 | 10000 | 17 | 8500 | | 21 | 12600 | 159980 |
| 2007 | 1224 | 146880 | 12 | 24000 | 4 | 2000 | | 38 | 22800 | 195680 |
| 合计 | 3467 | 416040 | 146 | 292000 | 105 | 52500 | | 70 | 42000 | 802540 |

　　资料统计：1. 2007 年 12 月以前执行标准：独生子女每人每月 10 元，退二孩奖励 2000 元，双女 500，60 周岁每月 50 元，意外一次 5000；2. 2008 年元月 1 日开始执行标准：独生子女每人每月 50 元，退二孩 5000 元，双女 7000 元，60 周岁每人每月 50，意外 5000 元，同时 50 周岁开始，每人每月 100 元。

　　2. 计划生育各项指标完成情况

　　根据西河乡对 2007 年 10 月—2008 年 5 月计生工作情况汇报，西河乡育龄妇女总人数 3984 人，其中：已婚育龄妇女人数 3178 人，0 孩 96 人，占 3.02%；1 孩 1308 人，占 41.16%，其中：上环 1117 人，结扎 46 人，一孩上扎率 88.71%，领取独生子女证人数 693 人，领证率 52.86%；二孩 1747 人，占 54.98%，其中：上环 204 人，结扎 1511 人，结扎率 86.49%，双女户人数 394 人，结扎人数 338 人，结扎率 85.79%；多孩 27 人，占 0.84%，其中：上环 14 人，结扎 12 人。

　　在已婚育龄妇女中，已落实节育措施人数 2953 人，综合节育率 92.92%，长效节育率 91.38%。未落实措施人数 225 人，其中应采取措施而未采取措施的人数 14 人。

　　为了将计划生育政策落到实处，西河乡对已婚育龄妇女根据不同情况，分四类进行管理：（1）重要管理类（抢生人员）。指 40 周岁以下妇女中已生育一孩，符合生育政策可生育第二个孩子，但未达 28 周岁的育龄妇女 119 人；（2）重点管理类（无条件生育人员）。指 40 周岁以下育龄妇女中以生一孩但不符合生育二孩、多孩政策的育龄妇女 208 人；（3）次重点管理类（领取独生子女证人员）。指 40 周岁以下再婚的育龄妇女和 40 周岁以下育龄妇女中，已生育一个子女并领取独生子女证的育龄妇女 886 人；（4）一般管理类。指已采取结扎手术的育龄妇女和 41—49 周岁的其他育龄妇女 3199 人。

从 2008 年 5 月指标完成情况来看，2008 年落实措施 101 例。当年应落实长效措施 137 人，已落实 122 人，落实率 89.05%。

社会抚养费征收具体情况是：2006 年应征 10 人，实征 10 人，实征收 13000 元，应征 18000 元；2007 年应征 5 人，实征 5 人，实征收 7000 元，应征 7000 元；2008 年应征 5 人，实征 5 人，实征收 44000 元，应征 39100 元；近三年累计：应征 69000 元，实征 59100 元，征收率 85%。

## 二　人口与家庭规模的变动

改革开放以来的 30 年间，西河乡人口数量虽略有增长，但幅度有限，人口规模的总体变动趋势比较平稳。具体来看，大体可以分为两个阶段：在 1978—1990 年的第一阶段，西河乡乡村人口规模基本保持在 1.25 万人左右的水平，人口最少的 1988 年为 12482 人，最多的 1990 年为 12944 人。从 1991 年开始至今是第二阶段，西河乡乡村人口数量有所增长，各年份都保持在 1.3 万人以上的水平，其中人口最多的是 2008 年，为 13348 人，最少的 2004 年为 13044 人。

在本乡人口出生率、死亡率和自然增长率方面，受可获得数据方面因素的影响，出生率和死亡率是根据统计年鉴中西河乡人口变动的对应统计数据计算得出，人口自然增长率采用的则是西河乡统计站提供的乡村人口的自然增长率。虽然统计对象的口径不尽一致，但并不影响我们对西河乡人口规模变动趋势的总体把握。见表 8-3。

表 8-3　　　　1978—2008 年西河乡人口迁移和增减情况表

| 年份 | 增加 | | | | | | 减少 | | | | | |
|---|---|---|---|---|---|---|---|---|---|---|---|---|
| | 合计 | 1.迁入 | 其中省外迁入 | 2.出生 | 其中男 | 出生率(‰) | 合计 | 1.迁出 | 其中迁往外省 | 2.死亡 | 其中男 | 死亡率(‰) |
| 1978 | 394 | 207 | — | 187 | — | 13.3 | 312 | 214 | — | 98 | — | 7 |
| 1979 | 421 | 204 | — | 217 | — | 15.37 | 324 | 204 | — | 120 | — | 8.5 |
| 1980 | 533 | 298 | 89 | — | — | 16.57 | 459 | 350 | 35 | 109 | — | 7.69 |
| 1981 | 606 | 400 | 36 | 206 | — | 14.3 | 428 | 278 | 12 | 150 | — | 10.4 |

续表

| 年份 | 增加 | | | | | | 减少 | | | | | |
|---|---|---|---|---|---|---|---|---|---|---|---|---|
| | 合计 | 1. 迁入 | 其中省外迁入 | 2. 出生 | 其中：男 | 出生率（‰） | 合计 | 1. 迁出 | 其中迁往外省 | 2. 死亡 | 其中：男 | 死亡率（‰） |
| 1982 | 501 | 275 | 23 | 226 | — | 15.64 | 453 | 332 | 40 | 121 | — | 8.38 |
| 1983 | 393 | 223 | 40 | 170 | 87 | 11.8 | 381 | 267 | 37 | 114 | 58 | 7.7 |
| 1984 | 307 | 129 | 17 | 178 | 93 | 12.34 | 382 | 245 | 46 | 137 | 69 | 9.5 |
| 1985 | 335 | 171 | 15 | 164 | 88 | 11.45 | 427 | 299 | 46 | 128 | 72 | 8.93 |
| 1986 | 579 | 376 | 21 | 203 | 111 | 14.16 | 437 | 309 | 50 | 128 | 55 | 8.93 |
| 1987 | 485 | 259 | 16 | 226 | 118 | 15.59 | 411 | 277 | 30 | 134 | 79 | 9.24 |
| 1989 | 461 | 155 | 20 | 306 | 165 | 21.39 | 1146 | 1054 | 30 | 92 | 51 | 6.43 |
| 1990 | 575 | 240 | 10 | 335 | 168 | 23.8 | 372 | 255 | 38 | 117 | 60 | 8.31 |
| 1991 | 454 | 166 | 9 | 288 | 148 | 20.23 | 376 | 233 | 11 | 143 | 67 | 10.04 |
| 1992 | 466 | 171 | 10 | 295 | 138 | 19.44 | 380 | 246 | 8 | 134 | 80 | 9.3 |
| 1993 | 558 | 280 | 5 | 278 | 148 | 19.23 | 485 | 362 | 8 | 123 | 53 | 8.51 |
| 1994 | 598 | 329 | 29 | 269 | 136 | 18.45 | 447 | 312 | 24 | 135 | 80 | 9.26 |
| 1995 | 600 | 382 | 53 | 218 | 98 | 14.82 | 487 | 398 | 33 | 89 | 47 | 6.05 |
| 1996 | 523 | 269 | 22 | 254 | 129 | 17.23 | 600 | 428 | 60 | 172 | 103 | 11.67 |
| 1997 | 452 | 228 | 26 | 224 | 110 | 15.24 | 482 | 315 | 66 | 167 | 87 | 11.36 |
| 1998 | 280 | 104 | 1 | 176 | 74 | 12.02 | 335 | 155 | 26 | 180 | 111 | 12.29 |
| 1999 | 354 | 174 | 14 | 180 | 74 | 12.33 | 294 | 160 | 11 | 134 | 85 | 9.18 |
| 2000 | 360 | 134 | 4 | 226 | 108 | 15.30 | 306 | 165 | 21 | 141 | 88 | 15.30 |
| 2001 | 288 | 144 | 3 | 144 | 71 | 9.77 | 317 | 164 | 11 | 153 | 72 | 10.38 |
| 2002 | 350 | 239 | 7 | 111 | 56 | 7.53 | 348 | 223 | 19 | 125 | 64 | 8.48 |
| 2003 | 290 | 168 | 2 | 122 | 55 | 8.30 | 342 | 187 | 14 | 155 | 97 | 10.55 |
| 2004 | 293 | 211 | 4 | 82 | 38 | 5.61 | 371 | 236 | 13 | 135 | 76 | 9.24 |
| 2005 | 359 | 245 | 13 | 114 | 52 | 7.76 | 286 | 147 | 31 | 139 | 81 | 9.46 |
| 2006 | 578 | 389 | 24 | 125 | 64 | 8.40 | 388 | 195 | 30 | 129 | 73 | 8.67 |
| 2008 | 372 | 287 | 51 | 85 | 44 | 5.67 | 312 | 177 | 55 | 135 | 85 | 9.01 |

资料来源：根据历年《阳城统计年鉴》整理得出。其中缺少 1988 年和 2007 年相关

统计数字。

改革开放以来，西河乡的人口出生率以 1990 年为界，出现了截然相反的变动趋势。1990 年以前，乡人口出生率总体上稳中有升，由 1978 年的 13.3‰增长至 1990 年的 23.8‰，此后的总体趋势为逐渐下降，2004 年降至 5.65‰的最低值。同期西河乡的人口死亡率总体保持在 10‰左右，变动幅度小于人口出生率，20 世纪 90 年代中后期曾出现了小幅度上升的情况，进入新世纪后又有所降低。死亡率的相对稳定和出生率的不断下降使人口自然增长率不断下降成为必然。

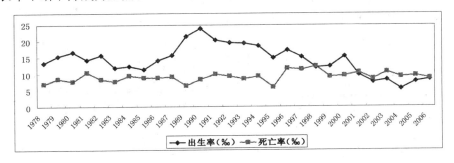

**图 8-1　1978—2006 年西河乡的全部人口出生率和死亡率变动趋势图**
资料来源：根据历年《阳城统计年鉴》整理得出。其中缺少 1988 年数据。

改革开放以来西河乡乡村人口的自然增长率也以 1990 年作为分水岭，出现了相反的变动趋势：在 1990 年以前，基本保持上升趋势，个别年份如 20 世纪 80 年代末期上升趋势还比较明显，1989 年和 1990 年达到了 15‰以上的水平。1990 年之后，这种较高的人口自然增长率在 10% 左右保持了几年之后，开始不断下降，并在 1998 年首次出现人口增长率为负。1999 年和 2000 年有微弱反弹，2001 年开始至 2008 年，出现了人口的连年负增长。见图 8-2。

虽然人口数量增长有限，但 1978 年以来西河乡家庭户数有明显增长。1978 年，西河乡乡村人口家庭户数是 3107 户，是 30 年来的最低值，此后家庭户数不断增加，至最高的 2008 年达到 4404 户，增加了 1 千余户，期间个别年份虽略有起伏，总体上表现为单边增长。见图 8-3。

也正是由于家庭户数的增长速度超过了人口总量的增长速度，1978 年以来西河乡的家庭规模不断缩小。20 世纪 70 年代末 80 年代初，西河乡户均人口在 4 人左右，之后，家庭规模不断减小，在 80 年代中后期，西河乡家庭

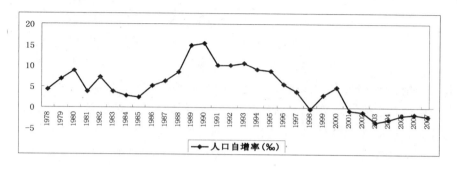

**图8-2　1978—2007年西河乡乡村人口自然增长率**
资料来源：本图根据西河乡统计站提供数据绘制。

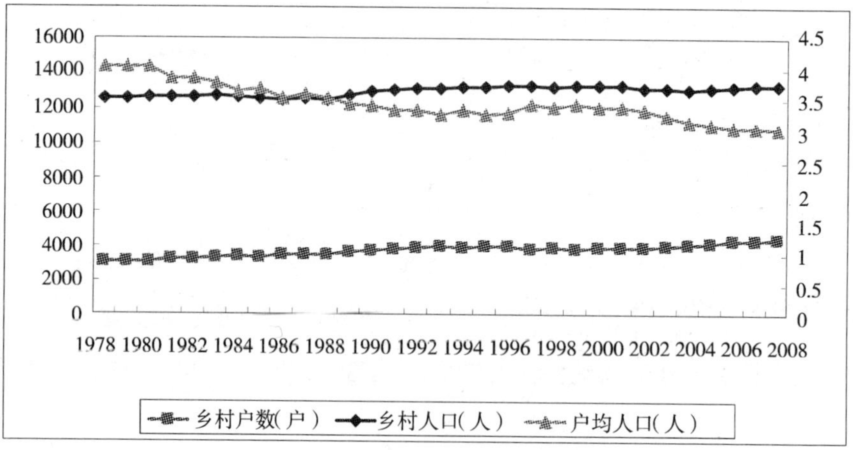

**图8-3　1978—2008年西河乡人口数量及家庭规模变动情况**
资料来源：根据西河乡统计站提供数据整理得出。

人口平均规模下降到3.5人左右，20世纪90年代至进入新世纪以后，进一步下降至户均3.3人左右。2008年，西河乡乡村人口的家庭规模为3.03人，是30年来的最低值。这样的户均人口不仅意味着核心家庭日益成为西河乡家庭结构的主导模式，而且标志着家庭人口还在向核心家庭这种家庭结构所需的最低人口限度逼近。西河乡的这种家庭规模小型化趋势固然是长期以来执行计划生育人口政策的直接结果，同时也与当地经济快速发展、生活水平提高所导致的人口生育观念的转变有直接关系。与此同时，家庭规模的小型化也使得农村家庭的一些传统功能发生变化，如家庭的养老功能不断弱化，从而对当地农村的社会化保障提出了新的要求。

# 后　记

　　山西省以其煤炭资源丰富而闻名于世。地处山西省东南部的阳城县西河乡又是典型的以煤业兴乡的乡镇。改革开放 30 年来，西河乡经济发展之路就是依托当地的资源禀赋，兴办煤矿，富民强乡。但是，由于当地经济发展过分依赖于煤炭行业，造成了煤炭行业一业独大，经济结构单一，每逢国家调整煤炭产业的政策出台，每当国内外市场煤炭价格风吹草动，西河的经济发展就会伤筋动骨。单一经济增长结构，造成了西河经济极低的抗风险能力，成为制约西河经济发展上台阶的致命弱点。当地政府领导也早已认识到这种经济结构的缺点，20 世纪 90 年代末期便开始鼓励发展非煤产业，鼓励煤炭企业发展地面企业，迈出了调整产业结构的重要步伐。但是，西河乡在产业结构调整方面，目前仍不能尽如人意。

　　西河乡经济发展模式正是山西省大批资源型乡镇开展经济建设的代表。西河乡政府发展非煤企业的努力，也代表了煤炭资源型乡镇在转变产业结构方面的有益探索。西河乡的发展方式，是山西省资源型乡镇经济发展的缩影，推而广之，还是中国中部省份甚至是全国性的资源型乡镇发展道路的缩影。因此，研究其资源型经济的发展轨迹，分析其经济结构转型的经验教训，具有重要的现实意义。基于此，我们将阳城县西河乡列为中国社会科学院国情调研的典型乡镇，得到了"中国乡镇调研"项目立项支持。

　　为深入了解西河乡经济与社会发展状况，中国社会科学院经济研究所课题组在 2008 年 5 月、9 月和 2009 年 9 月三赴西河乡蹲点调研，前后历时二十余日。第三次到西河时，我们在晋（城）焦（作）高速公路"一线天"隧道口发生交通事故，所幸只是虚惊一场，车辆被撞坏，而课题组人员毫发无损。在西河乡调研期间，我们收集了西河乡各类统计资料、总结报告，走访了煤矿、工厂、养殖场、信用社、酒店、超市等各类企业，考察了学校、卫生院等社会机构，拜访了许多乡政府机关和村委会负责人、集体企业负责人、私营企业老板、养殖户、个体工商户、工人、农户、店员等各类人群，获得了丰富的第一手资料。经过较长时间的观察，我们对西河乡的感性认识也逐渐清晰起来，对撰写调研报告获益匪浅。从课题组 2008 年 5 月首次去西河乡，到现在已近两年时光。课题组成员数易其稿，最终形成了面前的这部调研报告。我们认为，这部调研报告也许还只是局外之人对西河乡的管窥蠡测，只是摸到大象的一条腿而不是全部，也许还没有完全反映出西河乡经济与社会发展的特色。如有所遗漏，寄希望于日后有机会再次调研西河乡。

本项调研得以顺利完成，要感谢中国社会科学院经济研究所领导的热心关照，感谢董志凯研究员、刘兰兮研究员、徐建青研究员、武力研究员的指导；感谢中共山西省阳城县县委书记刘爱军、阳城县人民政府县长冯志亮同志的大力支持；感谢中共阳城县县委常委、县委宣传部王学忠部长的鼎力相助；感谢中共西河乡党委书记王东胜，乡长、原书记王建龙，原乡长范常胜等同志的热情接待与大力协助。特别要感谢西河乡党委宣传委员秦国胜同志，课题组在西河乡期间，他忙前忙后，事无巨细一一安排，给我们创造了良好的工作环境。感谢郭河村村委员会、庄头村村委会负责同志的帮助。另外，还要向提供帮助的西河乡党委、政府工作人员侯静丽等同志致以真诚的谢意！

就在本项调研接近尾声时，山西省大规模的煤矿企业兼并重组拉开了序幕，以集体经济为特色的西河乡煤炭企业再一次被推到风口浪尖，原有的发展之路又面临严重的考验。但愿西河乡能够抓住机遇，迎难而上，如凤凰涅槃般地浴火重生！

本项研究由赵学军设计调研提纲，并完成统稿。

赵学军
2010 年 3 月 25 日